La historia de Radio Euskadi
Guerra, resistencia, exilio, democracia

Ekin
Biblioteca de Cultura Vasca - Euskal Kultura Bilduma, 77

Leyre Arrieta

La historia de Radio Euskadi

Guerra, resistencia, exilio, democracia

Ekin
Buenos Aires
2015

Biblioteca de Cultura Vasca
Euskal Kultura Bilduma, No. 77

      Editorial Vasca Ekin Argitaletxea
      Lizarrenea
      C./ México 1880
      Buenos Aires, CP. 1200
      Argentina
      Web: http://editorialvascaekin-
      ekinargitaletxea.blogspot.com/

Copyright © 2015 Ekin

Agradecemos la colaboración de EITB en la preparación y edición de este libro.

Todos los derechos reservados. Queda prohibida la reproducción total o parcial de este libro, así como su almacenamiento en sistemas de recuperación o su transmisión en ninguna forma o por ningún medio electrónico, mecánico, fotocopiado, escaneado o cualquier otro, sin el permiso previo y por escrito del editor.

Primera edición. Primera impresión.
Impreso en América.

Diseño de cubierta © 2015 JSM

ISBN-13 primera edición: 978-0-9967810-2-2
ISBN-10 primera edición: 0996781021

ÍNDICE

	PRÓLOGO DE UN LIBRO SOBRE RADIO EUSKADI	11
I	INTRODUCCIÓN: SI REZOLA LEVANTARA LA CABEZA...	17
II	RADIO EUZKADI 0 (1936-1937)	23
	1. La radiodifusión en Euskadi hasta el nacimiento del Gobierno Vasco	24
	2. La radio en manos de un joven Gobierno Vasco	30
	3. Mensajes en tiempos de guerra	42
	4. El germen de Getari	48
III	GURE IRRATI IXILLA. RADIO EUZKADI EN IPARRALDE (1946-1954)	51
	1. Radio Euzkadi, hija de una estrategia	51
	2. Gure Irrati Ixilla	59
	3. Objetivos y programación	99
	4. Una radio a cambio de otra	122
IV	UNA TXALUPA EN NORUEGA. RADIO EUZKADI EN VENEZUELA (1965-1977)	125
	1. A uno y otro lado del Atlántico	125
	2. La txalupa	135
	3. Objetivos y programación	185
	4. Agur eta gero arte	209
V	Y MÁS Y MÁS Y MUCHO MÁS. RADIO EUSKADI EN EUSKADI (1983-2008)	239
	1. Los tiempos cambian	239
	2. Las emisoras del Grupo EITB	249
	3. Radio Euskadi, la radio que se ve	294
	4. Una nueva era	327
VI	ANEXOS	333
VII	FUENTES Y BIBLIOGRAFÍA	411
VIII	ÍNDICE ONOMÁSTICO	413
IX	NOTAS	427

*A todos los que con su buen hacer
han construido la historia de Radio Euskadi,
en especial a Pello Irujo y Jokin Inza
y a mi querido Guillermo Ramos*

Quiero dar las gracias al Archivo del Nacionalismo de la Fundación Sabino Arana por abrirme siempre las puertas de su casa como si fuera la mía. A EITB, en especial a Odile Kruzeta, por la confianza depositada en mí una vez más. Y, sobre todo, a Xabier Irujo, editor de este libro, por decidir al instante y sin dudarlo que la historia de Radio Euskadi merece ser contada y divulgada.

PRÓLOGO DE UN LIBRO SOBRE RADIO EUSKADI

Coincidí con Leyre Arrieta en el campus de la Universidad de Deusto hace ya un año. Desde entonces hemos colaborado en varios proyectos editoriales, congresos y seminarios y, fundamentalmente, he tenido la oportunidad de visitar el pueblo que mis antepasados tuvieron que abandonar tras ser desterrados al término de la segunda guerra carlista, Mutriku. Supe entonces que la autora había escrito un libro sobre la historia de Radio Euskadi pero que por diversas circunstancias no había sido divulgado. Nos reunimos más tarde en Bilbao y, gracias a la iniciativa conjunta de EITB y de la editorial Ekin, y al excelente trabajo de Leyre Arrieta, ocho años después éste es aquel libro que no pudo ser en 2008, el año de la muerte de dos de sus protagonistas, Jokin Intza y Pello Irujo.

Una de las fases más célebres de la historia de la radio vasca ha sido la de la *Operación Txalupa*, es decir, la de Radio Euskadi Venezuela, cuando un grupo de jóvenes de EGI Caracas decidió montar una antena rómbica a 22 metros de altura en plena jungla con potencia para emitir hasta Euskadi, a 8.000 km de distancia. Era aquella una emisora totalmente ilegal por lo que radiaban sin licencia, e hicieron correr la voz de que la señal provenía de un barco en aguas de Noruega. Pero el presente libro compila todas las etapas de la historia de la radio vasca, cada una con sus objetivos, estilo y su historia e incluso historias propias, desde la Radio Euzkadi del Bilbao sitiado en el contexto de la guerra de 1936 hasta la actual EITB de la era digital. El enfoque, las características de la programación y los contenidos de cada una de las emisoras de Radio Euskadi a lo largo de su recorrido histórico de 80 años están condicionados y marcados por el contexto histórico y por las estrategias de comunicación y de difusión diseñadas en cada caso por los directores de dichas emisoras. Desde esta perspectiva la historia de esta emisora es, en cierto modo, reflejo de una parte de la historia del pueblo vasco y en particular del nacionalismo vasco y del exilio.

Tal como relata Leyre Arrieta, la emisora que funcionó entre 1936 y 1937 en Euskadi fue una emisora de guerra, utilizada con fines bélicos a fin de informar a la ciudadanía de las decisiones del gobierno así como para dar a conocer las tragedias que azotaban al país y sus gentes, que padecían en la retaguardia el ataque diario de los bombarderos rebeldes. Tras la guerra, la emisora que se instaló en Iparralde en 1946 fue una radio de resistencia, la radio de la resistencia vasca concebida para derrocar la dictadura franquista y dar a conocer los atropellos que se estaban llevando a cabo en las cárceles, los campos de concentración y los campos de trabajo. Radio Euzkadi de Venezuela fue asimismo un instrumento de la resistencia vasca tras el reconocimiento de la comunidad internacional del régimen franquista entre 1950 y 1955 a resultas de la cual se clausuró la emisión desde Iparralde. La venezolana fue una emisora creada y sustentada por unas pocas decenas de jóvenes de EGI para hacer llegar a los vascos del interior la voz y el apoyo de la comunidad del exilio americano. Constituyó así "la voz de la resistencia vasca" que podía oírse desde Euskadi, pero también en España donde había impactado al propio Generalísimo, a quien en alguna ocasión las emisiones pusieron "fuera de sí, rugiendo y en un estado de histeria total". Finalmente, la historia de la Radio Euskadi nacida tras la muerte del dictador fue concebida para consolidar las señas de identidad vascas y promover la cultura y la lengua vasca tras cuarenta años de represión. La nueva radio es una emisora adecuada a las necesidades de la sociedad vasca del siglo XXI, concebida y organizada por profesionales, que ha ido ampliándose y sumando retos hasta el día de hoy.

La historia de EITB, de la que la actual Radio Euskadi forma parte, es asimismo una etapa de la historia del euskara y un reflejo de las prohibiciones, restricciones y limitaciones que nuestra lengua ha conocido a partir de 1936. El presente libro sale a la luz precisamente el año en que Euskalerria Irratia obtiene por vez primera una licencia de emisión y que las antenas de Erreniegagaina sobre Iruñea dejan de interferir el acceso de la señal de EITB en Navarra. El lunes 26 de octubre de 2015 Euskal Telebista ha llegado por vez primera por TDT a Navarra en las mismas condiciones que el resto de canales de televisión. En adelante los repetidores de Erreniegagaina y San Cristóbal emitirán en digital por lo que las cuatro cadenas de ETB se podrán ver sin restricciones en el conjunto de Euskal Herria.

La Historia de Radio Euskadi. Guerra, Resistencia, Exilio, Democracia es el producto de años de trabajo en la que la autora ha compilado y analizado un enorme número fuentes documentales procedentes de diversos archivos. Pero es asimismo el resultado de decenas de horas de entrevistas mantenidas con algunos de los protagonistas de la historia de la radio vasca que han posibilitado dar respuesta a las incógnitas dejadas por las fuentes escritas pero que, fundamentalmente, han proporcionado una muy rica información sobre la dimensión humana y personal de estas "historias de la radio".

En cierto modo la historia de Radio Euskadi es nuestra propia historia y forma parte de la historia de cada uno de nosotros. Con apenas año y medio Xabier Irujo dio sus primeros pasos en la txabola de Radio Euskadi en Macuto de mano de Ixaka Atutxa, un galdakaoarra de Jagi Jagi que había pertenecido a la Brigada Vasca. Los "talos" de la *Operación Txalupa* han ocupado horas de sobremesa en casa. Cuando en 1991 viajaron a Caracas, Pello Irujo llevó a su hijo al lugar de las emisiones, de difícil acceso, situado a una milla del poblado de Santa Lucía, a orillas del río Guaire. Tal como cuenta Arantzazu Ametzaga en su libro *La Txalupa de Radio Euzkadi*, cuando alguien quería saber algo sobre la historia de Radio Euskadi, Pello sacaba de su cartera una lista en la que estaban registrados, escritos de su puño y letra, los nombres y teléfonos (caducos ya) de los cinco componentes iniciales de Radio Euzkadi, un equipo de personas que creyó en la información veraz como base de la democracia. Así lo hizo aquel día y, nombrándolos, con la tarjeta en la mano, comenzó a hablar. Me di cuenta del inmenso apego que tuvo por aquel compromiso en la selva, la radio vasca formaba parte de la identidad de sus creadores, forjada en la lucha por la libertad de un pueblo.

Hace bien poco, cuando Xabier Irujo y Pete Cenarrusa se hallaban en el archivo de la Universidad de Boise haciendo un trabajo de investigación sobre la figura del senador norteamericano Frank Church, de Idaho, aparecieron en una de las carpetas varias fotos de su visita al centro vasco de Caracas en 1972. En las mismas aparecía Manuel Irujo, su sobrino Pello y el hijo de éste estrechando la mano de Church en Venezuela, justo antes de que grabaran uno de los programas especiales sobre la visita del amigo de los vascos a la capital venezolana. La historia de Radio Euskadi forma en definitiva parte de la historia de muchos de nosotros.

Para Odile Kruzeta EITB es asimismo parte de su vida. Le ha tocado ser testigo de la otra cara de la moneda. Es decir, del momento en el que, finalmente, el pueblo vasco recupera su autogobierno y tras dotarse de instituciones democráticas pone en marcha el proyecto de radio-televisión pública vasca. Un proyecto que a lo largo del tiempo va a mostrarse como un instrumento capital para la información y el adecuado desenvolvimiento de los derechos y libertades de los ciudadanos y ciudadanas vascas. Una herramienta fundamental para la normalización del euskara y la promoción de la cultura vasca. Hoy día, gracias a la experiencia comunicativa adquirida tras 30 años de difusión ininterrumpida, EiTB se ha convertido en el grupo de comunicación audiovisual líder de Euskadi y cuenta con una oferta de información, divulgación y entretenimiento que es diversificada, atractiva y de calidad. Aquellos sueños, deseos y anhelos que impulsaron el nacimiento de una modesta Radio Euzkadi en el caserío Getari de Itziar, han desembocado en un grupo de comunicación formada por 5 emisoras de radio, 4 canales de televisión y una web multimedia con servicio programación a la carta.

Tal como afirma la autora, al subir por vez primera las escaleras mecánicas del inmenso hall de la nueva sede de EITB en Bilbao su pensamiento fue "si Rezola levantara la cabeza no se lo podría creer". Probablemente el lector aún no sepa aún quien fue Rezola pero a lo largo de las páginas de este libro irá descubriendo la figura de aquel hombre y la de todos los que han hecho posible aquel sueño inicial.

El presente libro es un homenaje a todas aquellas personas que han trabajado en Radio Euskadi y a todas aquellas que han colaborado para que la emisión en euskara sea un hecho consumado en nuestro suelo. Es asimismo un homenaje de Ekin, la editorial del exilio americano, a la radio y a la televisión vascas. Símbolo de un nuevo tiempo histórico para Euskal Herria.

Odile Kruzeta
Xabier Irujo

I

SI REZOLA LEVANTARA LA CABEZA...

"Si Rezola levantara la cabeza no se lo podría creer". Fue lo primero que pensé cuando pisé por primera vez la nueva sede de EITB en Bilbao. Probablemente, ustedes aún no sepan quien fue Rezola pero, a lo largo de las páginas de este libro, irán descubriendo porqué mis primeros pensamientos, nada más subir las escaleras mecánicas del inmenso hall de la nueva sede, fueron para aquel hombre.

La sede me pareció impresionante. Era el 27 de julio de 2007. Había quedado con el entonces director de Radio Euskadi, Iñigo Camino, con la finalidad de concretar aspectos sobre un proyecto para la elaboración de un libro-CD sobre la historia de Radio Euskadi. La primera reunión para tratar dicho tema la habíamos celebrado en la antigua sede de la emisora, la localizada en la Gran Vía de Bilbao, el 26 de marzo anterior. Camino, gran amante de la historia, quería que el nuevo libro no recogiera únicamente las fases de Iparralde y Venezuela, las fases del exilio, como lo había hecho uno anterior, escrito ya, hacía una década, por José Antonio Rodríguez Ranz y por una servidora. El nuevo proyecto debía recoger también las fases de la guerra civil y la última etapa, es decir, Radio Euskadi en democracia.

Además, esta vez, el libro iría acompañado de un CD con grabaciones, a veces recreadas y otras originales, de las distintas fases de la historia de la emisora.

Vuelta a empezar y, por tanto, vuelta a los archivos. La inmensa mayoría de la documentación que he utilizado para la elaboración de este trabajo ha sido la procedente del Archivo Histórico del Nacionalismo Vasco de la Fundación Sabino Arana. En decenas de cajas de distintos fondos documentales de este archivo está escondida, a través de miles de cartas y documentos, parte de la historia vasca del siglo XX, y también la historia de Radio Euskadi. La bibliografía y la historia oral me han ayudado a completar los vacíos que aún quedaban.

La tesis principal del libro que el lector tiene entre sus manos es que el carácter y las características de la programación de cada etapa de la emisora responden indisolublemente al contexto histórico y a las estrategias en respuesta diseñadas en ese determinado momento bien por el Gobierno Vasco en las fases de la guerra civil, Iparralde y democracia, bien por EGI en el caso de Venezuela. Así, la emisora que funcionó durante la guerra civil con el nombre de Radio Euzkadi fue una radio de guerra, utilizada por militares con fines exclusivamente bélicos. La emisora que se instaló en un pequeño pueblo de Iparralde fue una radio de resistencia, concretamente la radio de la Resistencia vasca, nacida para atacar al régimen franquista y dar a conocer los atropellos que estaba llevando a cabo. La Radio Euzkadi venezolana, sin dejar de ser un instrumento de la Resistencia, fue, no obstante, una emisora creada y sustentada por unas pocas decenas de jóvenes de EGI cuyas trayectorias se habían unido al otro lado del Atlántico huyendo del franquismo. Radio Euskadi fue el arma de estos jóvenes para luchar contra el dictador y mantener la unión de la comunidad vasca exiliada. Finalmente, la historia de la Radio Euskadi nacida ya en libertad para recuperar las señas de identidad y promover la cultura y el euskera, ha sido la historia de una emisora hecha por profesionales, que ha ido ampliándose y sumando retos. Las circunstancias político-sociales y culturales se lo han permitido.

El libro se divide en cuatro capítulos correspondientes a las diferentes etapas de la historia de Radio Euskadi. El capítulo dedicado a la radio en la guerra civil, además de aclarar algunos errores hasta ahora asumidos como certezas, nos permite situarnos, a modo de introducción, en el contexto que va a desembocar, unos años después, en la instalación de la emisora en Iparralde. En los dos capítulos siguientes se sigue más o menos la misma estructura: una primera parte referida al contexto, que es necesario conocer -aún de manera somera- para entender las vicisitudes que vivió la radio y el propio carácter de las emisiones; una segunda relativa a la misma emisora que aborda temas como autorizaciones e instalación, medios materiales y humanos, audiencias y financiación; y una tercera centrada en la programación, que analiza el carácter de la misma, los horarios y el contenido de los programas. La estructura del último capítulo, aunque mantiene tres apartados, varía ligeramente. El primero también se dedica al contexto pero en el segundo se traza un recorrido histórico de la radiodifusión pública vasca a través de todas las emisoras del Grupo EITB y de sus características generales. El tercer apartado se centra ya en Radio Euskadi, en la evolución de la emisora, en las personas que han ido enriqueciéndola y en los programas que han ido haciendo, día a día, su historia. Al final del libro he incluido anexos con textos destacados o ilustrativos y un índice onomástico.

Antes de terminar he de agradecer su colaboración a varias personas y entidades. Siento extenderme, pero no sería justo no nombrar a todas aquellas personas a las que he entrevistado o que me han ayudado en la elaboración de este libro-CD. Algunas han posibilitado recuperar páginas enteras de esta historia que estaban totalmente en blanco. Otras me han transmitido sensaciones, sentimientos, cosas quizá menos tangibles pero igual de valiosas. Seguro que hay personas con las que no he estado que podían aportar más información, pero son tantos los nombres que han tejido la historia de Radio Euskadi que este libro no lo habría terminado jamás si hubiera pretendido llegar a todas ellas. Dicho esto, es hora ya de dar las gracias. Gracias, una vez más (y son muchas ya) al personal del Archivo Histórico del Nacionalismo Vasco, por su eficacia. A Eva Caballero, mi "contacto" en Radio Euskadi, por sus diligencias. Gracias a Iñigo Camino, sobre todo por la devoción que siente hacia nuestra historia. Y MUCHAS GRACIAS a las personas que, con una amable sonrisa -todas- me han atendido y ayudado: a los hermanos María Dolores, María Luisa e Iñazio Zabala para la etapa de la guerra civil; a Iñaki Durañona para el capítulo de Iparralde; a Peru Ajuria, Iñaki Anasagasti, Jon Gómez, Pello Irujo (fallecido en septiembre de 2008) y Arantzazu Ametzaga para los capítulos de Iparralde y Venezuela; y a Ignacio Arregui, Julián Beloki, Manu Castilla, Blanca Díez Azkarate, Inma Eizmendi, Maite

Elorriaga, Jesús Etxezarraga, Rebeka Garai, Cristina Goiokoetxea, Idoia Jauregi, Larraitz Kamiruaga, Marian Letona, Ángel López, Enrique Martín, Itziar Mendia, Alberto Negro, Marisa Palmero, Jon Osa, José María Urkidi y Goio Torrontegi, para el último capítulo.

Hoy estamos ante la llamada era digital. Radio Euskadi también se ha sumado al carro. Sabiendo esto y contemplando las actuales instalaciones de la emisora en la nueva sede, algunos de los episodios que van a leer a lo largo de las siguientes páginas parecen sacados de una novela. ¿Imaginan ustedes a un redactor pedaleando una bicicleta para que el locutor pudiera recoger el programa redactado y leerlo en antena? ¿O a un cura con sotana cavando una enorme zanja en su jardín para que la radio se escuchara mejor? ¿Se imaginan a un hombre en medio de la selva rodeado de gatos que le defendían de las serpientes que rondaban a su alrededor mientras él introducía la cintas magnetofónicas que contenían la programación de Radio Euskadi? ¿O a Iñaki Anasagasti escapando de las llamas de un incendio en una enorme grúa? ¿Se imaginaban ustedes hace 30 años que, desde cualquier punto del mundo, podrían conectarse a la emisora? Todo eso también es historia, la historia de Radio Euskadi. Pasen y vean.

II

Radio Euzkadi 0
(1936-1937)

Desde que, hace ya bastantes años, empecé a investigar sobre la historia de Radio Euzkadi, siempre había oído el rumor de que durante la guerra civil esta emisora había emitido desde un caserío de Deba. No constaban documentos probatorios de ello. El único dato que se sabía, por testimonio de la debarra Itziar Andonegi, era que el caserío se llamaba *Getari*. Un día alguien me aclaró: "Pero es que *Getari* no está Deba, sino en Itziar. Es un enorme caserío que está no muy lejos de la iglesia". Para los que no conozcan la zona, Itziar es un barrio -en notable expansión- que pertenece al municipio de Deba. Está situado en un alto que dista pocos kilómetros del núcleo costero. Su hermoso y sobrio santuario, claro ejemplo del gótico vasco, que alberga la imagen de la preciosa y venerada Virgen de Itziar, es lugar de peregrinación, elegido por muchas parejas del entorno para darse el sí quiero.

Rápidamente conseguí el teléfono del caserío, y una de sus dueñas, María Luisa Zabala, todo amabilidad, me confirmó la noticia: "Bai, egia da. Askotan entzun izan dizkiegu gure gurasoei orduko kontua[1]. Los rumores eran ciertos, una emisora había estado situada allí, en *Getari,* en tiempos de guerra. Sólo me quedaba confirmar si aquella radio era verdaderamente Radio Euzkadi. Tenía que empezar por plantear una pregunta: ¿por qué se instaló una radio en plena guerra civil en Itziar? Para poder responderla y entender la respuesta en todo su significado, es necesario conocer qué implantación tenía entonces la radiodifusión en Euskadi, cuál había sido su trayectoria hasta la guerra civil, y qué papel le otorgó, a partir de octubre de 1936, el recién constituido Gobierno Vasco.

1. LA RADIODIFUSIÓN EN EUSKADI HASTA EL NACIMIENTO DEL GOBIERNO VASCO[2]

Hasta que en 1931 fue proclamada la II República española, en virtud de las normas que regulaban la radiodifusión en el Estado español, jurídicamente sólo existían ocho estaciones en el Estado y sólo una de ellas, Unión Radio San Sebastián (EAJ-8), se localizaba en el País Vasco. El advenimiento del régimen republicano provocó transformaciones en todos los ámbitos de la vida; también en el panorama radiofónico estatal. El gobierno concedió licencias para la instalación de nuevas emisoras que debían de cumplir una serie de requisitos. En el País Vasco, se otorgaron permisos para radiar desde Tudela, Pamplona, Vitoria y Bilbao. El proyecto de Tudela no llegó a cuajar por problemas económicos. Sí nacieron "EAJ-6 Radio Navarra", "EAJ-62 Radio Vitoria" y "EAJ-28 Radio Emisora Bilbaína"[3].

Radio Navarra acabó siendo propiedad del montador, que la adquirió como pago de sus honorarios por los trabajos de instalación de la emisora. Radio Vitoria emitió su primer programa el 30 de septiembre de 1934. Esta es la misma

Radio Euskadi 0 (1936-1937)

Radio Vitoria que muchos años después se fusionará con Euskadi Irratia y Radio Euskadi creando el inicial núcleo del grupo de emisoras de EITB. Radio Emisora Bilbaína -la posterior Radio Bilbao- fue gestionada por la sociedad anónima REBSA (Radio Emisora Bilbaína Sociedad Anónima). Empezó a emitir el 31 de octubre de 1933. La programación era eminentemente musical, aunque también tenían cabida otros espacios de tipo social e incluso político.

El 18 de julio de 1936 se iniciaba la sublevación militar. Las noticias eran difusas y la incertidumbre que ello causaba más las ganas de saber lo que realmente estaba sucediendo, provocó que la radio adquiriera un enorme valor desde el mismo momento en que se inició la guerra. Su inmediatez la convirtió en el principal medio de información de los vertiginosos acontecimientos que estaban acaeciendo. Todo el mundo la escuchaba, ávido de noticias. Para entonces eran ya bastantes los hogares que disponían de aparato receptor y, por consiguiente, la radio se convirtió durante la contienda, en el medio ideal para informar y para influir en el ánimo de los oyentes.

En consecuencia, los dos bandos enfrentados valoraron la radio como un arma indispensable. Fue el instrumento informativo y propagandístico por excelencia. Sin pérdida de tiempo, tanto los republicanos como los franquistas intervinieron las emisoras radiofónicas localizadas en sus respectivas zonas de control. Las dos emisoras comerciales existentes en la zona sublevada, Radio Vitoria y Radio Navarra, quedaron en manos de los militares. Los micrófonos de Radio Navarra fueron utilizados por el general Mola el mismo 19 de julio. En Bizkaia y Gipuzkoa, territorios donde los sublevados no pudieron imponerse al inicio de la contienda, las emisoras fueron utilizadas por el bando republicano. Las instalaciones de Radio Emisora Bilbaína fueron inmediatamente intervenidas, aunque no incautadas, por el Gobierno de la República y sus micrófonos fueron trasladados a la sede del Gobierno Civil y utilizados por el gobernador Echeverria Novoa para informar a la población del discurrir de la contienda, radiar notas y emitir alocuciones. Pero, en principio y teóricamente al menos, continuó estando en manos de REBSA. No fue hasta el 30 de septiembre, pocos días antes de que se constituyera el primer Gobierno Vasco, cuando el Gobierno de la Republica incautó la emisora y la entregó al cuerpo de Telégrafos para su dirección y control.

Por su parte, en Gipuzkoa, tras la sublevación, la guarnición militar no logró inmediatamente sus objetivos y los primeros días fueron realmente duros y desconcertantes. La imprecisión de esos momentos iniciales tuvo su reflejó en lo acontecido con la emisora Unión Radio San Sebastián. El mismo día 18 de julio, la estación donostiarra había sido utilizada no por partidarios del bando franquista sino por los diputados nacionalistas Manuel Irujo y José María Lasarte. Desde allí, hicieron pública su adhesión a la República y su repulsa a la rebelión militar[4]. Poco después, el coronel del bando franquista León Carrasco envío un retén de guardias a sus oficinas para que la radio quedara bajo su control y, de hecho, desde sus micrófonos se radió el bando militar que declaraba el Estado de Guerra. Sin embargo, la ocupación no duró mucho porque, nada más tener conocimiento de la misma, un grupo de milicianos entró en la sede de la emisora, expulsó a los franquistas y desmintió el Estado de Guerra. Por tanto, en muy breve espacio de tiempo, la emisora donostiarra fue utilizada por ambos bandos para emitir mensajes absolutamente contrarios. Pero, una vez desalojados los sublevados, Unión Radio San Sebastián quedó en manos de los defensores de la República, y se convirtió, junto con el periódico *Frente Popular*, en principal órgano del aparato de información de la Junta de Defensa.

No obstante, el avance de los franquistas hacía presagiar la caída del territorio guipuzcoano. Previéndolo, los responsables de la emisora optaron por desmontar las infraestructuras y trasladar los aparatos necesarios para emitir y seguir haciendo uso de ese medio tan efectivo y necesario a un lugar más seguro. ¿Y que lugar más seguro que un caserío de Itziar? Como la población guipuzcoana, que abandonaba sus hogares escapando del ejército franquista y tomaba el camino de la costa en su huída hacia tierras vizcaínas, del mismo modo se trasladó esa emisora a *Getari*, un hermoso caserío cercano al frontón de Itziar. Desde allí, durante aproximadamente diez-doce días, se siguió emitiendo, utilizando, por primera vez, el nombre de Radio Euzkadi. Nos situamos a mediados de septiembre de 1936.

El dueño del caserío, José Antonio Zabala era, según sus hijos, "muy nacionalista" y amigo de Florencio Markiegi, alcalde de Deba. Probablemente, Markiegi comentó a Zabala la necesidad de sacar los aparatos de Donostia-San Sebastián y ubicarlos en algún sitio seguro y éste, hombre de palabra y comprometido, ofreció su caserío. Este caserío, cuyo nombre originario era *Urbieta* ha acogido siempre mucha gente, tanto personas que huían escapando de la policía franquista como otras que nada tenían que ver con asuntos políticos y que se acercaban a Itziar a pasar el verano o buscando la tranquilidad de aquellos parajes. Una de estar personas era de Getaria y entonces -no se sabe muy bien cuándo- se le empezó a llamar al caserío *Getari*.

La tarde del 14 de abril de 2008 estuve allí, charlando durante horas -a mí me parecieron minutos- con tres de los hijos del caserío. María Dolores, María Luisa e Inazio. No olvidaré jamás esa tarde. La generosidad, la amabilidad y el cariño de esas personas, heredadas, lógicamente, de sus padres, me cautivó. Los Zabala saben que Radio Euzkadi estuvo allí porque se lo han oído decir a sus padres y a sus tías. María Dolores, entonces una niña de seis años, recuerda que durante esos días de septiembre la casa se llenó de militares y ellos tuvieron que dormir en caseríos cercanos. Recuerda también que la emisora estaba situada en una habitación de la planta superior y que no entendían nada de lo que aquellos hombres decían porque hablaban en clave. Las imágenes más marcadas en su memoria son dos. La primera la de los aviones volando muy bajo, mientras ellos, temerosos, se reunían para rezar. La segunda, el día en que su padre volvió a casa, después de dos años de cárcel, y le enseñó una lección que jamás ha olvidado: "Zuri zerbait egiten badizuete ere, sekula ez bueltatu"[5].

Gente noble, indudablemente, que incluso abandonó durante unos días su casa para que la emisora pudiera establecerse allí. Pero el ejército franquista avanzaba rápidamente y, a finales de ese mes, Deba cayó en su poder.

Radio Euskadi 0 (1936-1937)

Antes incluso de que esto sucediera, y ante el temor de que el escondite de *Getari* fuera descubierto, se desmontaron una vez más los aparatos de radio y se trasladaron a un nuevo emplazamiento, ya en territorio vizcaíno: el campo de Golf de la Galea, en Getxo. Desde allí se emitió durante nueve meses, hasta la caída de Bilbao en manos franquistas en junio de 1936.

Esta emisora, se llamara Radio Euzkadi o de otra forma, era en realidad la que antes de la guerra había sido Unión Radio San Sebastián, y ésta y Radio Emisora Bilbaína fueron utilizadas por el bando republicano. Las emisoras comerciales Radio Navarra y Radio Vitoria funcionaron al servicio de los franquistas. Tanto unas como otras se utilizaron como eficaz arma de combate para informar e influir en la población no sólo vasca sino también en los oyentes extranjeros. La guerra civil tuvo enorme resonancia mundial y la actitud que ante ella pudiera mostrar la opinión pública europea y americana, y las cancillerías de los países democráticos, podía marcar el rumbo y el desenlace de la contienda. De hecho, en esos años se ensayó lo que, más tarde, en la Segunda Guerra Mundial, se llamaría *guerra de ondas*. Ahora bien, para llegar a los oyentes extranjeros las características técnicas de las emisoras comerciales vascas no eran las más adecuadas. En uno y otro bando intentaron dotar de mayor potencia a Radio Navarra y Radio Emisora Bilbaína pero sin resultado positivo alguno en sendos casos. Para alcanzar los objetivos, la única posibilidad consistía en la utilización de frecuencias de extracorta, en longitudes de onda de 20 a 60 metros, y las únicas estaciones con esas particularidades eran las utilizadas por aficionados -amén de una emisora radicada en Madrid, la *EAG*, dedicada a servicios comerciales-.

En la Euskadi republicana, no hubo más remedio que echar mano de las estaciones de aficionados aunque la potencia de éstas limitaba en gran medida su eficacia. El bando franquista también utilizó este tipo de emisoras al inicio de las hostilidades pero pronto se hicieron con estaciones de extracorta. Por tanto, para cuando se constituyó el primer Gobierno Vasco, las posibilidades radiofónicas de los franquistas eran ya bastante superiores a las de sus adversarios.

2. LA RADIO EN MANOS DE UN JOVEN GOBIERNO VASCO

El 7 de octubre de 1936 quedaba constituido el Gobierno de Euzkadi, un gobierno de coalición integrado por cuatro consejeros del PNV (José Antonio Agirre, Presidencia y Defensa; Jesús María Leizaola, Justicia y Cultura; Eliodoro de la Torre, Hacienda; y Telesforo Monzón, Gobernación), tres del PSOE (Santiago Aznar, Industria; Juan Gracia, Asistencia Social; y Juan de los Toyos, Trabajo), uno de ANV (Gonzalo Nardiz, Agricultura), uno de Izquierda Republicana (Ramón María Aldasoro, Comercio), uno de Unión Republicana (Alfredo Espinosa, Sanidad) y uno del PC (Juan Astigarrabia, Obras Públicas).

Al margen de las emisoras militares utilizadas para la comunicación de órdenes y partes entre las distintas unidades del ejército y sus mandos, emisoras que dependían del Departamento de Defensa, las labores de radiodifusión fueron asumidas por dos consejerías distintas: el Departamento de Trabajo, Previsión y Comunicaciones dirigida por el socialista Juan de los Toyos y el Departamento de Presidencia, en manos, obviamente, del propio lehendakari Agirre, del PNV. Partidos distintos, intereses distintos y muy pocas emisoras para todos. Sigan con detenimiento las explicaciones de las siguientes páginas, porque el reparto de emisoras y las relaciones entre estos Departamentos y sus distintas secciones, y las labores desarrolladas por cada una de ellas resultan un tanto complicadas de entender y, necesarias, sin embargo, para poder hablar de esta ¿primera Radio Euzkadi?

2.1. Las emisoras del Departamento de Trabajo, Previsión y Comunicaciones (PSOE)

Fue la Dirección General de Comunicaciones perteneciente a este Departamento en manos socialistas, la responsable de gestionar los servicios de telecomunicaciones, tanto las denominadas "punto a punto" como las abiertas al público.

Las comunicaciones punto a punto, como su nombre indica, son las que se realizan entre dos lugares concretos. Los equipos técnicos para llevarlas a cabo se localizaban en tres emplazamientos: en Algorta, en la denominada Casa Barco, donde se situaron los servicios de radiogoniómetro, radio marina y radiotelegrafía de enlace con Madrid y Barcelona; en Santo Domingo, desde donde se atendía a los barcos pesqueros y se recibían y distribuían los partes meteorológicos; y en Artxanda, desde donde se realizaban conferencias.

En lo que a las comunicaciones radiadas para audiencia general respecta, la Dirección General de Comunicaciones controlaba las emisoras de radio EAJ-28, EAJ-8 y la 2-FP. Las dos primeras ya las conocemos. Son los indicativos de Radio Emisora Bilbaína y Unión Radio San Sebastián. La primera es la que, días antes de constituirse el Gobierno de Euskadi, había incautado el Gobierno de la República. La segunda la que había llegado desde Donostia-San Sebastián hasta Punta Galea pasando por Itziar. La tercera era una estación de aficionado que emitía en extracorta.

De las tres, la más importante fue Radio Emisora Bilbaína (EAJ-28) situada en el Hotel Carlton de Bilbao, a la sazón sede del Gobierno Vasco. Contaba con las instalaciones más modernas para la producción y emisión de programas y absorbió gran parte de la plantilla de la Dirección General de Comunicaciones. Las dos emisoras restantes, en ocasiones, funcionaban como meras repetidoras de la señal de la primera. La programación de Radio Emisora Bilbaína, popularmente conocida como Radio Bilbao, se publicaba habitualmente en la prensa diaria. Radiaba tres emisiones al día, una por la mañana, otra de sobremesa y la nocturna. Los tiempos intermedios se cubrían con espacios musicales. La sección más interesante era el noticiario denominado, desde que la emisora echó a andar, "Alas", cuyas emisiones de sobremesa y noche se emitían tanto en castellano como en euskera. Antes del cierre de las emisiones a la una de la madrugada, Radio Bilbao incluía habitualmente espacios en francés o inglés destinados a los oyentes extranjeros. En noviembre de 1936, la emisora introdujo programas especiales en euskera, con intervenciones musicales, cuentos y actuaciones de bertsolaris como Iñaki Eizmendi *Basarri*[6].

La programación de EAJ-8, la situada desde principios de octubre de 1936 a junio de 1937 en Getxo, la desconocemos aunque sí sabemos que, como la 2-FP, actuó también de repetidor al menos de los diarios hablados o "Alas" y de las alocuciones y programas especiales emitidos por Radio Bilbao.

La 2-FP pertenecía a Ramón Maiz, secretario general de Izquierda Republicana de Gipuzkoa. Se instaló en el piso superior del edificio de Telégrafos bilbaíno y el mismo Maiz actuó de técnico operador. Se anunciaba como "2-FP, Frente Popular de Vizcaya" y, principalmente, su cometido fue comunicarse con estaciones de extracorta españolas, que se denominaban entre sí "Estaciones del Frente Popular Antifascista Invencible y Vencedor". Además, esta emisora solía retransmitir partes de guerra y noticiarios y boletines de otras emisoras -principalmente de Radio Bilbao-, daba lectura a crónicas o a las noticias publicadas por los periódicos bilbaínos... Aprovechaba para emitir los momentos de desconexión de Radio Emisora Bilbaína. Siendo una emisora de extracorta, tuvo dos objetivos principales: la difusión a países extranjeros de informativos y alocuciones especiales organizadas por Radio Bilbao y la conexión directa con estaciones de radioaficionados políticamente afines[7].

La Dirección General de Comunicaciones, tutelada por Juan Callén, llegó a contar con una plantilla de más de 60 personas. Algunas de estas trabajaron, evidentemente, en las tres emisoras. Pero la labor de la Dirección no se limitó a la emisión de programas. También se dedicó a otros servicios como el llamado "Altavoces del Frente". Este servicio consistía en propagar mensajes hacia el enemigo desde posiciones vascas mediante el uso de potentes altavoces. Desde el inicio de la guerra, este método propagandístico fue frecuentemente utilizado. A través de esos altavoces, se transmitían informaciones o discursos de líderes políticos y sindicales que se acercaban a los frentes para lanzar arengas al adversario. Otra de las tareas de la Dirección General de Comunicaciones fue la prescripción de normas para regular el uso de aparatos de radio por parte de particulares y prohibir escuchas de radios facciosas.

2.2. Las emisoras del Departamento de Presidencia (PNV)

El Gobierno Vasco, y más concretamente, el Departamento de Trabajo, Previsión y Comunicaciones, pudo utilizar, por tanto, los servicios de tres emisoras, dos comerciales y una de uso particular, previamente existentes en territorio vasco. Pero, desde bien temprano, Presidencia sintió la necesidad de contar con un sistema de transmisiones propio para contactar con las distintas delegaciones y organismos oficiales y con una emisora también propia que pudiera transmitir al mundo la versión gubernamental de los acontecimientos bélicos. Dentro de este Departamento, su Gabinete de Radio era el responsable de las comunicaciones punto a punto y la Sección de Propaganda y Relaciones Exteriores el encargado de las emisiones públicas.

Se planteó la posibilidad de instalar un sistema radiofónico de conexión en la sede de Presidencia en el hotel Carlton. Sin embargo, consultado Juan Callén, éste no se mostró partidario de ese proyecto porque ello provocaría interferencias en EAJ-28 (Radio Emisora Bilbaína), localizada también en las dependencias de dicho hotel, y aconsejó montar una estación de extracorta que se pudiera utilizar en servicios de telegrafía y telefonía. Como solución transitoria, el director de comunicaciones propuso el empleo de la emisora 2-FP. El inconveniente era que esa emisora era utilizada por el Departamento de Trabajo, Previsión y Comunicaciones en radiodifusión y sus emisiones en inglés y francés eran seguidas desde Europa y América. La solución: reducir al mínimo las emisiones de la 2-FP y utilizar los espacios liberados para cubrir las necesidades de Presidencia.

Sin embargo, compartir una emisora con varios objetivos y por varios Departamentos -de distinto signo político, además- no fue tarea fácil. El mismo lehendakari Agirre mostró su queja ante Juan de los Toyos, titular del Departamento de Trabajo, por el escaso margen disponible para los servicios de comunicación de su departamento. En diciembre de 1936 el Gabinete de Radio, dirigido por Félix Tomás López Otamendi, elevó un informe a la Secretaría General de Presidencia, organismo del que dependían jerárquicamente los servicios de radio, detallando sus necesidades y proyectos[8]. El más urgente era la instalación de un puesto emisor en el extrarradio y un gabinete de control técnico en las mismas dependencias del Departamento, porque interesaba "sobremanera que la voz de nuestro Gobierno sea escuchada por todo el mundo, organizando la transmisión de informaciones radiotelegráficas al igual que se efectúa por las grandes estaciones dotadas de potencias suficientes para ser recibidas en cualquier parte del mundo"[9] (véase anexo 1). La estación fue instalada en Basarrate. Desde allí se ponían en antena los mensajes recibidos desde la sede del Gabinete en el Cartlon.

El Gabinete de Radio contó, además, con otros dos servicios: una estación situada en Baiona y un puesto de escucha de emisiones radiofónicas localizado en Begoña. El avance de los franquistas y el continuo tráfico de aviones por Basarrate provocó el traslado de las instalaciones de ese punto al emplazamiento de Begoña, que, aunque no libre de peligro, facilitaba la concentración de material y personal.

Con estos medios, el gabinete de radio de Tomás López Otamendi cumplió una notable labor en la comunicación punto a punto con otros organismos y en la transmisión de notas informativas al exterior, y, sobre todo, fue elemento esencial para los contactos entre la sede de Bilbao y las distintas delegaciones del Gobierno Vasco, especialmente las de Baiona, Barcelona y París. Los servicios de transmisión estaban cubiertos.

Llegados a este punto, es indispensable hacer un alto en el camino de la narración y dedicar siquiera un breve inciso al responsable del gabinete de radio, porque Félix Tomás López Otamendi fue uno de los catorce ejecutados en el penal de El Dueso (Santoña) el 15 de octubre de 1937. Juntos con otros cinco compañeros nacionalistas, dos republicanos, dos socialistas, dos anarquistas y dos comunistas pasó a engrosar la fatídica lista de las personas que perdieron su vida en una playa cercana a ese penal al amanecer de ese viernes, 15 de octubre. Hacia las nueve de la noche del día 14, personal de la cárcel hizo salir de sus celdas a los catorce reclusos y los llevaron a dos celdas apartadas. Conscientes de su destino, comenzaron a escribir cartas de despedida a sus familias (véase anexo 2). Después, los catorce escucharon misa y se confesaron en la capilla del penal. Alrededor de las seis de la mañana, fueron conducidos a la playa de Berria y fusilados en varias tandas. Así lo narró *Astilarra*:

> [...] Ya frente al piquete de ejecución abrazando a sus compañeros [Florencio Markiegi, alcalde de Deba y miembro del EBB] les iba diciendo: "No tengáis miedo. Dentro de poco estaremos en compañía del Señor. Agur y hasta ahora". Y juntos, Markiegi y Azkue, antes de cerrar los ojos, vieron cómo caían sus amigos, Jesús de Zabala Iriondo, López de Otamendi, Felipe de Markaida y José Ibarbia Untzueta, heroicos patriotas vascos que ofrendaban tranquico [sic] sus vidas por Euzkadi y su Libertad."[10]

Desde aquí, nuestro pequeño homenaje a todos ellos y, en especial, a Felipe Tomás, durante un tiempo responsable de Gabinete de Radio del Gobierno Vasco.

Todo el esfuerzo de este gabinete, con ser mucho, no era suficiente para mantener una propaganda prolongada y eficaz, para influir en el mayor número posible de oyentes y, por esta razón, la Sección de Propaganda y Relaciones Exteriores del Gobierno Vasco pronto asumió la tarea de crear una radio propia. Esta sección, dirigida por Bruno Mendiguren, consideraba que la tarea propagandística no estaba lo suficientemente cubierta por las emisoras bajo control del Departamento de Trabajo, Previsión y Comunicaciones.

Un informe redactado por la oficina gestionada por Mendiguren a principios de 1937, subraya la imperiosa necesidad de una radio del Gobierno Vasco, una emisora propiamente vasca, porque "la radio constituye hoy en día una de las palancas más poderosas para la vida de los gobiernos y de sus pueblos. En su consecuencia, hay que prestar a estos resortes, cuya expansividad juega uno de los papeles más importantes en el desenvolvimiento de nuestro País la máxima atención y el cuidado celo". Contar con una emisora era indispensable, en primer lugar, para la difusión y propaganda de las ideas "dando a conocer el pensamiento euzkadiano"; en segundo lugar, también como arma de guerra; y, en tercer lugar, y principalmente, para ofrecer al mundo una imagen de Euskadi, distinta a la que los medios del franquismo estaban difundiendo.

Mientras la creación de una emisora propia no fuese factible, desde la Sección de Propaganda y Relaciones exteriores se propuso reestructurar y reorganizar las estaciones emisoras que funcionaban en Euskadi de la siguiente manera: las estaciones que se dedicaran a transmisiones militares estarían controladas por el Departamento de Defensa; las estaciones de comunicación punto por punto por el Departamento de Trabajo, Previsión y Comunicaciones; y todas las estaciones dedicadas a información general estarían bajo la responsabilidad de la sección de Propaganda de Presidencia y en manos, por tanto, de los nacionalistas. Únicamente así se conseguiría "la finalidad anhelada: atender a las necesidades de guerra y cuidar del bagaje espiritual de nuestro pueblo"[11] (véase anexo 3).

En este sentido, resultan curiosas las recomendaciones en materia musical propuestas, pocos días más tarde, por esta misma Sección de Propaganda. Puesto que la programación musical de las radios vascas que funcionaban entonces no respondía "al carácter espiritual e interés que exige la cultura y categoría artística del pueblo vasco" por estar repleta de "cuplés y música en extremo vulgar", se planteó la necesidad de mejorar la calidad de los espacios musicales mediante propuestas como la creación de una orquesta que semanalmente interpretara un concierto en directo, la formación de un coro que cantara música clásica y vasca, la celebración de conciertos semanales, la firma de un contrato con la Orquesta sinfónica de Bilbao, convenios con bandas de música, y la retransmisión de actuaciones de coros infantiles y capellanías[12].

Curiosidades al margen, lo que está bastante claro es que para comienzos de 1937, la Sección de Propaganda y Relaciones Exteriores, en concreto, y el Departamento de Presidencia en su conjunto, tenían bien interiorizada la inestimable importancia de una adecuada propaganda exterior y, por consiguiente, la imperiosa necesidad de hacerse con una emisora exclusiva. Prueba de ello es que en enero de ese año quedó constituido, bajo la dirección de José de Albeniz, el Gabinete de Prensa anejo a la Sección de Propaganda. Como punto de arranque de su labor difusora, el recién constituido Gabinete proyectó realizar emisiones en varios idiomas utilizando estaciones de París y Londres, aunque el principal objetivo era lograr una radio propia.

En aras a conseguirla, Presidencia optó por dos caminos. En primer lugar, una vez más solicitó consejo a Juan Callén, quien recomendó la adquisición de un modelo que permitiría trabajar con la longitud de onda que mejor se amoldara a las necesidades. Se encomendó a Fermín Rodríguez Múgica, ingeniero técnico de EAJ-8, que realizara las gestiones oportunas en Nueva York para conseguir dicho aparato. Pero éste -comprado en la casa *Radio Engineering Laboratories* y destinado finalmente no a Propaganda sino a la Dirección General de Comunicaciones-, no estuvo preparado para su embarque hasta el 7 de junio, fecha para la que el avance franquista sobre la capital vizcaína había progresado mucho. A pesar de ello, el material fue embarcado en el vapor *Collomer* y transportado a Burdeos, puerto al que llegó cuando Euskadi estaba ya en manos franquistas. Los equipos permanecieron en dependencias de la aduana bordelesa hasta que, tras la guerra, fueron reclamados por el Gobierno español y adjudicados a Radio San Sebastián, emisora que había costeado los gastos de recuperación[13].

El segundo camino iniciado por Presidencia para la adquisición de un aparato emisor fue el abierto a través de la Delegación del Gobierno Vasco en México. Su titular, Francisco Belausteguigoitia, recibió el encargo de encontrar en el mercado americano un aparato emisor para Euskadi. Los telegramas cruzados entre Belausteguigoitia y Presidencia entre los días 7 de enero y 6 de febrero de 1937 nos informan de las gestiones realizadas en tierras americanas para la compra de la emisora. Tras contactar con la *Collins Radio Company* y *Radio Marine Corporation*, el delegado vasco se decidió por negociar con la primera. Quédense con el dato porque en 1946, cuando se esté preparando el nacimiento de Radio Euzkadi desde Iparralde, de nuevo se acudirá a esta casa de Iowa para adquirir un nuevo aparato emisor. El 6 de febrero E. Arocena, vasco residente en México, en nombre del Gobierno de Euskadi, firmó con la *Collins* un contrato de adquisición de un equipo transmisor de radiotelefonía y telegrafía de 1.000 watios de potencia. Para el 22 de abril el aparato se había fabricado y, tras recibir la confirmación del Gobierno, Belausteguigoitia embarcó la mercancía en el vapor *President Harding* el día 30. Pero, también en este caso, era ya demasiado tarde[14].

Desde que la Sección de Propaganda y Relaciones Exteriores comunicara su encargo a Belausteguigotia habían pasado ya cuatro meses, a lo largo de los cuales dicha sección, siguiendo las directrices de Mendiguren, intentó *hacer propaganda de sus ideas*, a través de las emisiones de radio de las que disponía el Gobierno, es decir, a través de las emisoras en manos del Departamento de Trabajo, Previsión y Comunicaciones. Pero cuando las intenciones nacionalistas de influir en estas emisoras llegaron a oídos del citado Departamento, éste solicitó protección del Gobierno de la República, quien dilucidó la fricción mediante un comunicado en el que se hacía saber al lehendakari que los servicios de radiodifusión eran de exclusiva competencia del Gobierno de la República y que las emisoras vascas, al ser concesiones administrativas anteriores a la aprobación del Estatuto de Autonomía, estaban bajo control del Gobierno central. La inscripción de las tarjetas oficiales de EAJ-28 y de EAJ-8 indicaba tajante que eran emisoras pertenecientes al Frente Popular del País Vasco y no emisoras al servicio del Gobierno de Euskadi.

Esto ocurría a primeros de mayo, cuando el vapor *President Harding*, que contenía el material destinado a la creación de una emisora de Presidencia atravesaba el Atlántico. Es posible que este hecho hiciera que la Sección de Propaganda no forzara más el acelerador y decidiera esperar la llegada de la tan ansiada emisora. Pero, como sabemos, al Gobierno de Euskadi no le restaba mucho tiempo en territorio vasco. La creación de esa radio sin cortapisas, de esa radio exclusivamente vasca, tendría que esperar una coyuntura más favorable. El lugar, Iparralde. El momento, finales de 1946.

3. MENSAJES EN TIEMPOS DE GUERRA

Al no contar con una emisora *ad hoc* desde la cual propagar la voluntad de los vascos y difundir la realidad de lo que estaba sucediendo, la sección de Propaganda del Gobierno Vasco tuvo que ingeniar otras vías para abordar sus labores propagandísticas. Una de esas vías fue la de las alocuciones radiofónicas realizadas por dirigentes políticos, sindicales y otro tipo de personalidades públicas a través de otras emisoras.

La primera vez que un representante del Gobierno Vasco hizo uso de los micrófonos fue el 22 de diciembre de 1936, cuando el lehendakari José Antonio Agirre, aprovechando la cercanía de las fiestas navideñas, lanzó un mensaje de fe y esperanza a los oyentes. Informó, asimismo, de los proyectos y trabajos que estaba realizando el Gobierno Vasco y criticó la postura de los sublevados. Ésta, como todas las demás alocuciones presidenciales, fueron retransmitidas tanto por la EAJ-29 (Radio Emisora Bilbaína) como por la 2-FP, y pudieron ser escuchadas en el extranjero. Gracias a las gestiones tramitadas por Manuel Irujo, a la sazón ministro del Gobierno de la República, las estaciones Radio Barcelona y Transradio Madrid conectaron con Radio Emisora Bilbaína y emitieron también el discurso del lehendakari. La Sección de Propaganda y Relaciones Exteriores de Presidencia quiso sacar el máximo rendimiento a la alocución, dándola a conocer en otros países. Con tal fin, editó el discurso en castellano, inglés y francés, señalando en el mismo título -aunque no era del todo cierto- que esta comunicación se había pronunciado ante los micrófonos de Radio Euzkadi. Digo que no era del todo cierto porque aunque realmente las emisoras originarias no se llamaran así, ahora eran instalaciones que, aún perteneciendo al Gobierno de la República, en este caso concreto transmitían la voz del Gobierno Vasco en su conjunto. También se hicieron gestiones para que pudiera ser el mensaje grabado en disco, aunque no podemos asegurar que este propósito se llevara a cabo[15].

El segundo discurso radiado del lehendakari tuvo lugar el 7 de abril de 1937. Desde que se pronunciara el anterior, las circunstancias de la guerra habían cambiado, la ofensiva franquista sobre Bizkaia había comenzado y se había producido ya el bombardeo de Durango. El mensaje del lehendakari hizo hincapié en la unidad de las fuerzas democráticas con el Gobierno Vasco[16].

Poco tiempo después, la Legión Cóndor de la *Wermatch* alemana bombardeaba Gernika. El escándalo que provocó la destrucción de la localidad vizcaína adquirió inmediatamente alcance internacional debido a la presencia de periodistas extranjeros en Euskadi. El testimonio de primera mano ofrecido por el canónigo Alberto Onaindia también coadyuvó a la toma de conciencia por parte de la opinión pública de los países democráticos. Ante la magnitud de la denuncia internacional, la propaganda franquista optó por negar la evidencia y responsabilizar a vascos y asturianos de lo ocurrido en Gernika. En respuesta a esta acusación y para dejar clara la actitud del Gobierno Vasco, el Departamento de Justicia y Cultura dirigido por el vicelehendakari Jesús María Leizaola organizó una intervención radiada el 4 de mayo de 1937. En ella participaron el propio vicelehendakari, Telesforo Monzón -consejero de Gobernación-, Bonifacio Echegaray -miembro de Euskaltzaindia-, Eusebio de Arronategui -sacerdote de Gernika- y José de Labauria -alcalde de la villa[17]. Desde el punto de vista propagandístico, esta alocución fue muy importante. De ella dieron cuenta los medios vascos y españoles y el periódico londinense *Times* extractó frases de la intervención del alcalde Labauria. Los discursos se editaron en varias lenguas ilustrados con fotografías de la villa foral.

Días más tarde, los micrófonos de Radio Emisora Bilbaína difundieron también las alocuciones que, con motivo de la celebración del Primero de Mayo, pronunciaron los representantes de los sindicatos UGT, CNT y ELA. A finales de este mes, fue el consejero de Sanidad, Alfredo Espinosa, quien, en nombre del Frente Popular, hizo uso de las emisoras del Departamento de Trabajo, Previsión y Comunicaciones.

Una segunda vía que el Gobierno Vasco utilizó para hacerse oír e informar al mundo de lo que realmente estaba sucediendo en Euskadi fue la que le proporcionaron sus propias delegaciones. Durante la guerra, fueron muchos los vascos que tuvieron que abandonar sus hogares, muchos de ellos líderes políticos. Era indispensable mantener el contacto y establecer una red de relaciones con todos esos ciudadanos diseminados por el mundo y, con tal fin, el ejecutivo vasco estableció delegaciones en distintos puntos del Estado y de Europa y América. Una de las más importantes fue la de Barcelona. La Delegación propiamente dicha, que nació bajo la denominación de "Euzkadi'ko Jaurlaritzaren Ordezkaritza Nagusia Catalunyan-Delegación General de Euzkadi en Cataluña-Delegació General d'Euzkadi a Catalunya" quedó constituida en noviembre de 1936. Su primera ubicación fue un piso de la calle Valencia y posteriormente el Palacio Elcano del paseo Francesc Pi i Margall o Paseo de Gracia. Irujo estableció allí una oficina específica destinada a propaganda, aunque esta sección quedó mermada al trasladarse gran parte de sus efectivos a la Subsecretaría de Propaganda y Prensa del Gobierno de la República. En el seno de dicha subsecretaría, se creó una oficina vasca al frente de la cual estuvo Eduardo Díaz de Mendibil, quien realizó, auspiciado por Irujo, una intensa propaganda a favor de las instituciones vascas.

EMISORAS DEL PRIMER GOBIERNO VASCO		
Dep. de Trabajo, Previsión y Comunic. (en manos del PSOE) Titular: Juan de los Toyos	Comunicaciones punto a punto Equipos técnicos en: - Algorta - Santo Domingo - Artxanda	Emisoras abiertas al público EAJ-8 (la que había sido Unión Radio San Sebastián) EAJ-28 (Radio Emisora Bilbaína o Radio Bilbao) 2-FP
Dep. de Presidencia (en manos del PNV) Titular: José Antonio Agirre	Equipos técnicos en: - Basarrate - Begoña - Baiona Emisora DEC-1 en la Delegación del Gobierno Vasco en Barcelona	No tenían propias. Por lo cual: - Intentó conseguir aparatos transmisores en EEUU. - Utilizó las emisoras del Departamento de Trabajo. - Utilizó emisoras radicadas en otras ciudades: Barcelona, Madrid, México.

Dentro de esa propaganda la radio podía jugar un papel determinante. Irujo estaba convencido de ello. El navarro puso todos los medios a su alcance para ofrecer al Gobierno Vasco un servicio de radio adecuado, dentro de lo limitado de las posibilidades. Por un lado, quiso conectar la delegación de Barcelona con Bilbao y lo logró mediante el establecimiento de una emisora, la DEC-1 (Delegación de Euzkadi en Cataluña) en la misma sede catalana. También hubo intentos de conectar las delegaciones de Madrid y Valencia con Presidencia, pero no sabemos si las gestiones dieron fruto. Por otro lado, consiguió también que emisoras catalanas radiaran mensajes destinados a los vascos, como sucedió, por ejemplo, con motivo de la *Setmana d'Ajut a Euzkadi* celebrada en mayo de 1937. No es cierto, por tanto, como se ha dicho en alguna ocasión, que Radio Euzkadi estuviera en Barcelona. La DEC fue exclusivamente una emisora de la Delegación para entablar contacto con la sede del Gobierno Vasco.

En octubre de ese año el lehendakari se instaló definitivamente en Barcelona. El 3 de diciembre de 1937, en virtud de una autorización especial de la Generalitat, se iniciaron las emisiones radiofónicas vascas en Radio Barcelona. Consistían en programas diarios de un cuarto de hora de duración que incluían música, comentarios y noticias servidas por el Gobierno Vasco. Los destinatarios de estas emisiones eran tanto los vascos refugiados en Catalunya como los que seguían en Euskadi. No es posible calcular el seguimiento realizado desde aquí, pero por carta del consejero de Hacienda Eliodoro de la Torre a José Antonio Agirre, sabemos del éxito de alguno de los discursos pronunciados por el lehendakari a través de Radio Barcelona[18].

Aunque en menor medida que en Catalunya, también miembros de las delegaciones de Madrid y México, hicieron uso de emisoras radicadas en esas ciudades para hacer propaganda del Gobierno Vasco y desmentir las falacias del régimen franquista[19].

4. EL GERMEN DE *GETARI*

Llegados a este punto, es cuando cabe preguntarse sobre la existencia de una primera Radio Euzkadi durante la guerra civil. En las anteriores páginas, hemos ido dejando pistas que ahora nos van a permitir recapitular e intentar dar respuesta a ese interrogante. Ha quedado meridianamente claro que la radio se convirtió durante la contienda en un arma de cardinal importancia para ambos bandos. El Gobierno Vasco constituido en octubre de 1936 reconoció siempre el valor de ese medio para mostrar su adhesión a las ideas democráticas y limpiar la imagen distorsionada del pueblo vasco que el Gobierno franquista estaba difundiendo.

Pero los micrófonos no abundaban en Euskadi. Si a ello añadimos que las pocas emisoras que quedaron en territorio republicano fueron cedidas por el Gobierno Republicano al PSOE -a través del Departamento de Trabajo, Previsión y Comunicaciones-, nos encontramos con que la Sección de Propaganda y Relaciones Exteriores del Gobierno Vasco, dependiente de Presidencia -en manos del PNV-, no contaba con emisora alguna para llevar a cabo sus objetivos propagandísticos. Las estaciones en manos del Departamento socialista no emitían como emisoras del Gobierno Vasco sino en nombre del Frente Popular del País Vasco. Ante tal situación o "pugilato de competencias", como acertadamente la llamó Otamendi, la citada Sección pretendió que las emisoras abiertas al público quedaran en sus manos, dejando al Departamento de Trabajo únicamente las comunicaciones punto a punto. Fracasada esta vía, intentó influir en dichas emisoras pero pronto recibió un toque de atención desde las más altas instancias republicanas.

Pero al margen de esos ensayos, de estos *segundos platos* me atrevería a decir, lo que verdaderamente ansiaba la Sección de Propaganda, y el Departamento de Presidencia en general, era la consecución de una emisora propia, meramente "vasca", una emisora que difundiera las ideas y el "pensamiento euzkadiano" y las señas identitarias exclusivas del pueblo vasco, objetivos que, a su juicio, no estaban cumpliendo adecuadamente las emisoras en funcionamiento. El mismo hecho de contar con una radio exclusiva constituiría ya un considerable golpe de efecto, un importante tanto propagandístico. Los nacionalistas fueron conscientes de ello previamente incluso a la constitución del Gobierno Vasco. De ahí que las emisiones realizadas desde el caserío de Itziar salieran a las ondas como emisiones de Radio Euzkadi, y de ahí también que, posteriormente, las alocuciones del lehendakari Agirre realizadas en las estaciones dependientes del departamento de Juan de los Toyos, se editaran como alocuciones radiadas por Radio Euzkadi. Se buscaba con ello obtener resultados propagandísticos.

En enero de 1937, Presidencia puso en marcha varios resortes para conseguir de una vez por todas la tan ansiada emisora. Creó un Gabinete de Prensa, que proyectó el establecimiento de esa emisora, y encomendó a varias personas la compra en EEUU de aparatos transmisores. Una de las adquisiciones iba destinada a la Dirección General de Comunicaciones y la segunda a la Sección de Propaganda. Las circunstancias bélicas impidieron que, tanto una como otra, pudieran ser desembarcadas en tierra vasca. Las 21 cajas que integraban el primer pedido acabaron engrosando, vía Burdeos y consulado de España, las infraestructuras de Radio San Sebastián. El paradero de los aparatos que en mayo de 1937 atravesaron el Atlántico a bordo del *President Harding* lo desconocemos.

Sin embargo, estoy totalmente segura de que si dichos aparatos hubieran terminado en manos vascas, la emisora sustentada en ellos habría sido bautizada con el nombre de Radio Euzkadi. Es más, no me cabe la menor duda, de que si, desde el inicio de la contienda, Presidencia hubiera contado con una emisora propia, esa emisora se habría llamado Radio Euzkadi. Si no existió una emisora oficial Radio Euzkadi como tal fue porque las fricciones competenciales y, sobre todo, las circunstancias bélicas no lo permitieron. Sin embargo, la intencionalidad estaba clara ya desde septiembre de 1937, ya desde esa "Radio Euzkadi 0" de Itziar. El germen fue *Getari*.

III

GURE IRRATI IXILLA

RADIO EUZKADI EN IPARRALDE (1946-1954)

1. RADIO EUZKADI, HIJA DE UNA ESTRATEGIA

La intención de crear una emisora propia asumida por la Sección de Propaganda y Relaciones Exteriores del Departamento de Presidencia del Gobierno Vasco durante la guerra civil no pudo llegar a buen puerto. Para que el germen de *Getari* diera su fruto y naciera una Radio Euzkadi *oficial* y exclusiva del Gobierno Vasco habrían de pasar años, concretamente diez desde su constitución. Para entonces el ejecutivo vasco radicaba ya en el exilio parisino y la dictadura de Franco campaba a sus anchas en el Estado.

Radio Euzkadi irrumpió en el universo de las ondas a finales de 1946 y, emitiendo desde una pequeña población de Iparralde, se mantuvo en el aire durante ocho años consecutivos. Para entender en todo su significado lo que fue y lo que supuso el funcionamiento de una emisora clandestina vasca con escasísimos medios durante tanto tiempo, hemos de conocer, siquiera *grosso modo*, varios aspectos que rodean y explican su nacimiento; porque Radio Euzkadi fue, sobre todo, hija de una estrategia, de la estrategia de lucha antifranquista y de desprestigio del régimen que el Gobierno Vasco desplegó terminada la guerra civil.

En un contexto de total monopolio de la dictadura respecto a todo medio de comunicación, una emisora propia al servicio de la Resistencia vasca constituía un preciadísimo y utilísimo arma de combate para poner en práctica esa estrategia, y aunque en principio, tendiendo en cuenta los parcos medios y la extrema vigilancia franquista, todo aquel proyecto pareciera más bien quimera, Radio Euzkadi contó siempre con el apoyo del Gobierno Vasco y, hasta su cierre, con la solapada complicidad del Gobierno francés, que oficiosamente y a pesar de los embates franquistas, y, evidentemente, en un contexto de tensas relaciones hispano-francesas, permitió que la emisora vasca se instalara y funcionara en su territorio.

1.1. La radio bajo el régimen franquista

Como tantos otros aspectos de la realidad socio-política y económica española, la instauración de la dictadura modificó sustancialmente también la situación de los medios de comunicación en España. Ya quedó referido en el anterior capítulo, que en la guerra civil cada bando trató de controlar esos medios para ponerlos al servicio de sus respectivas propagandas. Una vez finalizada la contienda, el régimen instauró un sistema autoritario sustentado en el férreo control de los medios de comunicación y en la creación de una estructura informativa estatal. En lo que a la prensa se refiere, su funcionamiento estuvo regido, de 1938 hasta 1966, por la Ley de Prensa de abril de 1938, que implantaba la censura previa y definía la prensa como "institución nacional" al servicio de la propaganda del Estado.

Respecto a la radio, sabemos ya que durante la guerra civil se convirtió en importante instrumento de propaganda, ensayándose lo que, más tarde, en los años de la Segunda Guerra Mundial, se llamaría *guerra de ondas*. La dictadura tejió una estructura radiofónica mixta, con emisoras públicas y privadas, que funcionaban, evidentemente, bajo el control del régimen y al servicio del adoctrinamiento político. El gobierno de Franco instauró la censura previa y concedió el monopolio de la información a Radio Nacional. El resto de las emisoras estaba obligado a conectar con la radio oficial para transmitir los boletines informativos. El aparato radiofónico de propaganda se completaba con otras cadenas institucionales como REM (Red de Emisoras del Movimiento), CAR (Cadena Azul de Radiodifusión) o CES (Cadena de Emisoras Sindicales).

Otro bloque de emisoras de la radiodifusión estatal en los años de dictadura lo constituyen las emisoras de la Iglesia. La Iglesia contaba con muchas pequeñas radios de escaso alcance que fueron desapareciendo o se fusionaron creando la COPE (Cadena de Ondas Populares Españolas) - conocida, en muchas diócesis, con el apelativo de "Radio Popular" -. Entre las cadenas privadas, destaca, por su influencia social la SER (Sociedad Española de Radiodifusión), que, en el País Vasco, contaba desde antes de la guerra civil con Radio San Sebastián y que, posteriormente, amplió su influencia con la adquisición de Radio Bilbao en 1944, y mediante la firma de acuerdos de asociación con Radio Vitoria (1954) y Radio Requeté de Navarra (1958). Otras cadenas de menor importancia fueron la Red de Emisoras Rato y la Compañía de Radio Internacional.

El panorama radiofónico estatal no estaría completo sin mencionar las radios del exterior, tanto oficiales como clandestinas, que jugaron un notable papel en el sostenimiento del sentimiento antifranquista. Entre las oficiales, Radio Moscú, la estación oficial al servicio de la propaganda de la Unión Soviética, fue la de mayor influencia en el conjunto del Estado. Pero, sin duda, la más popular fue la clandestina radio comunista Radio España Independiente o "La Pirenaica", que comenzó a emitir desde Moscú en 1941 y pervivió hasta julio de 1977, una vez celebradas las primeras elecciones democráticas tras la muerte de Franco. Su primera directora fue Dolores Ibarruri, la *Pasionaria*. Con el sobrenombre de "La Pirenaica" se intentaba hacer creer a los oyentes que la emisora estaba situada cerca de la frontera. En 1955 se trasladó a Bucarest. Sin dejar de lado la propaganda antifranquista y procomunista, amplió sus contenidos musicales e informativos, introduciendo entre las novedades programas semanales dedicados al País Vasco, Cataluña y Galicia. El abanico de emisoras clandestinas abarcaba, asimismo, otras como Radio Tirana, La Voz de Canarias Libre, y cómo no, nuestra *Radio Euzkadi, la voz de la Resistencia vasca*.

1.2. La Resistencia vasca

La Resistencia vasca nació una vez finalizada la guerra, con la creación de una infraestructura cuya finalidad principal era desarrollar labores de información y asistencia social. Sus antecedentes los hallamos en la denominada red Álava, organización dirigida por el alavés Luis Álava Sauto, creada en 1937 con el objetivo de mantener abierta la comunicación entre los líderes nacionalistas prisioneros en El Dueso y la dirección en el exilio. Poco a poco, las tareas de la red superaron las iniciales informativas y asistenciales, y la propia trama se fue ampliando. Los gudaris que salían en libertad y otras personas que había participado en la contienda, iban engrosando el entramando, constituyendo una organización similar a lo que había sido el Ejército Vasco, pero operativa sólo en la clandestinidad.

A esta organización se le bautizó con el nombre de Euzko Naya. Su dirección estuvo en manos de Lino Lazkano -antiguo teniente coronel de infantería del Ejército Vasco- y de cuatro responsables territoriales, José Miguel Sarasola en Araba, Primitivo Abad en Bizkaia, Joseba Salegi en Gipuzkoa y Ángel Iturralde en Navarra. El objetivo de esta organización era estructurar compañías de un centenar de hombres que estuvieran preparadas para controlar la situación si se produjera el vacío de poder en el Estado español, que la por entonces inminente victoria aliada hacía -optimistamente- presagiar. Euzko Naya acabó desapareciendo pero algunos de sus miembros formaron parte de la unidad vasca instruida durante un tiempo por el propio ejército estadounidense para participar en la Segunda Guerra Mundial. Esta unidad también se disolvió aunque la formación militar y el entrenamiento recibido por esos gudaris no cayó en saco roto pues permitió la articulación de grupos de ocho o nueve personas que, situados en el Pirineo, facilitaron el paso de armas y hombres. Uno de esos grupos, capitaneado por Primitivo Abad, proporcionó a Radio Euzkadi sus primeros operadores-locutores.

En 1948 fue disuelto también el último de dichos *taldes* [grupos] del Pirineo pero su herencia se mantuvo mediante las llamadas *cadenas,* cuyo cometido era trasladar personas de un lado a otro de la muga e introducir en el interior propaganda y publicaciones antifranquistas. Aquí, en el interior, se organizaron grupos resistentes, muy cerrados, que funcionaban de manera autónoma, que desconocían incluso, por razones de seguridad, a otras personas y grupos que actuaban en sus propios pueblos. Desarrollaban actividades "menores" que calaron hondo en el ánimo de la población: colocación de ikurriñas, carteles, reparto de panfletos y hojas volanderas, pintadas... e incluso explosiones como la realizada en Gernika en la primavera de 1945 o la voladura del busto del general Mola en noviembre de 1946. Junto a esta resistencia organizada, no hemos de olvidar las muestras espontáneas y la labor desarrollada por agrupaciones de montaña, religiosas, culturales y deportivas.

Con la firma del Pacto de Baiona el 31 de marzo de 1945, pacto que ratificaba el apoyo al Gobierno Vasco de todas las fuerzas políticas de oposición vascas, nacía la "Junta de Resistencia y Consejo Delegado del Gobierno Vasco", institución integrada por las fuerzas políticas que formaban parte del Gobierno del exilio y que contaba también con la colaboración de los tres sindicatos clandestinos (ELA/STV, UGT, CNT). Su objetivo era estimular y dirigir las acciones resistentes. El Consejo Delegado se encargó de distribuir las publicaciones del Gobierno Vasco y del PNV -*OPE, Euzko Deya, Alderdi, Gudari...*- y la propaganda en el interior, y de promover y organizar las huelgas de 1947 y 1951. Su máximo responsable, Joseba Rezola, fue también quien ideó, impulsó y logró crear Radio Euzkadi.

1.3. Entre franceses y españoles

Pero, lógicamente, el sueño de Rezola no se habría hecho realidad, si no hubiera contado con la complicidad del Gobierno francés; y no habría disfrutado de esa complicidad, si en esos primeros meses tras el final de la Segunda Guerra Mundial no hubiera existido una situación de conflicto entre Francia y España.

Terminada la contienda, los países vencedores comenzaron a diseñar un nuevo orden mundial y para ello utilizaron un sistema de conferencias. En 1945 nacía la ONU, como organismo de carácter internacional encargado de velar por la paz y la seguridad mundial. El originario carácter fascista del franquismo, evidentemente, no pasó desapercibido para los aliados que vetaron la entrada de España en la ONU y le *obsequiaron* con un rosario de condenas, censuras y exclusiones. Francia se convirtió en la avanzadilla de ese cerco internacional contra el régimen de Franco. Es en ese contexto en el que se explica el nacimiento de Radio Euzkadi en territorio galo.

No obstante, en pocos años, una situación que invitaba al optimismo se tornó terriblemente gris para los intereses vascos, porque el gran hermano norteamericano les dio la espalda, y, en consecuencia, también los gobiernos democráticos de la Europa occidental escoraron hacia posiciones mucho más moderadas. El viejo continente quedó dividido en dos y la prioridad absoluta para la Europa democrática fue frenar la amenaza comunista, olvidando el carácter fascista del régimen español, que se convertía, dada su preciada situación geoestratégica, en importante baluarte frente al comunismo. La dictadura de Franco comenzó a considerarse mal menor y Francia dejó al margen la eterna querella con Madrid, no sólo por la rehabilitación internacional del régimen sino también por razón de sus intereses económico-comerciales e incluso políticos, pues requería de la colaboración de España ante el surgimiento del movimiento descolonizador en el norte de África, y en concreto, en Marruecos, donde ambos Estados mantenían un régimen de protectorado.

Muestra del progresivo acercamiento a España fue la apertura de la frontera hispano-francesa en abril de 1948. Pocos meses más tarde el Ministerio de Negocios Extranjeros pasaba a manos de Robert Schuman, político menos ligado a los vascos que el anterior titular George Bidault. Desde el Ministerio de Asuntos Exteriores español aprovecharon esa circunstancia enviando, como posteriormente veremos, continuas notas de protesta y solicitudes de cierre de Radio Euzkadi. Con todo, y a pesar de que Schuman ordenó la clausura de la emisora en varias ocasiones, ésta siguió funcionando hasta agosto de 1954. Dos meses antes se convertía en primer ministro el socialista

Pierre Méndes-France, quien abordó rápidamente los problemas coloniales, y en concreto, el marroquí. En ese país magrebí Radio Tetuán enardecía a los patriotas marroquíes con virulentas proclamas contra Francia. El gobierno español colaboró en el cierre de esa emisora. El precio de esa colaboración no cuesta imaginarlo.

2. GURE IRRATI IXILLA

Sólo, sentado en el suelo, con la espalda apoyada en la pared. Me estoy imaginando a un Joseba Rezola dando vueltas a su cabeza en las horas muertas del calabozo de los sótanos de la Dirección General de Seguridad, pensando y calibrando cómo seguir luchando contra Franco desde la imposibilidad de actuar directamente[20]. Contar con un medio propagandístico como una emisora de radio era fundamental en la estrategia antifranquista. Rezola, como el resto de los dirigentes vascos, lo sabía. Sabía del poder de un medio como ése y del alcance de la propaganda radiada en unos años en los que el régimen franquista controlaba todo medio de comunicación mediante una rígida censura.

2.1. Previos

Desde el momento en que sus pies dejaron atrás el gris del calabozo, Rezola comenzó a trabajar para materializar su sueño, el de contar con una emisora propia, una emisora de la Resistencia vasca. Mientras ese momento llegaba, el de Ordizia estableció contactos con radios inglesas y francesas para conseguir colaboración y espacios de emisión y así evitar que la población vasca permaneciera en la más absoluta desinformación, o mejor dicho, en la más partidaria e irreal de las informaciones. En septiembre de 1945, portando pasaporte del Gobierno Vasco con visados francés e inglés, Rezola viajó a la capital británica donde se entrevistó, además de con representantes de los partidos Liberal, Conservador y Laborista, con el editor jefe de la sección española de la BBC y con el director de la agencia Reuter, agencia que suministraba información a casi toda la prensa inglesa. De este último consiguió el compromiso de aceptar la información que desde Euskadi se les enviara, siempre y cuando se refiriera a *facts*, información concisa sobre hechos concretos, que huyera de opiniones personales y vaguedades.

También en Francia, en la sección para extranjeros de Radio París, encontraron un *txoko* los resistentes vascos. El objetivo básico de estos espacios en la emisora gala era despertar el ánimo de los oyentes vascos del interior. Sus organizadores fueron principalmente Telesforo Monzón, Francisco Javier Landaburu y José Antonio Durañona[21]. De entre estas emisiones dedicadas a Euskadi destacan sobre todo dos: la del 20 de abril de 1946, víspera de Aberri Eguna, y la radiada seis días más tarde, con motivo del aniversario del bombardeo de Gernika. Tras el éxito de las mismas, sus organizadores iniciaron gestiones para lograr varios espacios fijos, producidos bajo la responsabilidad del Gobierno Vasco, pero esta propuesta despertó ciertas reticencias y los vascos tuvieron que seguir con los espacios ofrecidos, porque, bien lo decía Rezola, "como vivimos de prestado hay que conformarse con lo que dan"[22].

Pero estos espacios no dejaban de ser *préstamos* y la Resistencia vasca anhelaba una emisora propia, exclusivamente vasca, libre y sin cortapisas. A pesar de la precariedad de los medios con los que contaban, Rezola creía firmemente que podían conseguirlo."Su tesón -nos contó Iñaki Durañona- era impresionante"[23]. Escribió al lehendakari José Antonio Agirre, poniéndole al corriente de sus planes y anunciándole ya, desde el primer momento, que el coste de la emisora podría ser elevado, habida cuenta de la situación de las arcas del Ejecutivo vasco en aquellos años de penuria. Pero el lehendakari compartía plenamente el proyecto de Rezola y su respuesta fue así de clara: "lo que hay que mirar es el beneficio que puede reportar un sacrificio aun cuando sea grande"[24]. Desde ese preciso momento, desde antes de nacer, Radio Euzkadi contó siempre con el apoyo inestimable de Agirre.

Ahora bien, una cosa era que las autoridades vascas apoyaran un proyecto de la Resistencia, pero otra bien distinta que las francesas permitieran el establecimiento de una emisora clandestina en su territorio. Dos factores principales facilitaron la respuesta positiva del Gobierno francés. Por un lado, las anteriormente citadas tensas relaciones entre España y Francia, en una coyuntura internacional -no olvidemos que estamos en 1946- aún de claro rechazo del régimen franquista. Por otro lado, las cordiales relaciones entre el lehendakari Agirre y el entonces jefe de Gobierno Georges Bidault -a quien conocía desde años atrás por su participación en foros de carácter demócrata cristiano-. La Resistencia vasca logró, si no autorización oficial, sí al menos el *placet* del Gobierno francés para la puesta en marcha de una emisora clandestina.

No obstante, todavía eran muchos los obstáculos que quedaban por salvar. El único medio material del que disponían era un aparato que se encontraba en EEUU. El consejero de Gobernación José María Lasarte, y el secretario de Lehendakaritza Anton Irala, fueron los encargados de recoger ese material y de adquirir un nuevo aparato emisor en la *Collins Radio* de Iowa[25]. A principios de octubre de 1946, este material era desembarcado en el puerto de Marsella como si de valija diplomática para la Embajada de España en París se tratara. Al llegar a las verjas de la aduana el carabinero de escolta lanzó el grito de *Valise diplomatique. Ambasade d'Espagne*. De esta forma, que irremediablemente hoy nos provoca una sonrisa, entró en Europa la emisora clandestina.

José Antonio Durañona fue el encargado de recoger el material pero antes de partir para la ciudad costera, informó de sus intenciones al ministro de Negocios Extranjeros francés. La cortesía exigía que las autoridades francesas fueran informadas *oficiosamente* del asunto. Después de agradecer el gesto de los vascos, respondieron que *oficialmente* no quedaría constancia de nada. Para recoger la mercancía, Durañona utilizó la credencial diplomática que el lehendakari Agirre, considerado diplomático acreditado por el Gobierno galo, le había prestado. Desde ahí, la transportó a Baiona, donde quedó definitivamente en manos de un emocionado Joseba Rezola. No era para menos, esos dos aparatos estaban destinados a propagar la voz de la Resistencia vasca.

Pero faltaban aún los medios humanos. Era necesario formar un equipo que integrara colaboradores que suministraran información desde el interior, locutores y técnicos expertos en radiotelegrafía. Estos últimos provinieron del grupo de instructores de radio, creado el mes de junio de 1946, uno de los grupos de frontera que Primitivo Abad *Gaizka* se había encargado de organizar en los bosques de la zona pirenaica[26]. La misión de organizar un grupo de cuatro a seis radiotelegrafistas fue encomendada a Pedro Ordoki[27], quien, a su vez, encargó a un profesor de apellido Garrido la tarea de impartir un curso de radiotelegrafía a siete hombres alojados en un local de Ainhoa: Jesús Pujana, Marcos Zulueta, José Miguel Mendiola, Anton Uriarte, Andima Egiluz, Benito Añabeitia y Regino Mujika.

En septiembre, se pasó de la teoría a la praxis y comenzaron las prácticas de enlace, para que los operadores adquirieran soltura a la hora de realizarlos y habituaran su oído a las dificultades de la mala propagación. Estos enlaces consistían en mensajes en clave, cruzados entre los dos puestos que se instalaron al efecto y se efectuaban empleando códigos internacionales y palabras en inglés admitidas en el tráfico internacional. Los siete "estudiantes" aprendieron, asimismo, a manejar los transmisores y a arreglar posibles averías. En octubre de 1946 Garrido dio por finalizado el curso. Entre las personas que conformaban el grupo, estaban los dos primeros operadores-locutores de Radio Euzkadi: José Miguel Mendiola *Pello* y Benito Añabeitia.

Por tanto, para octubre de 1946, la Resistencia vasca contaba ya con medios materiales y humanos con los que poner en marcha la tan ansiada emisora. La cuestión era saber si tanto unos como otros iban a "funcionar". Para ello se organizaron las primeras pruebas de emisión. Se llevaron a cabo desde Dax a finales de noviembre y principios de diciembre de 1946. El horario de las emisiones de prueba fue de 22:15 a 22:45 y se experimentó con diversas ondas cortas, porque, de hecho, la finalidad era comprobar en cuál de las ondas era mejor la recepción e identificar la posible existencia de ondas vecinas que pudieran perturbar una correcta audición. Resulta curioso el modo en que estas emisiones se realizaban: comenzaban con la palabra *Alo* repetida nueve veces en grupos de tres. A continuación se formulaba tres veces la frase ICI H 4 P R, seguida de la expresión *qui apelle a* pronunciada una única vez, y finalmente se enunciaba en tres ocasiones G 6 R L B. Todo ello en francés, repitiéndose el texto entero hasta consumir un período de tiempo de cinco minutos. La melodía del *Bolero* de Maurice Ravel daba paso a un cambio de onda, iniciándose un segundo período con el mismo texto y señales que el anterior pero sustituyendo el *Bolero* por la canción napolitana *Santa Lucía*, en la voz del gran Enrico Caruso. Después otro cambio de onda, la repetición por tercera vez del texto y final de la emisión con la música de *Los bateleros del Volga* interpretada por Los Cosacos del Don.

Bien. Tenían ya los aparatos, las personas formadas, las pruebas de emisión parecían funcionar... pero aún quedaba por decidir -y para que todo marchara mínimamente lo debían de hacer correctamente- la localización exacta de la emisora. El problema del emplazamiento preocupó a Rezola desde un principio. Era necesario dar con un lugar idóneo desde el cual las ondas de *G.I.I., Gure Irrati Ixilla* -nombre empleado en la correspondencia entre los líderes nacionalistas para referirse a la emisora- pudieran alcanzar un territorio lo más extenso posible, una posición que no fuese sencillo descubrir y donde las condiciones de propagación fueran óptimas. El profesor Garrido colaboró también en esta ocasión sugiriendo varias localizaciones. Siguiendo sus consejos, el emplazamiento elegido para instalar la emisora fue la casa alquilada en la que vivía el sacerdote Jean Pierre Urricarriet, amigo de Joseba Rezola, sito en la localidad labortana de Mugerre, cercana a Baiona. Huelga decir que la localización se guardó, desde el mismo momento de su elección, en el más riguroso y absoluto de los secretos, porque su descubrimiento echaría por tierra todos los esfuerzos hasta entonces realizados. El técnico Cecilio Zarrantz *Koikil* se trasladó desde Londres a dicha población para llevar a cabo el montaje de la emisora. Esta fue la primera de las muchas ocasiones en las que este técnico en comunicaciones, que había trabajado ya en la radio del primer grupo de los "servicios" del Gobierno Vasco, colaboró con Radio Euzkadi.

Allí, en la casa de Urricarriet, se instalaron, además de los aparatos emisores, los dos locutores-operadores, Mendiola y Añabeitia, encargados de las locuciones en castellano y euskera, respectivamente. De esta manera, una pequeña y pobre habitación en el primer piso de aquella casita de Mugerre se convirtió en el primer "estudio" de Radio Euzkadi, donde los locutores ponían voz a los programas. Pero ¿cómo se confeccionaban esos programas? ¿quiénes eran los redactores? y, ¿dónde estaba esa "redacción"?

Esta última pregunta nos lleva a hablar de un segundo emplazamiento de la emisora, una oficina de *Villa Briseis*, en

Donibane-Lohitzune, donde Ander Arzeluz *Luzear*, Iñaki Durañona y Leonardo Salazar, bajo la dirección del propio Joseba Rezola, -por aquel entonces residente en Montauban- integraban el primer "equipo de redacción" de Radio Euzkadi[28]. Hasta su muerte en agosto de 1949 *Luzear* se ocupó de la confección de la parte en euskera de los programas; Durañona y Salazar se dedicaron a tareas administrativas, al mecanografiado de los guiones, etc; el primero, además, trasladaba diariamente los programas confeccionados a Baiona, donde uno de los locutores, desplazándose en bicicleta desde Mugerre, los recogía. Con el trío de Briseis convivían Balbino Barriola y su mujer, encargados del cuidado de la casa. Desde Montauban, Rezola recibía las colaboraciones necesarias para alimentar la emisora, organizaba el trabajo y coordinaba todas las labores para que la emisiones de *Gure Irrati Ixilla* fueran realidad día a día.

2.2. En el aire

El 21 de diciembre, día de Santo Tomás, fue el elegido para dar comienzo a la andadura de la emisora clandestina a la que bautizaron con el nombre de *Radio Euzkadi. La Voz de la Resistencia vasca*. Una emocionada voz lanzaba a las ondas un mensaje de esperanza y presentaba a Radio Euzkadi como una emisora al servicio de la Resistencia y de la causa vasca (véase anexo 4).

Esas primeras emisiones se llevaron a cabo en onda 29,421 metros -10.200 kc- a las 22:15 horas los días laborables y a las 14:15 horas los días festivos. En previsión de posibles inconvenientes, las primeras emisiones fueron de carácter provisional. El equipo de *Gure Irrati Ixilla* prefirió esperar a que las condiciones de escucha fueran óptimas para inaugurar oficialmente la estación. Pero los problemas surgían sin parar.

Uno de los primeros inconvenientes con los que se enfrentaron fue el control de las velocidades, tanto las de los discos, que, al parecer, sonaban a una velocidad vertiginosa, como la de los locutores, cuya inexperiencia, unida a los nervios mismos de las primeras emisiones, les impedía hablar con tranquilidad y utilizando las pausas necesarias. Estos pequeños problemas, propios de la falta de pericia, se resolverían, poco a poco, con la práctica.

Sin embargo, hubo otra complicación que provocó a los hombres de Rezola mayores quebraderos de cabeza. Se trata de la denominada por los técnicos "zona de silencio", una zona situada en el área de Donibane Lohitzune, donde las ondas de *Gure Irrati Ixilla* no llegaban. Añabeitia intentó solucionar el problema utilizando ondas más largas, pero por más que lo intentaron, no lograron que el aparato funcionara en ondas mayores a 35 metros. Rezola pidió la opinión de un experto para determinar el porqué de esa "zona de silencio". El problema consistía en que las emisiones no podían realizarse utilizando longitudes de onda destinadas por convenios internacionales a fines de radiodifusión local, porque, por un lado, ello provocaría reclamaciones de las estaciones en las que las ondas de *Radio Euzkadi* pudieran interferir, y, por otro, porque su utilización facilitaría la localización de la emisora. Estaban obligados, pues, a efectuar sus emisiones en longitudes de onda comprendidas entre 19 y 51 metros, es decir, ondas cortas, la elección lógica de las emisiones clandestinas si se tiene en cuenta que son las ondas cuya dirección es más difícilmente localizable.

Consiguientemente, lo que impedía la escucha en esa zona era precisamente la proximidad de la localización de la emisora. El experto consultado afirmaba que el traslado de la emisora a la zona de París favorecería una recepción muy regular en el conjunto de Euskadi, amén de que ese cambio de emplazamiento dificultaría las posibilidades de localización de la emisora por parte de los agentes españoles. Pero, en la práctica, el cambio de emplazamiento no parecía viable. Para evitar, en la medida de lo posible, las deficiencias, se optó por modificar las frecuencias hasta dar con la más conveniente, y se instaló un nuevo aparato emisor, no en casa de Urricarriet sino en *Villa Briseis*. Se trataba de un pequeño aparato que habían regalado al lehendakari. Las pruebas se realizaron los días 15, 16 y 17 de enero. Consistieron en silbar intermitentemente unos compases de *ezpatadantza*, pronunciando entre los silbidos algunas palabras en euskera. Como en las pruebas anteriores, los cambios de disco señalaban variación de onda, pero al contrario que en aquéllas, éstas se emitieron desde Baiona y eran los de Mugerre los que permanecían impacientes a la escucha.

Tanto esfuerzo tenía que tener recompensa. Pronto llegaron confirmaciones de recepción desde Biarritz, Kanbo, Haltsou, Donibane, París, Madrid, Bilbao, Iruña y Donostia-San Sebastián. Por fin, había desaparecido la "zona de silencio". Sin embargo, la audición seguía sin ser perfecta; se oía pero no se oía bien, y de nuevo el *amigo* Garrido se personaba en Mugerre para *echar una mano*. En opinión del ingeniero, la instalación de una nueva antena y de un sistema de tierra optimizaría la potencia de emisión, la modulación y la calidad del sonido. Y, en efecto, tenía razón. Se siguieron sus consejos e inmediatamente desaparecieron el zumbido y el ruido de fondo y se ganó en nitidez.

Por fin, el día 24 de febrero de 1947, Radio Euzkadi emitía su primer programa oficial. La calidad y el contenido de las emisiones mejoraba por momentos, los informes de escucha eran favorables y todo parecía ir *viento en popa*. Pero *poco dura la alegría en casa del pobre*; en este caso, ni siquiera un mes. La policía franquista estableció servicios de escucha en todas las capitales de Euskadi y en diversos puntos de la geografía vasca para poder registrar las noticias y comentarios de la emisora clandestina. El día 13 de marzo comenzaron las interferencias franquistas realizadas desde la central de radio que el Regimiento de Ingenieros tenía instalada en una casa situada encima de la Casa de Misericordia de Donostia-San Sebastián. Ese día se inició la guerra de las interferencias, una guerra que acompañó a la emisora vasca en todo este período de Iparralde. Pero lejos de amilanar a la Resistencia vasca, el hecho de que, prácticamente desde su nacimiento, Franco declarara esa guerra era la más clara señal de que molestaban al caudillo y ¡qué mejor recompensa que esa!

Era un combate que se planteaba no sólo a la gente de Radio Euzkadi, sino también a todas aquellas personas que sintonizaban la emisora, y aguantaban estoicamente junto a la radio a pesar de que las continuas interferencias podían minar la paciencia y el aguante de cualquiera. Como decía su director, en aquellas condiciones, oír Radio Euzkadi era un verdadero acto de resistencia.

De inmediato, Rezola y compañía empezaron a cavilar medidas para evadir la interferencia franquista. Una de las soluciones era modificar reiteradamente la onda para determinar cuál de ellas la eludía. El cambio de onda se avisaba con las palabras, casi grito de guerra, "Irratentzuleak gora!" Este sistema requería, obviamente, continuos informes de escucha del interior y montar puestos de "observación" de Radio Euzkadi, sobre todo en las capitales. El ingeniero José Joaquín Azurza *Donosti* empezó entonces a colaborar con la emisora clandestina. Posteriormente, en esta fase de Iparralde, pasaría a engrosar su reducido grupo de empleados y, después, ya en Venezuela, se convirtió en uno de sus hombres clave. En aquellos inicios, Azurza era el encargado de enviar puntualmente las notas de escucha desde Donostia-San Sebastián. Fue también quien fabricó los gonios que posibilitaron la localización de las emisoras generadoras de interferencias.

Para que las relaciones entre Radio Euzkadi y estos corresponsales y "observadores" del interior fuera más ágil, en julio de 1947 se pusieron en práctica ensayos de enlace radiotelegráficos. El objetivo era localizar las frecuencias y horarios más adecuados que permitieran un contacto regular y permanente. Superadas las pruebas, comenzaron las comunicaciones cifradas y las emisiones de mensajes utilizando las claves y planes previamente establecidos. Ahora bien, el miedo a ser descubiertos era cada vez mayor y Radio Euzkadi decidió reducir estas comunicaciones cifradas y los enlaces al mínimo.

Otra de las medidas ingeniadas para eludir el terrible zumbido fue la de adoptar ondas próximas a estaciones importantes, para que la interferencia franquista molestara también a éstas, provocando así enfrentamientos con las autoridades del régimen. Pero, a pesar de las argucias, esa *especie de ruido de motor* era tan incesante que el interés por escuchar Radio Euzkadi comenzó a decaer paulatinamente. Además, los "observadores" del interior iban descubriendo nuevos focos de interferencia.

Urgía una rápida solución. El consejero de Gobernación José María Lasarte propuso el siguiente plan: interferir la emisión franquista dirigida a Argentina, emisión que constituía uno de los elementos más importantes de la propaganda del régimen. Si se lograba interferir con efectividad, los franquistas se verían obligados bien a renunciar a la emisión bien a cesar sus interferencias porque la condición exigida sería "o dejan que nos oigan a nosotros o no se les oye a ellos"[29]. Pero la propuesta de Lasarte no se puso en práctica hasta un año más tarde, cuando la Resistencia vasca interfirió, no la emisión destinada al país americano, sino, nada más y nada menos, que la cercana Radio San Sebastián, y nada más y nada menos, que el 18 de julio, aniversario del levantamiento militar.

El día 18 de julio de 1948, a las doce del mediodía, la radio franquista concluía la retransmisión de la Misa Mayor celebrada en el Santuario de Arantzazu. De repente, los oyentes, aún con los últimos acordes de *Arantzazuko Ama*

Birjina en sus oídos, escucharon una voz extraña que decía "Arantzazuko Ama zaindu Euskadi eta euskaldun guztiak". Todavía no se habían recuperado del susto, cuando, mientras tomaban el café de sobremesa, la voz volvía a sonar, esta vez diciendo "Franco, Franco, Franco, se termina tu tiranía, empieza a renacer la libertad". Y poco después, repetía vehemente en dos ocasiones: "La Resistencia vasca responde a las manifestaciones de Franco con mayor ímpetu que nunca con el irrintzi de guerra. ¡Abajo Franco! ¡Gora Euskadi! ¡Franco, Euskadi te repudia! ¡Euskaldunak: Guztiok batera bota dezagun Franco!". A más de uno se le atragantaría la comida. El resto de la programación de tarde discurrió sin sobresaltos hasta que al final, cuando el locutor lanzó los consabidos "¡Viva Franco! ¡Arriba España!", la *extraña* voz volvió a gritar "Gora Euskadi Askatuta!" Así terminó el programa de un 18 de julio en una radio franquista. *Alderdi*, boletín oficial del PNV, calificaba la gesta como un acto audaz y valiente que constituyó, lógicamente, el tema central de los comentarios en la capital guipuzcoana.

Sin embargo, el éxito no fue el que cabía esperar, dado que las interferencias sólo pudieron ser escuchadas en puntos concretos del interior. En las zonas cercanas a Donostia-San Sebastián la potencia de Radio San Sebastián era imbatible. Por esa razón, se preparó un plan para llevar a cabo nuevas interferencias, contando en esta ocasión con colaboración desde el interior. El 15 de agosto, día de la Virgen, los oyentes de Radio San Sebastián pudieron escuchar de nuevo la voz que ya no les era desconocida, y esta vez durante casi media hora (véase anexo 5). En este segundo intento sí que lograron su objetivo, tanto que inmediatamente se practicaron numerosas detenciones.

El daño que las interferencias provocaron al régimen y la propaganda que procuraron a Radio Euzkadi, fue motivo suficiente para que este eficaz método fuera utilizado en ulteriores ocasiones. Es el caso de las interferencias realizadas con motivo de las "elecciones" organizadas por el franquismo en noviembre de 1948. Radio Euzkadi llevó a cabo una intensísima campaña a favor de la abstención y se efectuaron interferencias en Radio Bilbao y Radio San Sebastián los días 8 y 15 de ese mes. El 31 de diciembre los miembros de la Resistencia vasca volvieron a la carga interrumpiendo la emisión de Nochevieja de Radio San Sebastián. Nada más finalizar Franco su discurso, y mientras sonaban las doce campanadas, una voz anónima irrumpía en las ondas: "Aquí la Resistencia vasca... Somos los mismos de antes, los de siempre... No os hablo por última vez pues pronto estaremos juntos". Tras felicitar con sorna el nuevo año al gobernador civil y al jefe de policía, añadió: "pueden encarcelar a quienes quieran, poco importan, pues pronto estarán libres". Seguidamente, expuso, tanto en euskera como en castellano, la situación del régimen franquista y leyó varios párrafos del mensaje de Navidad del lehendakari Agirre.

El 18 de abril de 1949, día de Aberri Eguna, todo el mundo estaba a la espera, sobre todo, el propio personal de Radio San Sebastián y la policía franquista, que extremó su vigilancia en todas las instalaciones dependientes de la radio, no fuera ser que, una vez más, se la jugaran. Pero toda precaución fue poca porque esta vez no fueron uno sino dos los focos de interferencia, proveniente el primero de la propia Radio Euzkadi y provocado el segundo por un grupo de jóvenes resistentes donostiarras. La voz de Radio Euzkadi se oyó no sólo desde numerosos puntos de la geografía vasca; su mensaje llegó a los cuarteles de Vitoria-Gasteiz e Iruña, e incluso a la Capitanía General de Burgos. Desde esta ciudad telefonearon al Gobierno Militar de Donostia-San Sebastián preocupadísimos y preguntando si había habido una sublevación en el País Vasco. Este tipo de incursiones en radios franquistas contribuyó de tal manera al prestigio de la Resistencia vasca, que se convirtieron en acontecimiento habitual en años posteriores.

Gure Irrati Ixilla fue el nombre de guerra de Radio Euzkadi; *ixilla* por clandestina, pero *ixilla* también porque, para que viviera, era necesario mantener su localización en el más absoluto de los secretos. Cabía esperar que, tarde o temprano, los agentes franquistas descubrieran la existencia de la emisora pero lo que había que evitar, por todos los medios, era que fuera localizado su emplazamiento. Lógicamente, el mismo hecho de que varios jóvenes desconocidos se pusieran a convivir con el párroco, no pasó desapercibido para los vecinos de un pueblo tan pequeño como Mugerre. Los primeros inconvenientes en este sentido surgieron ya a los pocos meses de iniciarse la andadura de Radio Euzkadi. Un día, se presentó allí el director de la compañía de luz, completamente extrañado por el extraordinario consumo de la casa. En otra ocasión, el propietario del inmueble y su hijo descubrieron la zanja que se había abierto en el patio para instalar el sistema de tierra y Urricarriet esquivó la amenaza diciendo que había mandado enterrar una rejilla para la toma de tierra de su receptor "pero tendrá que ser muy lerdo si ha creído que se precisa hacer una zanja de 15 metros para oír un poco de música de vez en cuando", bromeaba Añabeitia[30]. Lerdo o no, el propietario no insistió pero estos incidentes minaron, sin duda, el ánimo del párroco que sentía ya que estaba arriesgando demasiado.

Varios meses más tarde intervinieron incluso las autoridades de la zona. Los gendarmes descubrieron que en la casa del sacerdote se ocultaba un ingeniero y se lo comunicaron al alcalde, quien hizo lo propio con el juez de instrucción. Esta vez se superó el trance pero, poco tiempo después, llegaron de nuevo a oídos del alcalde rumores sobre la existencia de un depósito de armas en casa de Urricarriet. Mendiguren y Añabeitia sospechaban que habían sido vigilados desde la casa de enfrente por un coronel de la gendarmería de Pau. Efectivamente, sus recelos eran ciertos. El secreto y la seguridad habían desaparecido y se estaba trabajando a la luz pública. El temor de aquellos hombres se acrecentaba por minutos, pero bastó con una serie de gestiones practicadas por Rezola ante los poderes locales -quienes prometieron que en lo sucesivo no pondrían más obstáculos- para salvar, por el momento, la situación. Muy probablemente, el jefe de la Resistencia vasca informó a las autoridades francesas de que *Gure Irrati Ixilla* contaba con el beneplácito del Gobierno central y les convenció para que *hicieran la vista gorda*.

Desde el lado francés, el problema estaba resuelto. Pero no se pudieron relajar mucho porque pronto apareció la mano franquista tratando de localizar la emisora. En julio de 1947 un grupo armado se presentó en el caserío habitado por los muchachos que trabajaban en la frontera bajo el mando de Primitivo Abad en busca de una radio que empezaba a molestar demasiado. De nuevo, y por el momento, el escondite de Mugerre siguió siendo *secreto*.

Cuando parecía que las aguas volvían a su cauce, los problemas surgieron en la segunda "oficina" de Radio Euzkadi, la situada en *Villa Briseis* de Donibane Lohitzune. En diciembre de 1947 comenzaron unos conflictos de alquiler que desembocaron en un larguísimo y complicado procedimiento judicial. La dueña de la villa, Madame Saint-Affrique, se negó a prorrogar el contrato original de alquiler si los inquilinos no le pagaban al mes lo que hasta entonces habían sufragado anualmente. Se llegó a un acuerdo intermedio pero el contrato de arrendamiento se firmó solamente por un año, lo que permitió que al año siguiente la propietaria lo diera por finalizado y solicitara a sus moradores el desalojo del inmueble. Lasarte planteó a Rezola la posibilidad de trasladar el equipo de *Villa Briseis* a Baiona, pero cayeron en la cuenta de que el "aparato pequeño" que habían instalado allí precisamente para mejorar las condiciones de escucha de Radio Euzkadi, no funcionaría en la capital labortana.

Rezola encargó a Julián Mateo, representante vasco en la región de Burdeos, que se entrevistara con Madame Saint-Affrique para conseguir una prórroga del alquiler. Pero, a pesar de que regatearon hasta el último franco y de que el lehendakari Agirre se implicó decididamente en el asunto, las arcas del erario vasco no podían afrontar las cantidades que la propietaria exigía. El juicio se celebró en mayo de 1949. En junio, la sentencia condenaba a los inquilinos de

Villa Briseis a desalojar la casa en el plazo de un mes, con la conminación del pago de 1.000 francos por día a partir de esa fecha si en el plazo señalado no abandonaban la casa. Durante ese mes, además, estaban obligados a pagar 200 francos diarios en concepto de indemnización por ocupación de la casa.

Por si esto fuera poco, las noticias procedentes de París tampoco eran halagüeñas. La situación se estaba complicando demasiado. Así lo entendió también el lehendakari, quien encargó a Rezola la reorganización de los servicios de radio por varias razones. La primera de ellas, la precaria situación económica del Gobierno vasco, que no permitía distraer un solo céntimo en pleitos como aquel. La segunda, aún peor, que los franquistas habían localizado la emisora. Por consiguiente, era mejor no apelar, desalojar la casa lo antes posible y, mientras buscasen una nueva vivienda, trasladar la oficina y el aparato a Baiona. Dicho y hecho. Los chicos de Radio Euzkadi se pusieron manos a la obra y acudieron a agencias inmobiliarias de Anglet, Baiona, Biarritz... para, finalmente, decantarse por una pequeña villa, *La Croix du Sud*, sita en Quartier Bordagain, en la localidad de Ziburu. Después de varios meses de obligado silencio, en octubre de 1949, *Gure Irrati Ixilla* podría oírse de nuevo.

La noticia de que los franquistas habían descubierto el emplazamiento de Radio Euzkadi cayó como un jarro de agua fría entre sus hombres. De hecho, la habían descubierto un año antes y, desde ese mismo momento, las presiones del Gobierno franquista sobre el francés para que éste prohibiera las emisiones de la radio clandestina vasca fueron una verdadera espada de Damocles que pendía permanentemente sobre Radio Euzkadi, señal inequívoca, por otro lado, de que molestaban al régimen. "Ladran, luego cabalgamos", decía a menudo Rezola[31].

En 1948, tras múltiples investigaciones y pesquisas, las autoridades franquistas habían conseguido finalmente recabar las pruebas necesarias para poder denunciar ante sus homónimas francesas la existencia de esa emisora y solicitar su clausura. Para ello, el Ministerio de Asuntos Exteriores español utilizó dos vías. Por un lado, desde su dirección general de Política Exterior se exigió a Bernard Hardion, encargado de negocios de la Embajada Española en París, que presentara una protesta oficial ante el Ministerio de Negocios Extranjeros francés. Por otro lado, se envió una nota verbal de protesta a la Delegación del Gobierno de la República francesa en España. Siguiendo las órdenes, Hardion remitió un despacho de protesta a la Dirección Europa del Ministerio de Asuntos Exteriores francés, y esta dirección dio traslado del despacho al Gabinete del Ministro, solicitándole criterio para actuar en la cuestión de la emisora clandestina vasca. El despacho llegó a manos del propio titular de Exteriores francés, Robert Schuman, quien estuvo *d'accord* con su clausura y envió un oficio a la Dirección de la *Sureté Nacional* -sección de Ministerio de Interior- para que ejecutara la orden de supresión de la emisora clandestina vasca. Pero el ministro de Interior, Jules Moch, negó, como tantas veces, tener conocimiento de su existencia y las protestas cayeron en saco roto.

No por mucho tiempo. En abril de 1949 las autoridades franquistas volvían a la carga. El delegado general de Política Exterior remitía un oficio al delegado del Gobierno español en Francia, Roberto Aguirre de Cárcer, conminándole, dadas las repetidas peticiones tramitadas en este sentido y el reiterado caso omiso de las autoridades francesas ante dichas solicitudes, a elevar una nueva protesta oficial ante el Ministerio de Negocios Extranjeros francés. A su vez, desde el Palacio de Santa Cruz -sede madrileña del Ministerio de Asuntos Exteriores español- se presentó la correspondiente nota verbal de protesta ante la Delegación del Gobierno francés en Madrid. En junio, el director general de Seguridad francés -convencido de que en breve volvería a recibir orden de clausurar la emisora- puso sobre aviso al lehendakari Agirre, informándole de que la radio vasca había sido localizada. Fue entonces cuando el lehendakari escribió a Rezola urgiéndole el cambio de emplazamiento. Efectivamente, a finales de agosto de 1949 Robert Schuman ordenaba el cierre de Radio Euzkadi y esta vez sí que tuvo que acallar su voz. El ministro galo se encontraba ya en disposición de responder satisfactoriamente al Gobierno español.

Para recuperar la autorización, el lehendakari Agirre estaba dispuesto a entrevistarse con el Jefe del Gobierno, George Bidault, pero no hizo falta, porque de nuevo fueron las gestiones del propio director general de Seguridad en el Quai d'Orsay las que posibilitaron que Radio Euzkadi reanudara sus emisiones. A cambio, las autoridades francesas debían estar continuamente informadas de horarios, ondas, claves, etc y el nuevo emplazamiento sólo podía ser conocido por un número reducido de personas.

Nada más instalarse en la nueva sede de Ziburu, Radio Euzkadi se lo comunicó al Servicio Territorial de Baiona. Por razones de seguridad tuvieron que sacrificar la emisión de mediodía, pero la emisora vasca seguía en el aire.

Por tanto, en octubre de 1949 quedaba instalado en *La Croix du Sud* el transmisor de Mugerre, el "cacharro grande", con el cual, sin pérdida de tiempo, se iniciaron unas discretas pruebas que resultaron del todo favorables. La colocación de dos nuevos condensadores permitió, además, aumentar moderadamente la potencia de emisión. Tras varios ensayos -en los que participó intensamente José Joaquín Azurza y a raíz de los cuales este ingeniero donostiarra y su hermano fueron detenidos-, el día 27 de noviembre, Radio Euzkadi reanudó sus emisiones. Pero las informaciones de los "observadores" del interior no fueron positivas. A las consabidas dificultades de propagación e ininterrumpidas interferencias franquistas, se sumaban ahora las procedentes de potentes emisoras como la BBC, Radio Munich e incluso alguna emisora rusa. De nuevo, no hubo más remedio que proceder al cambio de ondas y horarios.

A partir de febrero de 1950, y después de recibir la autorización pertinente, Radio Euzkadi recuperó la emisión del mediodía. Se inició entonces un período de bonanza que, con sus más y sus menos, se prolongó hasta marzo de 1952. Uno de los "menos" hemos de situarlo en mayo de 1951, cuando los franquistas volvieron a la carga con sus presiones sobre el Gobierno galo, mediante un telegrama que Bernard Hardion enviaba al Ministerio de Negocios Extranjeros francés. Alberto Martín Artajo, nuevo inquilino del Palacio de Santa Cruz, exigió el desmantelamiento inmediato de la emisora. Pero, una vez más, las autoridades francesas hicieron caso omiso de sus demandas. Ahora bien, notas verbales y telegramas varios sucedieron a ese de mayo de 1951, tantos que en noviembre de 1952, los demandantes obtuvieron un memorando de Schuman prometiendo el cierre de la emisora. Pero, de nuevo, en la cadena de mandos, alguien jugó al despiste, y Radio Euzkadi siguió emitiendo. Y lo hizo hasta agosto de 1954, momento en el que el Gobierno francés retiró definitivamente su *placet*.

Durante ese tiempo, Joseba Rezola fue, sin duda, el *alma mater* de Radio Euzkadi, la persona que ideó un sueño, lo materializó y lo mantuvo vivo; fue, como con acierto bautizó José María Lasarte, el *padre de la criatura*. Pero en ese duro y costoso trabajo contó, por un lado, con el apoyo moral y económico de las estancias políticas vascas, y, por otro, con la inestimable ayuda de un grupo de personas que lograron que durante ocho años ese sueño fuera realidad.

Ese grupo lo conformaban el equipo de Radio Euzkadi propiamente dicho, es decir, los técnicos-locutores y redactores del programa, y un amplio abanico de colaboradores que suministraban información y comentarios editoriales a dichos redactores. Entre unos y otros, imprescindible era también la ayuda de los grupos de enlace situados en la frontera cuya labor consistía en pasar la información de un lado a otro de la *muga*.

En función del emplazamiento, también podemos hablar de dos grupos distintos en ese primer equipo de *Gure Irrati Ixilla*, instalados en Mugerre y en *Villa Briseis* respectivamente. En la casa de Mugerre vivían, además de su inquilino el sacerdote abertzale Jean Pierre Urricarriet, Benito Añabeitia y José Miguel Mendiola, ambos *gudaris* que habían participado en el curso de radiotelegrafía previo al establecimiento de Radio Euzkadi. A Urricarriet -quien colaboró en los primeros meses de vida de la emisora en labores de locución, leyendo las frases más sencillas en castellano-, se le pagaban 4.000 *anciens francs* al mes -francos de paridad 100 a 1 con relación a los francos nuevos- en concepto de alquiler de la casa. Cuando los problemas técnicos y averías lo requerían, los habitantes de la casa de Mugerre, gozaron de la compañía de algún técnico que convivía con ellos hasta que los inconvenientes quedaban resueltos. Sucedió así con Cecilio Zarranz *Koikil* -quien participó en la instalación de la emisora, trabajo por el que se le remuneró con 30.000 francos-, José Joaquín Azurza *Donosti* o el profesor Garrido, quien empezó impartiendo un curso de radiotelegrafía y acabó instalándose en Mugerre como técnico de Radio Euzkadi durante los primeros años de vida de la emisora. Su sueldo era de 8.000 francos mensuales.

Añabeitia y Mendiola fueron los dos primeros locutores de la emisora. El primero se ocupó de las locuciones en castellano y el segundo de las secciones en euskera. Ambos cobraban 4.000 francos mensuales, cantidad no muy elevada que, además, en muchas ocasiones, llegaba con retraso. Añabeitia trabajó directamente al servicio de Radio Euzkadi hasta diciembre de 1947. En esa fecha dejó de formar parte del equipo de la emisora pero siguió participando como colaborador. Su sustituto como locutor fue Regino Mujika, otro de los hombres formados en el curso de radiotelegrafía de Ainhoa.

Siempre hubo dos locutores, uno que leía en castellano y otro en euskera. Los sueldos siempre fueron bastante moderados; ello, junto al riesgo que podía suponer su labor y la necesidad de hallar una situación menos inestable de cara al futuro, llevó a varios de ellos a abandonar su puesto de trabajo, pero inmediatamente eran sustituidos por otros dispuestos a participar en el combate de las ondas. Estos son algunos de los nombres que estuvieron durante esos ocho años ante el micrófono de Radio Euzkadi: Benito Añabeitia, José Miguel Mendiola, Rufino Mujika, Francisco Olabarri, Xabier Amunarriz, Andima Egiluz e Imanol Betelu.

El equipo de redacción de la primera *plantilla* de Radio Euzkadi estaba situado en Donibane Lohitzune. En *Villa Briseis*, custodiada por Balbino Barriola -a nombre de quien se había firmado el contrato de alquiler de la casa- y su esposa Dominica, vivieron, en una primera etapa, además del matrimonio, Ander Arzelus *Luzear*, Leonardo Salazar e Iñaki Durañona. Posteriormente, Felipe de Muniain se unió al grupo. Ellos eran los encargados de las labores administrativas y de confeccionar los programas con el material enviado por los colaboradores, de estructurarlos y mecanografiarlos para que su lectura por parte de los locutores resultara lo más sencilla y clara posible. Antes de llegar a Briseis, el material ya había pasado la criba de Rezola, quien decidía si salía a la luz, y en su caso, lo retocaba. Una vez elaborados, Durañona trasladaba los programas a Baiona donde alguno de los locutores de Mugerre los recogía. El sueldo de *Luzear* era de 15.000 francos al mes y el de Salazar y Durañona de 12.000.

Ander Arzeluz *Luzear*, vicepresidente del Euzkadi Buru Batzar, fue en esta primera etapa director de la emisora. Como renombrado euskaltzale que era, se encargó de elaborar la parte en euskera de los programas. En abril de 1949 cayó enfermo y a pesar de los esfuerzos de su médico de cabecera -el presidente del EBB Doroteo Ciaurriz- y varios colegas, *Luzear* falleció la mañana del 29 de agosto de 1949. El vacío dejado por este hombre se intentó suplir con trabajos de Nicolás Ormaetxea *Orixe* y los del propio Rezola[32].

El traslado a *La Croix du Sud* supuso la concentración de todo el equipo de la emisora clandestina en un único lugar. Los grupos de Mugerre y Donibane Lohitzune quedaron reducidos a uno, que, poco a poco, fue incorporando nuevo personal. El primer nombre que pasó a engrosar las filas de Radio Euzkadi fue el de José Joaquín Azurza. Comenzó como *Donosti*, como "observador" desde la capital guipuzcoana, colaborando en la realización de interferencias y en la solución de problemas técnicos. En el otoño de 1949, este técnico en radiodifusión participó intensamente en las pruebas de emisión previas a la reanudación de Radio Euzkadi, tras la obligada etapa de silencio. Pero la policía franquista controlaba al donostiarra desde hacía tiempo, y fue a raíz de su participación en esas pruebas cuando Azurza y su hermano fueron detenidos, aunque, al día siguiente, el primero logró huir. La colaboración desinteresada y la valentía demostradas por este hombre bastaron para que Rezola decidiera emplearlo en los servicios de Radio Euzkadi. El lehendakari dio su visto bueno. Azurza trabajó en Ziburu hasta finales de 1950.

Los redactores eran quienes daban forma a la materia prima y los locutores, el último eslabón de la cadena de Radio Euzkadi, quienes ponían voz a los programas elaborados. Pero ¿de dónde procedía esa materia prima? ¿quién la suministraba? ¿cuáles eran las "agencias" que proporcionaban la información a la radio clandestina?

Una de las principales fuentes de información fue el boletín del Gobierno Vasco *OPE*. "Cuando OPE no llegaba a tiempo, había que contactar por teléfono" nos ha explicado Iñaki Durañona[33]. También se utilizaba el material proveniente de *Euzko Deya* (publicación oficial del Gobierno Vasco, dirigida por Felipe Urkola), prensa del exilio - *L'Espagne Rêpublicaine* y *L'Humanitat*- e incluso prensa franquista. Pero no era suficiente. Para alimentar la emisora era imprescindible que la gente colaborara, enviado información, sobre todo del interior. Lo que llegaba de allí tenía un valor especialmente significativo porque eran las noticias y crónicas que la gente quería oír, el material más apropiado para mantener vivo el interés de la audiencia. La correspondencia de Joseba Rezola de aquellos años está plagada de peticiones de colaboración, sobre todo en euskera.

Desde los primeros días de vida de Radio Euzkadi, una de las primeras tareas que abordó su director fue la de organizar una red de corresponsales que cubriera la información de los cuatro territorios del País Vasco peninsular. Su intención era contar en cada capital con una persona que suministrara noticias y comentarios, un controlador que indicase las condiciones de recepción y un propagandista que, además, recogiera también los comentarios y sugerencias de los oyentes. *Fernando, Eduardo, Prudencio* y *Mikel* fueron los corresponsales de Bilbao, Donostia-San Sebastián, Vitoria-Gasteiz e Iruña, respectivamente. Muy probablemente el corresponsal de Donostia-San Sebastián fuese Elías Etxeberria. La identidad de los otros tres la desconocemos. La tarea de estos corresponsales consistía en el envío de noticias, comentarios e informes de escucha. Como reconocía Rezola, el que la emisora clandestina pudiera salir diariamente a las ondas dependía, en gran medida, del trabajo de estos hombres: "Zuen gain dago G.I.I'ren bizia"[34].

Con todo, las contribuciones más o menos fijas de los cuatro corresponsales tampoco eran suficientes para completar programas a diario y sus ocho años de emisión no habrían sido posibles sin la participación de un grupo extenso de colaboradores, permanentes algunos, puntuales otros, todos ellos trabajando *gratis et amore*.

Si alguno de estos colaboradores destaca muy mucho ese es, sin duda alguna, el gran Manuel Irujo. La cantidad de escritos que envió este navarro de gran corazón es inmensa. Rezola no paraba de agradecérselo: "Desde luego, eres el campeón de nuestros colaboradores. Nadie nos envía tanto trabajos"[35]. Tanto era así que sus textos se emitían con diversos nombres, como si fueran trabajos elaborados por distintas autorías, para dar la sensación de que Radio Euzkadi contaba con un importante plantel de colaboradores. De forma que a veces era Manuel Irujo el autor de los comentarios pero otras veces éstos iban firmados por *Puy Zaldu y Galdarrain, Miguel de Lizarraga, Jabier de Iranzu,* el *doctor Juan de Arandi, Martiartu, R. K.*

Zabala, Carlos de Eransus... En ocasiones era el propio Irujo quien firmaba bajo pseudónimo y otras veces eran los redactores quienes cambiaban el nombre porque esa semana Irujo o Iranzu ya habían colaborado "demasiado". El pseudónimo *Javier de Iranzu* lo había utilizado ya en actividades periodísticas anteriores y en colaboraciones con la BBC.

Su capacidad de redacción y su disposición eran enormes; además, nunca puso objeción alguna ni a la aplicación de pseudónimos ni a las críticas que Rezola o Lasarte pudieran hacer de sus textos: "Publica las charlas con mi nombre, con pseudónimo, como mejor te parezca -decía Irujo a Rezola-. Si te preguntan de quién son das mi nombre, te lo callas o haces lo que más convenga al servicio... Considérame como una rueda de tu maquinaria, que es como más a gusto trabajo. Pero, si tienes que echar por las ondas mi nombre, vaya en hora buena. Y si algo llega que crees que no es oportuno, échalo al cesto de los papeles. Ya sabes mi manera de pensar: el tiempo perdido en preparar una charla supone menos que el perjuicio que puede originar una manifestación inconveniente, aunque sea acertada"[36].

El navarro consentía que sus comentarios fueran mutilados, variados o destruidos, pero lo que le incomodaba, y mucho, era que el mensaje que el quería transmitir fuera desvirtuado. Y es que, desde la dirección de Radio Euzkadi y de varias publicaciones vascas, a menudo se achacó a Irujo cierto tinte pesimista en sus escritos, pero él siempre se negó tajantemente a maquillar la verdad lanzando irreales esperanzas porque consideraba que, de esa manera, lo único que se lograba era adormecer a la población vasca, minar sus ansias de resistir y luchar contra Franco: "Pero, yo no podré decir, menos aún ser publicado con mi firma, más que la verdad, mi verdad, lo que creo que es la verdad. No tengo empeño en torcer la propaganda que haga Radio Euzkadi, cuya dirección e inspección no me corresponde. Encantado de colaborar. Pero, no esperarás de mí que coopere en una acción de apaciguamiento de la resistencia, y de democratización de Franco, que es a lo que se va, a ojos vistas, a mi manera de ver y apreciar los hechos"[37].

Colaboradores permanentes y bastante asiduos de Radio Euzkadi fueron también en castellano el propio José María Lasarte, Jesús de Galíndez -corresponsal desde Nueva York- y Francisco Javier de Landaburu -quien a veces utilizaba los pseudónimos *El alavés* o *Francisco de Armentia*-. En euskera, lo más prolíficos fueron Keperin Jemein (*Kepa, Kepa de Abando* o *Abandotarrak*), su esposa Karmele Errasti (*Emakume bat*), Nicolás Ormaetxea (*Orixe*) o Andima Ibinagabeitia.

Francisco Javier Landaburu remitía semanalmente las crónicas internacionales y, a partir de 1951, asumió la nueva sección denominada "Ecos de Europa". Keperin Xemein y Karmele Errazti enviaron colaboraciones semanalmente. Ambos escribían en dialecto vizcaíno, lo que Rezola agradecía enormemente pues la mayor parte de los textos en euskera estaban redactados en guipuzcoano. *Orixe* escribía pasajes de una gran riqueza literaria y traducía los mensajes del lehendakari Agirre.

El plantel de suministradores de Radio Euzkadi se completó con un amplio elenco de colaboradores ocasionales como

Jesús María Leizaola, el consejero socialista Juan Iglesias, José Aldamin, Iñaki Unzeta -escribía crónicas desde Navarra-, Juan Ajuriaguerra *Axpe*, Ángel Gondra -quien a partir de 1950 envió trabajos desde Londres-, Jesús Insausti *Irakurle*, Andoni Urrestarazu *Utarra*, el sacerdote Eladi Larrañaga, Peli Irizar, Fernando Urbieta, Iñaki Eleizalde *Basarri*, Ramón María Aldasoro, Ambrosio Garbisu *Anton Ciriza*, Gregorio González *Gorostiza*, Gregorio Ruiz de Ercilla *Gogorra* -secretario de ELA-STV- Iñaki Zubiri *Señor Z* o *Atzeltz*, Antonio Ruiz de Azua *Ogoñope* -quien enviaba trabajos desde México-, Jean Erdozaicy-Etchart *Manex*, Ramón Agesta *Armaindegi*, Faustino Pastor *Basurde*, José Olivares Larronde *Tellagorri*, Felipe de Muniain, José Etxabe, Jon Urkiaga *Utar Jek*, Luis Ibarra Enciondo *Itarko*, Felipe Urkola, Martín Iribe, Martín Ugalde, Jesús Zabala, Jon Murrieta, Sandalio de Tejada, Julián Mendieta, Iñaki Eleizpuru, R.A. Gorostarzu, Xabier de Iñurrieta (¿Manuel Irujo?), Imanol Gorriti, Luis Aranzabal, Martín Iribe...

Y otros tantos colaboradores de los que sólo conocemos sus apellidos o cuyos verdaderos nombres se nos ocultan bajo los pseudónimos *Eutsi, Txostena, Gipuzkoar batek, Aipua, Goialde, Etxaide, Antxetak, Emeterio Etarge, Aizkormendi* -corresponsal del Goierri a partir de 1952-, *Orlegi* -quien cubría la información del Urola-, *Intxarte, Eztabilondo o Doctor Atxondo, Jeltzale, Silvenio, Bachiller Belandia, Garrastegik, Pakek, Txostenak, Amayur Apaizak, Arruabarrenak, Erkiagarrek, Gurpegik, Elentxea, Matxin, Maxiatzalea, Aritzarte, Amillaitzek, Iriberrik, Edestigillek* o *Edestillarik, Garrastegik, Irakurzalek, Otxaburuk...*

Pasemos ahora al capítulo económico. Radio Euzkadi estuvo financiada íntegramente por el Gobierno vasco. José Antonio Agirre mostró su total apoyo moral y económico a Joseba Rezola ya desde mayo de 1946, cuando éste le escribió para ponerle al corriente de sus intenciones. Pero a partir de esa fecha, las arcas del Ejecutivo vasco fueron paulatinamente restringiéndose y ello afectó, lógicamente, a la emisora clandestina, puesto que los *txindis* -como ellos denominaban a los fondos y, en concreto, a las asignaciones destinadas a la radio-, sin ser importantes, fueron reduciéndose significativamente, provocando situaciones realmente inestables. A base de estrecharse cada vez más el cinturón fueron superando esos baches pero, en sus últimos años de vida, la situación financiera de Radio Euzkadi fue siempre precaria.

Leonardo Salazar era quien, además de participar en la preparación de programas, elaboraba a primeros de año las liquidaciones pormenorizadas de Radio Euzkadi, que posteriormente enviaba a Rezola o directamente a José María Lasarte, como titular que era de la Consejería de Gobernación, de la cual dependía la emisora. Lasarte confeccionaba los presupuestos y decidía sobre posibles gastos, aunque, en última instancia, era el propio lehendakari Agirre quien daba el visto bueno a las cuentas.

Los capítulos de gastos eran cuatro: "Casa y Oficina Briseis, Radio, Grupos e Imprevistos". El capítulo "Casa y Oficina Briseis" comprendía el alquiler de la villa, los sueldos del personal que allí vivía, los gastos de oficina y el coche que utilizaban los habitantes de aquella casa. El capítulo "Radio" abarcaba los gastos de alquiler de la casa de

Urricarriet, los estipendios del equipo de Mugerre, el coste de las instalaciones, el material y posibles gastos de desplazamiento. El capítulo "Grupos" era el referido a los grupos de instrucción de radio y de enlace, que seguían bajo el mando de Primitivo Abad. Finalmente, se reservaba cierta cantidad para imprevistos.

El eterno problema era que las cantidades presupuestadas, amén de ser mínimas, llegaban generalmente con retraso, lo que provocaba que las deudas fueran acumulándose. La mayor deuda la contrajeron con Balbino Barriola, quien había anticipado 140.000 francos para el alquiler de *Villa Briseis*. El montante destinado a Radio Euzkadi fue descendiendo año a año, mes a mes. La situación empezó a tonarse ciertamente sombría a partir de marzo de 1949, coincidiendo en el tiempo con el largo pleito de *Villa Briseis*. La reducción de las aportaciones de los exiliados en tierras americanas tuvo mucho que ver en el deterioro de la situación financiera del Gobierno. A ello se vendrían a sumar los gastos extraordinarios generados por el litigio del inmueble del nº 11 de la parisina *Avenue Marceau*, sede del Gobierno Vasco.

Como sabemos, fue el propio lehendakari quien anunció a Rezola un período de restricción del gasto, solicitándole un definitivo plan de reconversión que permitiría la pervivencia de la emisora, pero eso sí, con un presupuesto notablemente inferior. Contrariado, el jefe de la Resistencia vasca y cabeza de Radio Euzkadi reputaba indispensables todas las inversiones que se realizaban tanto en *OPE* como en la emisora porque "si Radio Euzkadi y OPEI [OPE del interior] desaparecen, el Gobierno queda desconectado de los de dentro"[38]. Pero la situación de las arcas vascas era tan delicada que Rezola no tuvo más remedio que acatar órdenes y reducir gastos. En el capítulo material, vendieron el coche e instalaron el equipo al completo en una única villa. Mucho más dolorosas fueron las decisiones tomadas en el apartado personal. Se prescindió de los servicios de Balbino y Dominica Barriola, de Felipe de Muniain y de Iñaki Durañona. El dinero logrado con la venta del coche, 170.000, se destinó al pago de la deuda contraída con el matrimonio Barriola y a sufragar los gastos por el pleito con Madame Saint-Affrique. Durañona empezó a trabajar para el PNV. Se preveía también una reducción de gastos en cuanto Primitivo Abad hallara un empleo y su grupo quedara disuelto.

La situación llegó al extremo en diciembre de 1949. Estas palabras de Rezola muestran bien a las claras lo penoso de dicha situación: "Hemos consumido ya no sólo el dinero que teníamos para estos efectos, sino también los ahorros de Salazar y los míos. Tanto él como yo estamos sin un céntimo y si nos presentan cualquier factura, y a primeros de mes suelen llegar varias, no tenemos solución posible. De los empleados no te quiero hablar, por no decirte muchas cosas desagradables. Estoy desesperado y avergonzado"[39]. No obstante, Radio Euzkadi superó también este complicado escollo y siguió bregando, a pesar de la permanente escasez de *txindis*.

Entremos ahora al tema de las audiencias. Cuando hablamos de la audiencia de la emisora de Iparralde o *Gure Irrati Ixilla*, hemos de tener en cuenta que no podemos referirnos a ella en sus actuales parámetros de evaluación.

Como nos ha confirmado Iñaki Durañona, ellos eran conscientes de la imposibilidad de competir con estaciones tan potentes como la BBC, Radio París o Radio España Independiente, pero es que su objetivo tampoco era ése. Su finalidad era ser un arma eficaz de la Resistencia vasca, una rueda más del engranaje de la estrategia antifranquista de desprestigio del régimen. No era pretensión de Radio Euzkadi conseguir altos índices de audiencia sino combatir la "desinformación" de la población vasca llegando al mayor número de lugares posible tanto del interior como de la diáspora.

Es más, teniendo en cuenta la frecuencia y la intensidad de la interferencia franquista y la precariedad de los medios, el ser escuchado en algún punto de Euskadi ya era un triunfo, y lo más importante -sin ánimo de alcanzar cierto número de oyentes- era simplemente lograr una buena audición. "Luego las noticias se transmitían de boca en boca", nos cuenta Durañona. Lo cierto es que el simple hecho de mantenerse en el aire durante ocho años supone ya, desde la perspectiva actual al menos, un indudable éxito, "uno de los mayores éxitos de Euskadi"[40].

Por consiguiente, las *audiencias* de la época se referían no al número de oyentes, cifra además imposible de conocer, sino al hecho de que la emisora pudiera ser sintonizada y escuchada en mínimas condiciones de calidad en el mayor número de hogares y lugares de Euskadi. Los *índices de medición* no eran más que las positivas o negativas noticias de escucha enviadas a Rezola por los "observadores", sobre todo, del interior. La reacción de la prensa franquista ante las emisiones clandestinas era también un método para evaluar, no la audiencia, pero sí el cumplimiento de objetivos de Radio Euzkadi.

Lógicamente, a lo largo de esos ocho años de vida en Iparralde, Radio Euzkadi conoció momentos mejores y peores, momentos de euforia y momentos de desánimo. Los *índices* de audiencia de los meses que van desde diciembre de 1946 a marzo de 1947 pueden considerarse más o menos favorables. La mayor dificultad a la que tuvieron que enfrentarse en ese período fue la "zona de silencio" de Donibane Lohitzune provocada, ya quedó referido, por la utilización de ondas cortas y la cercanía del objetivo a cubrir, Euskadi.

Radio Euzkadi *pitaba* cada vez mejor y se oía con perfecta claridad, incluso con aparatos no muy buenos. La calidad y el contenido de las emisiones mejoraba día a día, y el interés de la gente por la emisora vasca crecía. Tanto es así que empezó a hacer daño al régimen. De inmediato, la policía franquista se empleó en la localización de su emplazamiento y, desde marzo, inició la que hemos denominado *guerra de inteferencias*. La interferencia franquista afectó, sobre todo, a zonas del País Vasco peninsular, principal objetivo de Radio Euzkadi, y no, por el contrario, a puntos tan alejados como Caracas, desde donde llegaron noticias de una perfecta audición.

De marzo a julio de 1947, la radio clandestina vasca vivió una de sus peores fases. A pesar de todos los procedimientos ideados -cambio de horarios y frecuencias, utilización de ondas cercanas a emisoras importantes, intrusión en emisiones de radios afectas al régimen-, la interferencia franquista era tan efectiva que raro era el día en que la voz del *speaker* se pudiera escuchar durante cinco minutos seguidos. Si a esto añadimos los continuos cambios de frecuencia que impedían a los oyentes localizar fácilmente la emisora, no es de extrañar que el interés por escuchar Radio Euzkadi decreciera. Joseba Rezola intentó imbuir a los radioescuchas la idea de que escucharla era un acto de resistencia y la mejor manera de echar por tierra las pretensiones franquistas: "Esta guerra que se nos plantea, no sólo va con nosotros, sino también con los auditores y todos tenemos la obligación de esforzarnos por frustrar sus efectos. Es uno de los aspectos de la Resistencia y hay que estimular el espíritu de los patriotas para que no abandonen el campo"[41]. Pero ni aun así. Los meses de mínima audiencia fueron junio y julio de 1947.

No era cuestión de quedarse de brazos cruzados. El día 6 de julio el régimen celebraba el referéndum para aprobar la Ley de Sucesión. Radio Euzkadi llevó a cabo una campaña a favor de la abstención mediante emisiones especiales y relámpago -emisiones de quince y cinco minutos de duración, respectivamente- realizadas sin previo aviso fuera del horario habitual, eludiendo así la interferencia franquista. Dichos espacios fueron tan aplaudidos, que los responsables de *Gure Irrati Ixilla* decidieron que estos programas de carácter combativo podían constituir un eficaz medio para recuperar el interés por la emisora. Y no erraron. Los datos que, desde el exterior, llegaron en agosto actuaron como un bálsamo para los miembros de Radio Euzkadi. Algunas de las noticias de escucha positiva provenían del sur de África. Supieron, asimismo, que el boletín del Departamento de Estado norteamericano reservaba un lugar destacado a sus emisiones, que los programas de la emisora ocupaban también buena parte del monitor de la BBC y que se escuchaban desde París o Caracas. Al menos los vascos exiliados podían escuchar con claridad y sin interferencias los programas de la emisora.

No así los del interior. El interés, recuperado durante la campaña abstencionista, volvió a decaer por las difíciles condiciones de escucha. Los oyentes cejaron en el esfuerzo por sintonizar la emisora y, como consecuencia, algunos de los colaboradores, desilusionados también, dejaron de enviar trabajos. Probablemente, este fue el peor momento en la historia de Radio Euzkadi en Iparralde. No obstante, aunque algunos colaboradores se rindieran, otros se crecieron ante las adversidades y lejos de ceder, se mantuvieron al pie del cañón. El tesón demostrado por esos hombres no cayó en saco roto y, a lo largo de 1948, el número de oyentes de la emisora clandestina vasca fue aumentando paulatinamente, abriéndose una etapa sólo enturbiada por el cierre de la emisora durante unos meses en 1949 y durante varios días en marzo de 1952.

1949 comenzó con muy buen pie para Radio Euzkadi. Desde las capitales vascas llegaban continuamente noticias de escucha formidables, a pesar de que las restricciones eléctricas impedían que en las zonas servidas por corriente de Iberduero -todo Bilbao y Donostia-San Sebastián- se escucharan la emisión matinal y la de sobremesa. Sin embargo, aquellos que, por una causa u otra, tenían corriente durante esas horas, podían disfrutar de una recepción perfecta, gracias precisamente a las restricciones, pues los focos de interferencia, que estaban en el centro de las capitales, se quedaban también sin suministro. En las zonas del interior en las que no se cortaba la corriente, las emisiones se oían perfectamente, y en consecuencia, el número de oyentes iba creciendo.

En mayo seguían llegando a la redacción noticias de escucha positivas desde Madrid, Zaragoza y toda la región aragonesa en general, desde Portugal o la costa levantina. Este fue el mejor momento de audiencia para la radio clandestina vasca. Pero, desgraciadamente, para entonces la policía franquista ya había descubierto su localización y las autoridades españolas presionaban sin cesar al Gobierno galo para que clausurara sus emisiones. Ello, junto a las incasables interferencias, el largo juicio de Madame Saint-Affrique y el definitivo traslado a *La Croix du Sud*, provocó el obligado silencio de Radio Euzkadi desde agosto a noviembre de 1949. Justo en el preciso momento en que los hombres de Rezola recogían los frutos de su esfuerzo, una orden les hizo callar. Pero esa *larga* temporada de silencio fue, paradójicamente, la que les demostró que sus seguidores eran bastantes más de los que ellos mismos creían.

Con renovadas fuerzas, el 27 de noviembre de 1949 Radio Euzkadi reanudaba sus emisiones. A partir de ese momento, y salvo complicaciones concretas y habituales como dificultades de propagación y averías varias, la emisora funcionó, más o menos bien hasta la clausura de la emisora en agosto de 1954. La mayor cota de radioyentes se alcanzó en la primavera de 1951, a raíz del seguimiento especial del movimiento huelguístico llevado a cabo por Radio Euzkadi.

Las interminables dificultades que existieron para conservar la audiencia de Radio Euzkadi, conllevaron, como es lógico, un notable esfuerzo de propaganda, primero con el objetivo de dar a conocer la emisora y, después, para conservar, o en su caso recuperar, el interés de los auditores. Los hombres de Radio Euzkadi utilizaron *métodos propagandísticos* distintos. Uno de ellos consistió en enviar los horarios y las frecuencias de las emisiones a diversas publicaciones vascas como OPE, Eutsi, *Euzko Deya* o *Euzkadi*. Estas publicaciones editaban también algunos de los comentarios difundidos por Radio Euzkadi, lo cual, además de suponer un medio de propaganda, constituía un estímulo para los colaboradores de la emisora.

Un segundo método fue la divulgación de planfletos y hojitas con la programación mensual, con sus correspondientes horarios y frecuencias, y el reparto de papeletas que llevaban inscritos *slogans* incitando a la población a realizar el acto de resistencia que suponía ponerse a la escucha de Radio Euzkadi. Los *slogans* -en ocasiones verdaderas proclamas- también eran difundidos desde la misma emisora (véase anexo 6).

A partir del éxito de los programas especiales realizados con motivo de la campaña abstencionista de julio de 1947, las emisiones especiales y relámpago se utilizaron como medio para atraer nuevos oyentes y para recuperar los perdidos. Ese mismo mes de julio la Resistencia comenzó a introducirse en longitudes de onda habitualmente utilizadas por Radio San Sebastián. El alcance de estas iniciativas fue tal, que Radio Euzkadi siguió utilizando este método siempre que fue necesario: "Somos los mismos de antes, los de siempre...".

3. OBJETIVOS Y PROGRAMACIÓN

3.1. Carácter y objetivos

Ya quedó explicado que la gestación y nacimiento de *Gure Irrati Ixilla* está claramente inserta en el seno de una estrategia antifranquista. La victoria aliada en la Segunda Guerra Mundial abrió enormes esperanzas para el Gobierno vasco, que confió en la pronta recuperación de una situación democrática en el Estado español y creyó firmemente que las democracias triunfantes en la contienda presionarían para que así fuera y colaborarían, incluso, para que Euskadi pudiera ocupar un lugar en la nueva Europa que surgía de las cenizas de la guerra. Lejos de cruzarse de brazos a la espera, el Ejecutivo vasco continuó con la estrategia antifranquista iniciada nada más finalizada la guerra civil. Esta estrategia tenía dos finalidades. La primera era aislar totalmente al régimen franquista e impedir cualquier tipo de contacto entre este régimen y autoridades, organismos o gobiernos europeos y/o americanos. La segunda táctica se basaba en aunar la democracia vasca y articular el conjunto de la democracia española, acercándolas a los gobiernos democráticos europeos y americanos.

En ese contexto nace en 1945 la "Junta de Resistencia y Consejo Delegado del Gobierno Vasco". Su presidente fue Joseba Rezola, quien durante la guerra había ostentado el cargo de secretario general de Defensa. Y Joseba Rezola fue también, lo sabemos de sobra, el *padre de la criatura*, la persona que ideó y logró crear Radio Euzkadi.

Por tanto, esta emisora nació como un órgano de la Resistencia y, consiguientemente, como un instrumento de esa estrategia antifranquista del Gobierno de coalición de Agirre. Las emisiones estuvieron organizadas por la Resistencia vasca, bajo las órdenes inmediatas del lehendakari, y el Consejero de Gobernación José María Lasarte ejerció de intermediario entre el gobierno en el exilio y Radio Euzkadi. Rezola fue el responsable de la orientación y contenidos de la emisora. Desde el principio, el de Ordizia quiso subrayar que Radio Euzkadi era un organismo del Gobierno Vasco, al margen de todo tipo de partidismos, que no era una emisora del Partido Nacionalista Vasco (PNV) sino de todos los grupos con representación en el Gobierno y en el Consejo Delegado. Se esforzó a conciencia por mantener la unión entre todas las fuerzas políticas, para subrayar aquello que las unía y no lo que les separaba. Esta condición básica provocó el enfado de algún que otro colaborador que primaba su nacionalismo sobre cualquier otro tipo de consideración.

Teniendo en cuenta estos prerrequisitos, los principales objetivos de Radio Euzkadi fueron tres. En primer lugar, evitar la intoxicación informativa del régimen; en segundo lugar, crear una opinión pública, tanto entre los vascos como en el extranjero, de firme oposición a Franco; y, en tercer lugar, servir de nexo de unión e inyección moral para todos los vascos, tanto del interior como del exilio. Su misión era la de romper el monopolio y la manipulación informativa del régimen, informando de cuanto la prensa y la radio franquistas se empeñaban en ocultar o distorsionar. Asimismo, debía contribuir a la formación de un estado de opinión consciente de la situación de opresión a la que el régimen sometía a Euskadi y favorecer la unión de los vascos elevando su moral para que no decayeran las ganas de luchar contra el dictador.

Estos eran los objetivos primordiales. Ahora bien, desde el primer momento, sus gestores tuvieron claro también que la emisora clandestina debía fomentar la cultura vasca y, sobre todo, el euskera. De ahí que Rezola solicitara sin cesar colaboraciones en este idioma e información sobre actos y acontecimientos relacionados con la cultura vasca. Radio Euzkadi fue la única emisora en la que diariamente se empleaba el euskera. Y fue también la única emisora clandestina que competía con las emisoras comunistas, peleando en el campo de la clandestinidad con la red de radios que funcionaban en la URSS y en los países de su órbita.

3.2. Horarios

El horario de las emisiones y su duración dependió siempre de las posibilidades de buena audición, y bailó constantemente para evitar los ataques de la interferencia franquista. Se trataba de encontrar la franja horaria y las frecuencias adecuadas para lograr una buena audición y el mayor número posible de oyentes, y, a su vez, eludir las interferencias franquistas, en el pequeño margen que dejaban las grandes estaciones. Tarea sumamente difícil pero, no lo olviden, Radio Euzkadi era una radio clandestina e insistentemente perseguida.

Durante sus primeros meses de vida emitió un único programa diario, a las 22:15 horas los días laborables y a las 14:15 horas los festivos. Una vez superadas las pruebas, a comienzos de 1947 se empezaron a emitir dos programas diarios de media hora de duración, uno a las 14:15 horas y otro a las 21:45 horas. Esa es la tónica que, a pesar de las forzadas variaciones, mantendrá en los primeros años de vida: dos emisiones diarias, una al mediodía y otra por la noche, de media hora de duración cada una. Normalmente, estas emisiones ordinarias eran devoradas por las interferencias pero se mantuvieron porque, aunque las señales no llegaban a algunos puntos, se escuchaban en numerosas localidades del interior, servían como cebo y se recibían en óptimas condiciones en Cataluña, Andalucía, Madrid, Francia, Gran Bretaña e incluso Estados Unidos.

En junio de 1947, el programa del mediodía pasó a emitirse a las 13:30 horas y el nocturno a las 21.30 horas. Pero la interferencia franquista era tan insoportable y tan difícil de esquivar, que los hombres de Radio Euzkadi agudizaron los sentidos y la imaginación y dieron con un método que les reportó oyentes y alegrías: la emisión de programas especiales y relámpago. Comenzaron a realizarse con motivo del referéndum de julio de 1947, con tan buenos resultados que se convirtieron en arma recurrente de Radio Euzkadi. Los primeros duraban quince minutos aproximadamente y los segundos cinco y se emitían a las 23:00 y a las 14:12 la relámpago y la especial. No obstante, lógicamente, al igual que sucediera con las ordinarias, también las emisiones especiales fueron descubiertas e interferidas, y su horario tuvo que variar constantemente.

Por su parte, y en vista de los efectos logrados, las emisiones relámpago se mantuvieron en su horario, añadiendo una segunda parte que comenzaba a las 14:27 horas, y dejando, por tanto, su carácter de "relámpago".

En septiembre de ese mismo año, la programación de Radio Euzkadi introdujo una novedad. Se crearon dos emisiones semanales de media hora de duración, en castellano la de los sábados y en euskera la de los domingos. Otra iniciativa llegó con el nuevo año. El 1 de enero de 1948 se inauguró una emisión destinada a América. Se radiaba todos los días a las 20:30 hora francesa.

Pero unas y otras, tarde o temprano, eran localizadas e interferidas. Para mediados de 1949, la programación de Radio Euzkadi había quedado reducida a tres emisiones: una matinal, que comenzaba a las 8:15 horas; la de sobremesa, a partir de las 14:00 horas; y la nocturna, que se iniciaba a las 21:30 horas. Sin embargo, los problemas de seguridad, el pleito por *Villa Briseis*, la urgencia de buscar un nuevo emplazamiento, las interferencias, las presiones franquistas, las averías... provocaron el silencio de la emisora durante unos meses. Cuando, en noviembre de ese año, se reanudaron las emisiones, el equipo de Radio Euzkadi tuvo que sacrificar la de sobremesa por razones de seguridad, quedando la programación reducida, como al comienzo, a dos programas de media hora de duración, uno matinal a las 8:00 horas y otro nocturno a las 22:00 horas. Casi un año más tarde, en octubre de 1950, se recuperaba la emisión del mediodía. Esas tres emisiones diarias -matinal, sobremesa y nocturna- se mantendrán, con ligeros cambios de horario, hasta el cierre definitivo en el verano de 1954.

Como curiosidad, cabe mencionar que una de las variaciones se produjo no por la interferencia franquista, sino por las constantes e insistentes quejas de los trabajadores guipuzcoanos que se perdían la emisión de sobremesa porque coincidía con la hora de entrada al trabajo. La solución consistió en efectuar una doble emisión de mediodía, la primera de 13:00 a 13:30 horas y la segunda de 14:00 a 14:30 horas.

El horario de programación mensual y las frecuencias se repartían entre los miembros de la Resistencia, quienes debían de encargarse de su difusión, y se enviaban también a publicaciones como *OPE* o *Euzko Deya*, a veces con notas tan significativas como ésta: "Por parte de la emisora se pondrán todos los medios para hacerse oír de sus auditores. Se espera que éstos, por su parte, pongan también el máximo empeño en escuchar para frustrar de este modo las perturbaciones de la Radio franquista que pone el máximo interés en anular nuestras emisiones. Oír Radio Euzkadi es un acto de resistencia"[42].

3.3. Estilo y estructura de los programas

Las circunstancias en la que surgió y los objetivos marcados imprimieron a la emisora unas señas de identidad características, unos rasgos concretos y "un estilo de tono elevado aunque sereno de los que honradamente creen mantener la causa de la Justicia y del Derecho"[43]. Efectivamente, el tono de las emisiones fue un tono serio, combativo, sin espacio para el humor, aunque sí para la ironía. El lenguaje utilizado en muchos de los comentarios es un lenguaje sarcástico, lleno de cinismo, cuyas mordaces críticas tenían como blanco casi permanente a Francisco Franco y su régimen.

Se emitía un programa cada día, en dos o tres ocasiones, según las posibilidades *consentidas* por la interferencia. La emisión de los domingos se repetía el lunes. Cada programa era de media hora de duración. Desde el punto de vista del oyente de hoy día, los programas de esta Radio Euzkadi pueden no resultar atractivos ni amenos y menos aún divertidos. Pero es que su finalidad no era entretener al oyente; respondían al triple objetivo de informar -o *desinformar* de la arengas franquistas, según se mire-, crear una corriente de opinión contraria a Franco y propagar el euskera y la cultura vasca. De ahí que los programas se estructuraran en tres partes: el noticiario, el comentario y la parte "euskérica". Eran tres bloques sin subdivisiones, separados en todo caso por música vasca, que también amenizaba el programa al inicio y al final. Una única voz leía las secciones en castellano y otra voz la parte en euskera. Un ritmo lento y monótono, por tanto. La entonación que imprimían a las lecturas era demasiado vehemente y con cierto aire de púlpito.

Ahora bien, incluso a sabiendas del objetivo para el que había nacido, los colaboradores mismos fueron conscientes, en muchas ocasiones, de que este tipo de programación no resultaba atractivo para el oyente, y buscaron despertar su interés para que este mismo interés desafiara todas las molestias e incomodidades a las que había que hacer frente si se quería escuchar "algo" de Radio Euzkadi. Para que vean ustedes que no hay nada nuevo y que todo está ya inventado, hubo quien propuso, aún lamentándose de que los temas culturales o de cierto nivel intelectual no despertaran curiosidad ni afición, sacar "trapos sucios" durante la emisión de las noticias locales porque era lo que verdaderamente atraía y agradaba a los oyentes[44].

Algunos de esos programas se han perdido para siempre, pero el contenido de muchos otros fue ordenado y clasificado. Actualmente se guardan en el Archivo del Nacionalismo Vasco de la Fundación Sabino Arana.

Las emisiones, exceptuando las especiales y las relámpago, comenzaban con la sintonía de las ocho primeras notas del *Eusko Abendaren Ereserkia* o himno nacional vasco interpretada al txistu. A continuación se leían las siguientes frases en euskera y castellano seguidas del *Agur Jaunak* en la emisión de sobremesa y del *Jaiki Jaiki* en las nocturnas:

> "EUZKADI IRRATIA bere arratsalderoko/gaberoko irratsaioa hastera dijua. Gure berri ondoren ta beste zenbait erdel lanen artean euskal gai habek entzungo dituzue gaur: [gai zerrenda] Entzun beti EUZKADI IRRATIA, euskal gudari burrukalarien DEIA // RADIO EUZKADI da principio a su emisión de sobremesa/nocturna. Después de nuestro noticiario podrán ustedes escuchar entre los temas euskéricos que acabamos de anunciar, los siguiente trabajos en erdera: [enumeración de los temas a tratar] Atención todos los días a RADIO EUZKADI, la VOZ de la Resistencia vasca. Pasamos a nuestro noticiario".

Las frases de término de emisión eran éstas:

"EUZKADI IRRATIAK bukatu du honenbestez bere arratsaldeko/gabeko irratsaioa. Gaur gabean/bihar arratsaldean ohi degun garaian ta betiko irradatan aurkituko gaituzue. Badakizue, beraz, gaur gabera/bihar arratsaldera arte, euskaldun irratentzuleak, ta Jaungoikoak dizutela, arratsaldeon/gabon // RADIO EUZKADI da por terminada su emisión de esta tarde/noche y se despide de ustedes hasta esta noche/mañana por la tarde en que a la hora y por la onda acostumbrada volveremos a encontrarnos con ustedes, para transmitirles nuestro programa nocturno/de sobremesa. RADIO EUZKADI desea a todos los radioyentes vascos muy buenas tardes/noches".

La música acompañaba a los programas al inicio, al final y en los intervalos entre las secciones más importantes y se trataba en su mayoría de melodías vascas. Rezola consiguió listas de discos de diferentes casas de música de las capitales vascas, algunas tan conocidas como Casa Díez, Casa Erviti, Casa Zulaica, Casa Arilla, etc. Los clásicos temas vascos -"Maritxu nora zoaz", "Andre Maddalen", "Aurresku", "Arin arin", "Edereguia cera zu" [sic], "Mendi menditik", "Maite", "Porrusalda", "Festara", "Marcha de San Ignacio"...- se intercalaban con canciones propias de los distintos territorios vascos: "Estampas bilbaínas" "Ecos bocheros", "De la Casilla a la Somera" "Ene que risas hisimos" [sic], "Estampa chimberiana", "Ecos guipuzcoanos", "Estampas donostiarras", "San

Sebastián en fiestas", "Donosti", "Pastelero", "Marcha de San Sebastián", "Donostiako hiru damatxo", "Celedón", diversas jotas navarras... Lógicamente, si la fecha de emisión correspondía a un día festivo en algunos de los territorios, se trataba de que la música hiciera honor a la ciudad o al territorio, y, en su caso, al santo cuya festividad se celebraba.

En alguna ocasión el programa comenzó con el comentario editorial pero, generalmente, tras la sintonía de entrada, las frases de presentación y el breve espacio musical, se daba paso, en primer lugar, al noticiario. Un único locutor leía una media de seis o siete noticias en cada programa aunque su número dependía de la extensión de las mismas. Se radiaban primero las noticias referidas a Euskadi, después las de ámbito estatal y, por último, las extranjeras. Cuando la información enviada por los corresponsales no era suficiente o no llegaba a tiempo, el déficit de noticias se suplía con las crónicas de medios de comunicación escritos de distinto alcance. Si bien, muy de vez en cuando, alguna noticia se emitía en euskera, la gran mayoría de los noticiarios se leían en castellano.

La información de carácter internacional supuso aproximadamente un 45% de la información emitida, superando incluso la relativa al País Vasco, que alcanzaba un 32% de las noticias. El 23% restante lo constituía la información procedente de las principales capitales del Estado. La situación de clandestinidad y las dificultades para hacer llegar información desde el interior explican esa relativa carencia de referencias al País Vasco peninsular. A este hecho, habría que sumarle el dato de que el corresponsal de Nueva York, Jesús Galíndez, y el especialista en temas europeos, Francisco Javier Landaburu, fueron dos de los más destacados colaboradores de Radio Euzkadi.

Pero lo que a la emisora vasca más le interesaba eran los acontecimientos y noticias de ámbito local, las que la población vasca quería y necesitaba oír para mantenerse informada y por necesitarlo anímicamente, y las que mostraban bien a las claras cuál era la verdad de la política franquista a los oyentes de fuera de Euskadi. La solicitud de noticias de tipo local y regional es una constante en la correspondencia de Rezola de aquellos años. Para ser radiadas debían cumplir dos condiciones: Ser noticias frescas, no difundidas ya en prensa -"paperetan azaltzen diranak zuk idatzi gabe ere jakingo baitugu guk ta guk esan gabe ere bai erriak jakin"- e interesantes, que estimularan o emocionaran al oyente -"egunean ordu erditxo batean xepelkeriakin asten bagera geuk ilko baitegu entzuteko gogo guzia"-[45].

Las noticias relativas a Euskal Herria procedían, en su mayor parte, de las capitales, aunque también podían provenir de otras localidades tanto del interior -principalmente de Tolosaldea y del Goierri- como de Iparralde -sobre todo de la zona que más exiliados vascos acogía: Baiona, Biarritz, Donibane Lohitzune...-. La mayoría de estas noticias, concretamente un 32%, tenía un cariz político. Algunas estaban dirigidas a desprestigiar el régimen franquista -represión, detenciones, procedimientos electorales, juicios, fracasos del régimen en política exterior...- y otras a reforzar la imagen del Gobierno

Vasco -actividades, relaciones exteriores, nombramiento de cargos...-. En Radio Euzkadi también se trataron de manera destacada noticias relativas a economía vasca -creación de empresas, fiscalidad, precios, racionamiento, transportes, agricultura...-, cultura y deporte vascos -euskera, fiestas populares, deporte rural...- y prensa vasca. En menor medida, fueron objeto de estos noticiarios cuestiones sociales -sanidad, demografía, emigración...-, temas religiosos, noticias sobre personas concretas, enseñanza y educación, y urbanismo y obras públicas.

La información de carácter estatal se enviaba en un alto porcentaje desde Madrid, y era mayoritariamente de carácter económico y político. La información exterior procedía en gran parte del continente europeo, donde las corresponsalías de París y Londres cumplieron fielmente su cometido. Desde el otro lado del Atlántico, los exiliados vascos colaboraron también informando de la situación política, económica y social de Estados Unidos, Venezuela, Chile, Argentina, Uruguay o México. Esta información de carácter internacional era básicamente de tipo político, destinada principalmente a subrayar los escasos resultados de la política exterior franquista y los apoyos que, por el contrario, recibían el Gobierno Vasco o el Gobierno republicano español en el exilio (véase anexo 7).

Al noticiario le seguía el comentario, generalmente uno o varios -según su extensión- editoriales o artículos de opinión de alguno de los colaboradores de Radio Euzkadi. En menor medida, esta sección también se utilizaba para dar a conocer otro tipo de trabajos, como crónicas de corresponsales, extractos de conferencias, biografías o panegíricos de personalidades del mundo político o cultural vasco, emisiones educativas, resúmenes de discursos, manifiestos políticos o alguna que otra entrevista. Con todo, en su mayoría fueron los textos de carácter político los que cubrieron gran parte de los minutos del "Comentario".

Los autores de esos textos tenían que cumplir una serie de condiciones impuestas por Rezola, algunas de tinte político, otras más de formato. En primer lugar, a la hora de redactar los trabajos no debían olvidar que Radio Euzkadi no era una emisora al servicio únicamente del Partido Nacionalista Vasco y, por tanto, no debían incluir comentarios que pudieran molestar a los demás socios de Gobierno. Ahora bien, ello no significaba -se apresuró Rezola a matizar ante el enojo de algunos nacionalistas- que el contenido hubiera de carecer de "sustancia vasca", al contrario "Bai zera. Euzkadi izango da noski irratiaren izena ta onekin naikoa [sic] esaten dizut, ezta?"[46]. También se solicitó a los colaboradores que no abusaran de lirismos o entusiasmos, procurando reflejar la realidad exterior más que las propias preocupaciones o sentimientos. Este extremo, empero, se dejaba de lado en bastantes ocasiones, pues los textos adolecían generalmente de un tono exaltado o emocionado, según los casos. La ironía y el sarcasmo aderezaron también muchos de estos documentos.

En segundo lugar, respecto a las normas formales, los trabajos debían ser breves, sencillos y fáciles de digerir, con una extensión máxima de dos folios escritos a doble espacio, o un folio a espacio sencillo. Si los autores sobrepasaban los límites, los locutores se verían obligados a sacrificar parte de las restantes dos secciones. Asimismo, los redactores del programa consideraban que, "cada uno tiene su manera de matar las pulgas, pero, en términos generales, cuanto más comprimido, más explosivo"[47]; además, a mayor extensión, más difícil resultaba mantener el interés de la audiencia. Excepcionalmente, cuanto el tema lo exigiera, el comentario podía alargarse algo más, pero siempre que no fuera en menoscabo de las demás secciones, porque antes como ahora, el tiempo es oro, y aquellos hombres también tenían que hacer "todos nuestros milagros en el espacio de 30 minutos, que suponen una cantidad determinada de hojas de papel"[48]. Muchos de estos comentarios fueron publicados en las páginas de *OPE*.

Como líneas atrás se ha comentado, el tema estrella de esta sección fue, sin duda, la política. Casi un 41% de los comentarios fue de signo político, nada extraño teniendo en cuenta el carácter combativo y resistente de la emisora. La crítica al régimen franquista y a la figura del caudillo, los apoyos exteriores al Gobierno Vasco y el sentimiento nacionalista se muestran en la práctica totalidad de los comentarios emitidos en Radio Euzkadi. Los colaboradores subrayaban con optimismo cualquier manifestación exterior de rechazo a la dictadura y exponían con temor las posibles ayudas que pudiera recibir.

Las relaciones entre los EEUU y el régimen franquista fue un tema que despertó enorme interés entre los colaboradores de Radio Euzkadi, sobre todo cuando se hizo evidente la transición desde el inicial rechazo visceral al fascismo a un tenaz anticomunismo, en el cual el régimen franquista empezaba a jugar un papel destacado. Muchos colaboradores de Radio Euzkadi ofrecieron, no obstante, una imagen distorsionadamente optimista de la realidad para evitar la desmoralización de la población vasca, actitud criticada por otras voces que consideraban que, ante todo, Radio Euzkadi debía de informar, sin ningún tipo de maquillaje, de lo que verdaderamente estaba sucediendo en el mundo. Estas palabras de Manuel Irujo ilustran claramente esa crítica:

> "Me dices en la tuya de ayer 'de hablar de estas conversaciones Sherman-Franco de modo que no depriman la moral de los nuestros'. Yo no sé la influencia que Radio Euzkadi tendrá en la moral de los nuestros. Lo que no pongo en duda es que los nuestros conocen los términos de las conversaciones Sherman-Franco dados por Radio París, por Radio Londres, por Radio Moscú y por toda la prensa. Pensar que Radio Euzkadi trate de ponerles vaselina es posible que te satisfaga a ti, y a los que como tú se preocupan del caso. Pero, los escuchas de Radio Euzkadi, antes de oírte, conocen la noticia, tal cual es... Nos hemos pasado los meses diciendo, primero que los americanos no soltarían dólares, después que los soltarían a las empresas del país y no a los estraperlistas de Franco, después... Crees tú que, al topar con la realidad, los nuestros se sienten reconfortados de haber estado en la higuera durante unos meses? Crees que con ello gana Radio Euzkadi ni gana nuestra moral [sic]"[49].

Tal protagonismo tuvo "el mundo" en los comentarios de Radio Euzkadi, que el mismo lehendakari Agirre intervino solicitando otro tipo de cuestiones, temas para la gente del interior, sobre todo para la gente joven. Claro está que los colaboradores que redactaban esos comentarios tenían su mirada puesta en los acontecimientos que a escala internacional estuvieran sucediendo, pues de ello dependía su propia supervivencia como pueblo y la desaparición del dictador. Pero el excesivo seguimiento de los asuntos internacionales podía provocar desidia por parte de los oyentes menos puestos y menos interesados en dichos problemas alejados de la realidad más cercana. Para dar solución a este problema, los miembros del Gobierno Vasco pensaron en redactar una serie de trabajos sobre historia vasca, la universidad, la autonomía, etc. En ese contexto se enmarca la serie sobre Navarra, cuyo proveedor por excelencia fue, cómo no, Manuel Irujo. El Consejo Delegado de Navarra, en estrecha colaboración con el Gobierno Vasco, impulsó estos programas que se emitieron los jueves a partir del 11 de septiembre de 1947.

El segundo tema preferido de los colaboradores de Radio Euzkadi fue la religión, eso sí, casi siempre íntimamente ligada a la política. Aunque algunos de estos comentarios versasen sobre acontecimientos o manifestaciones religiosas, generalmente se trataba de críticas a sectores de la Iglesia Católica por su apoyo a Franco, o a la prensa eclesiástica, cómplice del caudillo. Por el contrario, no escatimaron elogios a los sacerdotes comprometidos con la causa vasca. Profusos fueron también los contenidos de carácter socio-económico. Merecieron especial atención las huelgas de 1947 y 1951 y el proceso represivo desencadenado tras las mismas.

Por tanto, política, religión y economía constituyeron los ejes centrales de los comentarios de Radio Euzkadi, pero no los únicos. Los colaboradores disertaron también sobre cultura y deportes, euskera, comunicación y prensa -criticando duramente la censura franquista-, enseñanza y educación, asuntos sociales -emigración vasca, migración rural-urbana, sanidad, justicia social...-, justicia, medio ambiente, etc. Algunos comentarios estuvieron dedicados a elogiar determinados personajes de la historia o la política vascas.

En el ámbito de las emisiones culturales, destaca el ciclo sobre Historia Vasca organizado en abril de 1949. Al igual que las emisiones dedicadas a Navarra, este ciclo responde al intento de imprimir a la emisora un carácter más cercano y ameno. Semanalmente, la programación de Radio Euzkadi incluía la lectura de fragmentos sobre diversos aspectos de la historia vasca. Se utilizaron para ello los trabajos que el lehendakari Agirre había redactado unos años antes, aunque sin citar su autoría. Al finalizar el ciclo, y con las miras puestas en aumentar el interés de los oyentes, la emisora puso en marcha una especie de encuesta, que consistía en lanzar preguntas sobre distintas cuestiones históricas, cuyas respuestas, elaboradas por los colaboradores, eran leídas en semanas posteriores. El positivo resultado alcanzado con esta serie animó al equipo de Radio Euzkadi a preparar nuevos ciclos, como los dedicados a la cultura vasca, en abril de 1951, o al euskera, a partir de julio de 1952 (véase anexo 8).

El euskera fue una de las motivaciones principales de la emisora clandestina. Desde antes de su creación, Rezola tuvo muy claro que al menos una de sus secciones debía ser emitida en este idioma, pero el problema fue, también desde el principio, conseguir colaboraciones que lo permitieran. Solicitó sin descanso trabajos redactados en esta lengua, porque consideraba un deber estimular su uso en momentos especialmente difíciles para ello y creía que su utilización era una buena fórmula para conectar con el pueblo.

Para intensificar su uso, una de las emisiones de fin de semana introducida en la programación en septiembre de 1947, concretamente la dominical, se ofreció en euskera. Comenzaba a las 16:30 horas y los temas más recurrentes fueron los relacionados con la agricultura y la pesca. Siguiendo con ese plan de intensificación del idioma, en diciembre de ese mismo año Radio Euzkadi empezó a radiar clases de euskera propiamente dichas. Estas lecciones comenzaban a las 7:45 de la mañana y tenían una duración de quince minutos. La buena acogida que tuvo esta iniciativa llevó al equipo, concretamente a Ander Arzelus, a idear un nuevo proyecto en febrero de 1949. La novedad que incluía dicho proyecto era la participación de un grupo de alumnos que debían dar respuesta a los interrogantes planteados por el profesor. Proyecto tan interesante como complicado de materializar, en un momento, como vimos, en el que se iniciaba una etapa plagada de inconvenientes para Radio Euzkadi. Desgraciadamente, además, Arzeluz caía enfermo y fallecía en agosto de ese mismo año.

En la sección "euskérica" se trataron todo tipo de temas (véase anexo 9), pero una parte importante de los comentarios se centró en la situación del idioma y en los impedimentos franquistas a su utilización. Los colaboradores versaron sobre las trabas con las que tropezaba el euskera, entre las que recalcaban el papel de la Iglesia, la represión franquista y, principalmente, los vascos que no hacían uso de él. También agradecieron el esfuerzo en pro de esta lengua realizado por los euskaltzales, por aquellas personas que enseñaban el idioma a sus hijos, e incluso por Radio Euzkadi. Las ondas se aprovecharon también para dar consejos a los oyentes sobre cómo conservar y hacer resurgir el euskera.

En este sentido, una de las iniciativas más destacadas fue la organización de una encuesta sobre la situación de esta lengua. En julio de 1952, Radio Euzkadi distribuyó entre sus colaboradores y entre importantes representantes de la vida cultural vasca cuestionarios que contenían tres preguntas: "¿Cómo ve usted la situación del euskera en el día de hoy? ¿Cuáles son, a su juicio, las circunstancias favorables y adversas que afectan a su resurgimiento, o quiénes son los enemigos y favorecedores actuales de nuestro idioma? ¿Qué medidas o qué programa se podría desarrollar desde hoy para asegurar el resurgimiento de nuestro idioma?" El objetivo principal de este ciclo era, indudablemente, suscitar el interés por el euskera y buscar soluciones e iniciativas para revivir el idioma. Pero, a su vez, Rezola consiguió más textos en euskera, explorar el terreno para nuevas colaboraciones y, de paso, aumentar la propaganda de Radio Euzkadi.

Fueron muchos los euskaltzales que participaron en esta encuesta. Algunos firmaron con su propio nombre: el sacerdote Paul Giltzu, el euskerólogo Jon Mirande, Gonzalo

Nardiz, Andima Ibinagabietia, Nobert Tauer, el vicelehendakari Jesús María Leizaola, Xabier Iturriza, Peli Irizar, Seberi Altube, Ambrosio Zatarain, José Miguel Barandiaran, *Agamundako Joxemiel* fueron algunos de ellos[50]. Otros muchos utilizaron pseudónimos. Es el caso de *Abandotarrak* (Keperin Xemein), *Emakume batek* (Karmele Errasti), *Axak, Gurpegik, Baratz, Euskal maitatzaile batek, Ezagun batek, Egizaliak, Urdaburuk, Ixenbarik, Edozeinek, Zurik, Oria-aldekoak...*

Las respuestas de los participantes fueron más o menos optimistas aunque todas compartían un común denominador: la necesidad de utilizar el euskera a diario y en cualquier circunstancia porque "izkera gabeko aberria zer aberri da hori?"[51]. Casi todos ellos ofrecieron apuntes interesantes y curiosos. Jon Mirande, por ejemplo, estimaba que la clave del fortalecimiento del idioma estaba en los padres, que tenían la responsabilidad de enseñar y hablar en euskera a sus hijos porque "etxe bazterrean gurasoa nagusi. Sutondoan ez dauka Franco'k zer egiñik"[52]. Por lo curioso y gracioso del texto y por el protagonismo conferido a la radio, reproducimos a continuación un extracto de la respuesta de *Urdaburu*:

> "Irratia; Euskel-irratia ba'genu! Nun ez dago garai ontan irratia? Toki guztietara eldu da onezkero irratia, erriraño aspaldian, baserriraño orain eltzen ari da. Zenbat eresi euskaldunak abesten dira irratiaz? Gutxi. Aiton-amonak utzi zizkiguten eresiak, baserrietan ezdira jakiten. Nunbait, mendizale abertzaliak zabaldu dituzten abesti batzuk ikasi dira, baña ez ugari.

Orain neskatilak ikasten ari dira eresi berriak, berriak oso, andaluz, fox, mambo ta beste txankamekeri batzuek. Gure abesti zamurren ordez baserri askotan gure gazteen ezpañetatik olako gauzak aditzen dira. Orixe.
Premiazkoa da euskel-irratia"[53]

Las publicaciones vascas se hicieron eco del éxito alcanzado por la encuesta. Tal favorable era el ambiente, que Rezola aprovechó el momento para recuperar el proyecto de clases de euskera planeado por *Luzear*. *Gipuzkoar bat* se hizo cargo del proyecto y lo adaptó para que las lecciones pudieran ser radiadas. En julio de 1953, comenzaron estas lecciones de euskera, que bajo la firma de *Urrun Ots'ek*, se emitían dos veces por semana, con el propósito de que una de las lecciones fuera en dialecto guipuzcoano y otra en vizcaíno. Durante semanas los oyentes pudieron atender las detalladas explicaciones de *Urrun Ots'ek* sobre sintaxis, verbos, sufijos, prefijos, vocabulario... e incluso el uso de términos correctos para denominar enfermedades y partes de la anatomía humana.

3.4. Programas especiales

Entre noticiarios, comentarios y partes "euskéricas" discurría, pues, el día a día de Radio Euzkadi, la emisora que había nacido como eficaz arma de la lucha antifranquista. Este permanente carácter combativo se intensificaba, si cabe, en determinados momentos en los que toda la programación se orientaba hacia una cuestión concreta, porque las circunstancias así lo requerían. Es el caso, por ejemplo, de la huelga de trabajadores vascos de

1947, considerada uno de los hitos más importantes de la Resistencia vasca contra el franquismo. Radio Euzkadi, como principal órgano de la Resistencia que era, fue uno de su más firme apoyos.

La Junta de Resistencia y el Consejo Delegado junto con las centrales sindicales convocaron una huelga para el primero de mayo de 1947. El hundimiento del poder adquisitivo y el deterioro general del nivel de vida de las clases asalariadas coadyuvaron al éxito de la convocatoria, que fue secundada por miles de trabajadores. Desde el día 6 de abril, en el que Radio Euzkadi difundió sendos mensajes del lehendakari Agirre y Joseba Rezola, la emisora vasca utilizó toda su *artillería* para caldear el ambiente. Una vez desencadenado el proceso, siguió paso a paso todos los acontecimientos y dedicó programas enteros al movimiento huelguístico y a las detenciones efectuadas tras él, haciendo continuos llamamientos a la solidaridad y subrayando el éxito de la huelga.

Meses más tarde, otro acontecimiento acaparó de nuevo la programación de Radio Euzkadi. Fue el referéndum para aprobar la Ley de Sucesión, convocado por el caudillo para el día 6 de julio de 1947. Las fuerzas de oposición, entre ellas la Junta de Resistencia y el Consejo Delegado, plantearon una vigorosa campaña contra esa consulta, recalcando ante todo la farsa y el engaño que suponía y solicitando la abstención. La Junta procuró que corresponsales de prensa y reporteros gráficos extranjeros pudieran estar con una semana de anterioridad en Euskadi para que conocieran *in situ* el ambiente que se respiraba y la comedia que Franco estaba preparando. Las emisiones especiales de Radio

Euzkadi comenzaron los días 23 y 24 de junio y continuaron en días posteriores al del referéndum. Los días previos la emisora realizó un verdadero despliegue de medios emitiendo consignas contrarias a la consulta y a favor de la abstención cada cuarto de hora. El éxito de estas emisiones extraordinarias fue tal que, como sabemos, los *índices de audiencia* mejoraron sustancialmente, y fue entonces cuando el equipo de Radio Euzkadi decidió introducir en su programación emisiones especiales y relámpago sin previo aviso.

Otros acontecimientos que absorbieron los programas de la radio clandestina fueron la huelga general de la primavera de 1951 y las elecciones municipales de finales de ese mismo año. La huelga fue un último intento de socavar los cimientos del régimen y de impedir el acercamiento norteamericano, cuando *el pescado estaba vendido* hacía tiempo ya. A pesar de todo, Radio Euzkadi mostró su total apoyo a los huelguistas. En diciembre, la emisora puso de nuevo su voz al servicio de la propaganda anti-electoral, mostrando, una vez más, su carácter combativo y resistente.

Pero, amén de ser un arma de la Resistencia, Radio Euzkadi fue, también en origen, instrumento de propaganda del Gobierno Vasco y, como tal, su altavoz y una de sus principales vías de transmisión, sobre todo en fechas significativas como los Aberri Eguna, los aniversarios de la constitución del Gobierno Vasco o del bombardeo de Gernika y, especialmente, en Navidad y Año Nuevo. En esas citas, los *micrófonos* de Radio Euzkadi eran para el lehendakari Agirre. El día de Navidad, en programación especial, la emisora radiaba su mensaje navideño que se repetía los días de Noche Vieja y la mañana de Año Nuevo. Días antes llegaba a Mugerre la alocución grabada en discos. El sonido salía un tanto deformado pero la sensación que la voz del lehendakari, aún alterada, provocaba en los oyentes, era tal que el esfuerzo bien merecía la pena. El primer mensaje de Navidad de Agirre lo emitió Radio Euzkadi en uno de sus primeros programas (véase anexo 10).

La emisora vasca, fiel a las directrices marcadas por su director, fue, asimismo, altavoz, de organizaciones sindicales de diferentes signo como la Confederación Nacional del Trabajo (CNT), Unión General de Trabajadores (UGT) y Solidaridad de Trabajadores Vascos (ELA-STV), a los que prestaba sus micrófonos todos los años en la víspera y la celebración del primero de mayo.

4. UNA RADIO A CAMBIO DE OTRA

En 1948, la policía franquista localizaba la emisora clandestina vasca. Desde ese momento, las presiones sobre las autoridades francesas fueron constantes. Desde el Ministerio de Negocios Extranjeros francés varias veces se ordenó el cierre de la emisora, pero las malas relaciones entre España y Francia o las buenas relaciones entre el Gobierno Vasco, -sobre todo los contactos del lehendakari Agirre con altas esferas de la política francesa, principalmente de su Ministerio de Interior-, evitaron el triste desenlace hasta 1954. En anteriores ocasiones, varias veces se había temido la inminente clausura: en 1949, cuando Robert Schuman ordenó su cierre, y en 1951, a raíz de la huelga de mayo y del desalojo de la sede del Ejecutivo Vasco de la parisina *Avenue Marceau*.

Pero para 1954 la situación había cambiado. El régimen de Franco había logrado rehabilitarse internacionalmente, las relaciones entre España y Francia se habían normalizado y el gobierno de este último país había cambiado de manos varias veces. En junio de dicho año el Partido Radical accedía al poder. Inmersa como estaba la República francesa en una debilidad casi estructural, este político quiso zanjar los problemas entre la metrópoli y sus colonias y, en ese contexto, el cierre de la emisora clandestina vasca, en última instancia, no fue más que un trueque. Las autoridades francesas accedieron a clausurar la emisora clandestina vasca y a cambio el Gobierno franquista neutralizó Radio Tetúan, emisora pro-independencia marroquí. En agosto, siendo titular del Quay d'Orsai el propio Méndes-France y François Mitterrand ministro de Interior, el Gobierno francés ordenaba el cierre definitivo de Radio Euzkadi.

Como en anteriores ocasiones, el lehendakari Agirre intentó mediar para evitar el cierre. Para ello se entrevistó el 2 de noviembre con François Mauriac, poeta y periodista francés, plenamente identificado con la causa vasca, quien prometió realizar una gestión directa con Mitterand y, si era menester, con el propio presidente de la República. Pero los intentos resultaron infructuosos y esta vez no hubo ningún *oído sordo* en la cadena de mandos. Radio Euzkadi, después de casi ocho años de singladura en situaciones casi imposibles, dejaba de salir al aire.

IV

UNA TXALUPA EN NORUEGA
RADIO EUZKADI EN VENEZUELA
(1965-1977)

1. A UNO Y OTRO LADO DEL ATLÁNTICO

En 1954 Radio Euzkadi dejaba de contar con el beneplácito del Gobierno francés y se veía obligada a callar su voz. Pero una emisora constituía un instrumento demasiado eficaz e irrenunciable para un pequeño Gobierno en el exilio al que ya no quedaba otra que volcar todos sus esfuerzos en su lucha contra el régimen. Por eso, el *padre de la criatura*, Joseba Rezola, tanteó la posibilidad de reinstalar la emisora en varios países europeos. Pero, para entonces, la rehabilitación internacional de la España franquista era ya un hecho y la complicidad de esos países respecto a la "causa vasca" ya no era la de otrora.

La década de los cincuenta fue una década difícil para el Gobierno Vasco. Su debilidad era evidente. Lo mismo sucedió con el PNV, inmerso en una grave situación de crisis financiera y estructural. Poco a poco, nuevos actores aparecieron en el panorama político-social de Euskal Herria. En 1959 surgía ETA, rompiendo el monopolio práctico que el PNV había ostentado en el seno del nacionalismo vasco. En 1960 moría el lehendakari Agirre, agravando aún más la situación.

Sin embargo, al otro lado del Atlántico había un país en el que la colonia vasca, no sólo había crecido, sino que había adquirido renombre y posición en la sociedad local. Hablamos de Venezuela. Los vascos venezolanos constituyeron durante unos años una substancial fuente de financiación del Gobierno Vasco. El Centro Vasco de Caracas era el más importante de toda América. El grupo organizado en torno al bergarés Jokin Inza era un núcleo muy dinámico, que ingenió todo tipo de estratagemas para conseguir *plata* que enviar a Euskadi. Por tanto, no es extraño que Joseba Rezola confiara a ese grupo la reinstauración de la radio vasca. Esos jóvenes, fieles a los mandatos de su partido y de la Resistencia vasca, emprendieron la tarea instalando los transmisores en la selva y llevando todas las gestiones en el más absoluto de los secretos, como si de una aventura se tratara. Esa aventura, esa "locura romántica propia de los vascos", como años más tarde la llamó Iñaki Anasagasti, destinada a ser una aventura de verano duró, nada más y nada menos que trece años[54]. Únicamente el inicio de un proceso transitorio en el Estado español tras la muerte del dictador, y la esperanza de emitir libremente desde la propia Euskadi, pudieron acallar la voz de la Resistencia vasca.

Por consiguiente, Radio Euzkadi, en esta etapa venezolana, fue sobre todo una emisora de EGI. Los jóvenes del grupo imprimieron su sello a la radio para convertirla en alternativa a las radios franquistas y comunistas. Obviamente, esta microemisora no aspiraba a ser el referente principal de la oposición al franquismo, pero constituyó un importante instrumento para mantener vivas las reivindicaciones nacionalistas frente a la disyuntiva de ETA, y un cardinal nexo de unión entre los vascos de uno y otro lado del océano.

1.1. Una nueva situación en Europa

La tendencia aperturista del gobierno franquista que ya se anunciara en años anteriores y que se afianzó a partir de 1960, posibilitó la consolidación de su proceso de rehabilitación internacional. La Europa unida y activa centrada en su propio crecimiento y en sus propios problemas, si bien no admitió el ingreso de España en las Comunidades, sí que favoreció los contactos e incluso la firma de tratados con Franco.

A su vez, a lo largo de la década de los sesenta, los países europeos occidentales consolidaron sus procesos de recuperación y recobraron parcelas de poder entre las dos grandes superpotencias, EEUU y la URSS. Internamente, el notable desarrollo económico que experimentaron propició el surgimiento de sociedades acomodadas, que a finales de la década, hubieron de hacer frente a las embestidas contestatarias de las jóvenes generaciones, imbuidas por el efecto imán del 68, y pocos años más tarde, a los problemas económicos derivados de la crisis energética de 1973.

Asimismo, a partir de 1960, el sistema bipolar vigente desde 1947, constituido por dos grandes bloques capitaneados por las dos grandes superpotencias, empieza, de alguna manera, a debilitarse. Por un lado, el nacimiento de nuevos sujetos en el escenario internacional como consecuencia del desmantelamiento de los imperios coloniales y, por otro, los problemas internos en cada uno de los dos bloques, condicionaron sensiblemente la bipolarización.

Mientras esto sucedía a nivel mundial, la España franquista, emprendió una política de aproximación del régimen a Europa. Obtuvo ciertos convenios de carácter comercial, acuerdos bilaterales que el régimen vendió como "triunfos" pero no logró acceder a las comunidades porque en su camino tropezaba con un obstáculo difícilmente salvable: su propio régimen. Ahora bien, es indudable que la década de los sesenta fue, en general, una década positiva para el franquismo.

Todo lo contrario sucedía con el Gobierno Vasco, y con su principal partido, el PNV. Su debilidad estructural en el interior era evidente. Únicamente las Juntas Extraterritoriales americanas mostraban algo más de dinamismo. De entre ellas, la más destacada, como después explicaremos, fue la venezolana. La situación que vivían los afiliados americanos era, no obstante, muy distinta a la que afrontaba el partido en el interior. El País Vasco experimentó en la década de los sesenta lo que se ha denominado "segundo proceso de industrialización", que conllevó un rápido y notable desarrollo económico, con el consiguiente aumento de las tasas inmigratorias y un efecto "modernizador" en la sociedad vasca, sociedad que, durante esos años, conoció también otros importantes cambios. Destacados sectores de la Iglesia vasca mostraron su postura contraria al régimen franquista, y, en el ámbito cultural, se iniciaron nuevos procesos como el paulatino desarrollo del euskera -nacimiento del euskera *batua* y creación de las primeras ikastolas- o el renacimiento de la literatura o el cine vasco.

No obstante, al margen de estas iniciativas, asistimos a una despolitización general de la sociedad vasca, económicamente acomodada y políticamente apática. En esta situación, las autoridades nacionalistas tuvieron enormes dificultades para transmitir su proyecto político entre los jóvenes vascos, a quienes atraía más el efecto imán de ETA, que había nacido en 1959. El mensaje de ETA influyó en una importante fracción del PNV y, sobre todo, en los jóvenes de Euzko Gaztedi (EG) que empezaban a desconfiar de las caducas estructuras de su partido y de la moderación de sus presupuestos. Pocos núcleos de EG siguieron al pie del cañón. Uno de los que sí lo hizo estaba en Venezuela.

1.2. Venezuela y el grupo de Inza

La guerra civil y, posteriormente, la invasión nazi de Francia y la caída de París provocaron la dispersión de muchos vascos, en general, y de los miembros del Gobierno y dirigentes políticos vascos, en particular. Era indispensable mantener el contacto y establecer una red de relaciones con todos los vascos diseminados por el mundo y, con tal fin, el ejecutivo vasco estableció delegaciones en distintos puntos del Estado y de Europa y América. Las primeras fueron Barcelona, Madrid, Valencia, Alicante, París, Londres, Bruselas-Amberes, Nueva York, Buenos Aires, México, Santo Domingo, La Habana y Caracas. Posteriormente, se amplió la red a otras capitales sudamericanas. Estas delegaciones eran las primeras representaciones no de partido sino de carácter institucional, y lejos de disolverse iniciada la Segunda Guerra Mundial, se mantuvieron activas y dinámicas. Evidentemente, no eran embajadas de un Estado independiente y, por lo tanto, no gozaron de tratamiento diplomático habitual pero sí que obtuvieron reconocimiento político.

Una de las delegaciones americanas más importantes fue la de Venezuela. El exilio vasco había crecido mucho económicamente con la pujanza petrolera del país y por su dinamismo personal y de grupo, y esta Delegación se convirtió en uno de los puntales del mantenimiento del Gobierno Vasco en el exterior. Protagonista indiscutible de esa labor recaudatoria y de colaboración fue el Centro Vasco de Caracas. Fundado por los nacionalistas vascos en 1939, este centro, el más importante de toda América, "era como un gran pueblo de Euzkadi". En el Centro Vasco, y en Venezuela en general, se seguía con una intensidad tremenda todo lo que sucedía en Euskadi. El presidente del centro solía ser miembro del PNV y el vicepresidente de ANV. Su primer presidente fue José María Garate (ex presidente del BB y autor de la letra de *Eusko Gudariak*)[55].

En junio de 1956, siendo presidente del centro José María Etxezarreta, llegó a Venezuela Jokin Inza, un alto y fornido bergarés que había estado encarcelado y había participado en la Resistencia vasca. Arribó a las costas venezolanas con la principal tarea, encomendada por las autoridades del PNV, de conseguir dinero para la Resistencia. Poco a poco, a medida que fue conociendo jóvenes vascos decididos y dispuestos, comenzó a formar un grupo resistente, con un núcleo caraqueño, que después fue ampliándose hasta crear una red con distintos delegados en otras ciudades venezolanas. Bautizaron el grupo como "Euzko Gaztedi del interior (EGI)" para distinguirlo del Euzko Gaztedi (EG) caraqueño que ya existía, y que no era una organización del PNV, sino del Centro Vasco. Los miembros del grupo se reunían semanalmente para informar y reflexionar sobre lo que habían hecho durante esos siete días. Estaban tan bien organizados que montaron una especie de bolsa de trabajo y consiguieron ocupación para muchos vascos. Ellos fueron quienes crearon y mantuvieron Radio Euzkadi.

La principal tarea del grupo EGI era la recaudación de fondos para la Resistencia vasca. La primera iniciativa que pretendieron poner en práctica fue la organización de quinielas de fútbol pero en este terreno chocaron con los intereses de la Delegación de Venezuela, que ya tenía creada una organización llamada "Acción Cultural" para recabar fondos para el Gobierno Vasco. Otros recursos fueron el cobro de cuotas a los miembros de su grupo -cuotas a las que se denominó "Pro juventud Resistente de Euzkadi"-, la organización de comidas populares mensuales en el Centro Vasco -comidas denominadas de "Anaitasuna" (Hermandad)-, rifas, "sablazos" a vascos radicados allí, traducción y venta de libros, realización de películas, venta de caricaturas de gente del centro, de tarjetas de Navidad, de monedas con la efigie de Sabino Arana, de estampillas, calendarios...

En todas esas cosas andaba metido Inza cuando un día, a finales de la década de los cincuenta, se le acercó en el

Centro Vasco un conocido de alias *Matías*, enviado por Sabin Barrena *Bruno*, y le propuso trabajar en Venezuela para los Servicios norteamericanos[56]. Venezuela, recién salida de una dictadura de diez años, era enclave codiciado por el triunfante castrismo. El partido socialdemócrata Acción Democrática, y su líder Rómulo Betancourt, presidente de la República tras las elecciones realizadas en 1959, tuvieron que hacer frente, por un lado, al golpismo de las Fuerzas Armadas y, por otro, a una guerrilla alentada por el gobierno cubano. De ahí la importancia que la inteligencia norteamericana otorgaba a este país, un país, además, rico en petróleo. Para colaborar en su política anticomunista en Sudamérica, los Servicios de Inteligencia norteamericanos contactaron con el grupo de nacionalistas vascos en Caracas, un grupo homogéneo con una clara motivación política, con el que ya habían trabajado durante la Segunda Guerra Mundial. Entonces el enemigo era el nazismo. Ahora, en pleno auge de la Guerra Fría, se trataba de impedir el avance del comunismo internacional.

La inicial respuesta de Inza a *Matías* fue totalmente negativa. Cuando, días más tarde, Sabin Barrena volvió a insistir, también le dijo que no. Pero Barrena -abogado bilbaíno, del PNV y miembro de los Servicios de Información del Gobierno Vasco- logró convencerle con el argumento de que había varios vascos colaborando con los norteamericanos en los Servicios, aunque lo cobrado no revertía ni en el Gobierno ni en la Resistencia, sino en sus propios bolsillos. La necesidad era grande, y la propuesta de los *gringos* un caramelo demasiado apetecible para un Jokin Inza que no olvidaba, ni por un momento, la misión que se le había encomendado. Antes de decidirse, trató la posibilidad con cuatro personas de su grupo, *Ricardo, Ramón, Iván* y *Carlos*, "El cuarteto", y entre los cinco decidieron que sí, que sí colaborarían con los Servicios de Inteligencia norteamericanos, con la condición de que todos los implicados aportaran una parte de lo que cobrasen para la Resistencia vasca. Posteriormente, el número de agentes vascos se amplió a unas diez personas. La identidad de algunos de esos agentes he conseguido descubrirla, pero Inza, en su libro *Hombre libre sin patria libre*, no quiso desvelarlas por temor a herir a sus familias, y yo voy a respetar esa decisión. El alias utilizado por Jokin Inza fue *Pedro*. Su trabajo como *Pedro* consistió en conseguir personal idóneo para dichas labores[57].

Barrena puso a Inza en contacto con *Chano* o *señor Chinok*, jefe de los servicios americanos en Venezuela, con el que se reunía periódicamente en apartamentos alquilados al efecto. En esos encuentros, Jokin suministraba a *Chano* informes elaborados por sus hombres, que se habían infiltrado en el Partido Comunista o tenían relación con actividades previsiblemente subversivas. Cuando *Chano* subió en el escalafón profesional, le sustituyó otro joven al que llamaban *Juan*, y a éste le sucedió *Alberto, Al*.

Lógicamente, Inza no habría dado el sí a Barrena si no hubiese contado con el beneplácito de los lehendakaris Agirre y Leizaola, del EBB y de su admirado Joseba Rezola. Inza y su grupo de agentes siempre trabajaron en secreto. Al margen de los mencionados, nadie de la colectividad vasca venezolana conocía estas actividades, ni siquiera los propios integrantes del Grupo EGI, que se reunían semanalmente en el barrio de La Candelaria y que dieron vida a la revista *Gudari* y a Radio Euzkadi. Sólo una vez, en una de esas reuniones, alguien advirtió que los gastos eran superiores a los ingresos consignados por el tesorero y se interesó por cómo se cubría el déficit y de dónde llegaba ese dinero. Se le informó que procedía de unos amigos de Jokin quienes no querían que su identidad fuese desvelada.

Hubo, por tanto, dos cajas: una la de Euzko Gaztedi del interior (EGI), cuyo tesorero era Peli Irizar (posteriormente Endika Erkoreka) y otra, la de los Servicios, administrada por Sabin Barrena, *Bruno,* y cuando éste cayó preso, en junio de 1961, por *Iván*. El capital proveniente de los servicios, una parte se entregaba al tesorero de EGI y el resto se gastaba en lo que Jokin creía necesario: en *Gudari*, en Radio Euzkadi, en la realización de películas, en envíos a ELA, a Rezola, etc.

En 1960 falleció el lehendakari Agirre. Fue un duro golpe también para la colectividad vasca de Venezuela. Jokin Inza viajó a Iparralde para entrevistarse con las autoridades del PNV y de la Resistencia y saber si debía seguir trabajando para los americanos. Volvió a Caracas con instrucciones del nuevo lehendakari, Jesús María Leizaola, de continuar con los servicios.

Estos trabajos se mantuvieron aproximadamente una década más. En esos años, Jokin Inza y sus hombres vivieron vicisitudes propias de película. En 1964, por ejemplo, cuando fue registrada la casa de uno de los suyos en Maracaibo, los americanos, por si las moscas, propusieron dar una nueva personalidad a Inza. Un especialista enviado por los servicios le fabricó una peluca a medida, le puso gafas y bigote y Jokin Inza se convirtió así, según la documentación facilitada, en Carlos Berridi Unzueta. De vez en cuando visitaban el domicilio de Inza otros agentes americanos para inspeccionar la instalación de micrófonos de escucha.

A finales de los sesenta-principios de los setenta, los norteamericanos comunicaron a Inza que el trabajo que estaban realizando para ellos había llegado a su fin, porque consideraban que todo estaba bajo control en Venezuela. Pocos años más tarde, le propusieron instalarse en Chile pero él declinó la propuesta porque sus principios morales le impedían trabajar en contra de un gobierno elegido democráticamente. Algunos miembros del cuarteto, concretamente *Iván* y *Ricardo*, continuaron en el seno de los servicios, pero lo hicieron directamente, a título individual, y no como miembros de la Resistencia vasca. El 15 septiembre de 1971 Jokin Intza llegaba a Donibane Lohitzune. Allí comenzó un nuevo período de su vida.

2. LA TXALUPA

La puerta francesa se había cerrado en 1954. El régimen franquista se había rehabilitado internacionalmente. Nuevos actores -ETA, organizaciones del movimiento obrero, sectores del clero vasco...- se sumaron a la lucha antifranquista. El lehendakari Agirre había muerto en 1960 asestando un duro golpe al ya maltrecho Gobierno Vasco. Fue la puntilla a una década *horribilis*. En tan negativas circunstancias, y quizá precisamente por esas circunstancias tan adversas, había personas dentro del engranaje del Gobierno Vasco que no cejaron en el empeño de recuperar la radio que tantos sudores les había costado pero que tantas alegrías les había proporcionado.

Probablemente no cesaron de intentar recobrarla en los once años en los que Radio Euzkadi estuvo muda. Me cuesta imaginar a un Joseba Rezola -vicelehendakari ahora y además representante de los nacionalistas vascos en varios organismos pro-europeos internacionales- cruzado de brazos. Todo lo contrario, aprovecharía los descansos de todas -y fueron muchas- las reuniones a las que asistió para solicitar aquí y allá ayudas y complicidades para poder reinstalar la radio vasca. La connivencia provino esta vez, no de las democracias europeas, que ya ni se empeñaban en disimular las relaciones bilaterales con la España franquista, sino de uno de los países en lo que la colonia de exiliados vascos mayor fuerza había adquirido: Venezuela. Allí, el grupo de jóvenes de EGI tomó el testigo de Rezola, quien desde Laburdi siguió trabajando como uno más hasta el día de su muerte.

2.1. El negocio Irrati

El grupo caraqueño EGI era un grupo muy activo. En 1960, Rezola contactó con Jokin Inza para hablarle de la posibilidad de instalar la emisora clandestina vasca en tierras venezolanas. Inmediatamente, Inza planteó el asunto en la reunión que semanalmente celebraban en un local del barrio de la Candelaria. No hubo ninguna voz en contra. Tampoco era de extrañar tratándose de un grupo tan comprometido y dinámico como aquél. Montar una radio que pudiera escucharse desde el otro lado del Atlántico y cuyo objetivo era atacar a Franco y a su régimen, constituía un reto ilusionante para ellos, jóvenes con enormes ganas de luchar. Por ese lado, por tanto, una respuesta favorable era más que previsible.

Sin embargo, el proyecto tardaría cinco años más en materializarse porque, evidentemente, para que ello fuera posible tenía que contar, si no con el apoyo, sí con el permiso o, al menos, como había sucedido en Iparralde, con la solapada complicidad de las autoridades venezolanas. Fue Iñaki Zubizarreta -esposo de Maite Leizaola, sobrina del lehendakari- quien llevó a cabo los primeros tanteos en este sentido. Él conocía a varios dirigentes del partido Acción Democrática y se entrevistó con ellos para ponerles al corriente de sus propósitos. En un principio, consideraron factible la instalación de la emisora y no pusieron objeción alguna. En aquella época, el Gobierno venezolano mantenía una distante y fría relación diplomática con el régimen de Franco. Durante los años siguientes, Alberto Elosegi, Iñaki Zubizarreta y Xabier Leizaola -los tres importantes pilares de la futura radio- fueron quienes gestionaron el asunto con autoridades venezolanas como Alberto Gonsálvez -de Acción Democrática- o Reinaldo Leandro Mora -ministro de Interior, posteriormente de Educación-. Pronto se vio que no era preciso contar con la autorización expresa del presidente venezolano. Al tratarse de una emisora clandestina, bastaba con "ganarse" a un elemento influyente en la vida política venezolana, alguien que estuviera al corriente de los pasos que se dieran para, en caso de que la emisora fuera descubierta, dar el primer aviso y evitar mayores consecuencias.

Estas gestiones siguieron su curso pero el tiempo corría y Rezola no era hombre de quedarse parado. Mientras se esperaba una resolución favorable por parte venezolana, el ordiziarra jugó también la carta europea. En octubre de 1963, Rezola partía hacia Roma para participar en unas jornadas de la comisión cultural de los *Nouvelles Equipes Internationales* (NEI), la más importante organización internacional demócrata cristiana a nivel europeo. No quiso perder esta oportunidad para plantear el asunto de la radio a personalidades de la *Democrazia Cristiana* (DC) italiana. Se entrevistó con Paolo Taviani -ex secretario de la DC y ex ministro de Gobernación-, a quien propuso dos posibilidades no excluyentes: una emisión en la Radio Televisión Italiana o colaboración para el establecimiento de una emisora clandestina. Taviani le aconsejó contactar con Ettore Bernabei, director de la RTI, pero Rezola no pudo llegar hasta él. Logró, eso sí, entrevistarse con subordinados suyos, quienes le transmitieron que Bernabei no podía tomar ese tipo de decisiones porque estaba sometido al doble control de una comisión parlamentaria y de la presidencia del Gobierno.

Echando el balón a otro tejado, posibilitaron una entrevista del vasco con Federico Biagi, presidente de la *Democrazia Cristiana* y ministro de Relaciones Exteriores de la República de San Marino. La respuesta fue, también en este caso, negativa. Las razones esgrimidas fueron tres. En primer lugar, en virtud de una convención que mantenían con Italia, no podían existir emisoras allí; en segundo lugar, porque a la mentalidad profundamente neutralista de los sanmarineses aquello les parecería *poco menos que una herejía*; y, en tercer lugar, porque era impensable salvaguardar la clandestinidad en un territorio de 60 kilómetros cuadrados y 14.000 habitantes. De vuelta en la capital italiana, Rezola participó en varias reuniones más. La única puerta que quedó abierta fue la posibilidad de una emisión en español para toda España en la Radio Italiana.

El batacazo no hizo mella en el ánimo del viejo gudari. Al año siguiente, volvió a aprovechar las citas de los NEI para plantear de nuevo el negocio *Irrati* -éste e *Irarragorri* fueron los nombres utilizados en la correspondencia para referirse a la emisora-. En Florencia entró en contacto con el diputado Nicola Pistelli y el periodista Remo Gianelli, quienes prometieron hacer público el asunto de la radio en la revista *Política*. Gianelli llegó a entrevistarse con Bernabei pero sin resultado positivo. Igualmente infructuosas resultaron las gestiones tanteadas en Bélgica, Irlanda o Escocia, país éste último donde a punto estuvo de lograrse la puesta en marcha de Radio Euzkadi[58]. Hubo contactos incluso con gobiernos africanos como el de Túnez y Argelia, que inicialmente permitieron albergar alguna esperanza, pero todo quedó *en agua de borrajas*[59]. Rezola dirigió de nuevo su mirada hacia el continente americano.

2.2. La copiadora

En diciembre de 1964, parecía que los esfuerzos de los jóvenes de EGI por fin iban a dar resultado. Ello dependía en gran medida de que todo aquel asunto se llevara en el más absoluto de los secretos. Ya en una de las reuniones de 1962, los miembros del grupo realizaron el juramento de que a nadie comentarían la empresa que tenían entre manos, el negocio *Irrati*. Ellos y Rezola serían los únicos conocedores del tema. Ni siquiera el lehendakari Leizaola debía estar al corriente hasta la definitiva instalación de la emisora. A finales de 1964, cuando parecía que finalmente el sueño iba a materializarse, la discreción era más importante que nunca. Por ello decidieron que, en adelante, cuando tuvieran que hacer referencia a la radio o escribir cartas en las que se citara ésta, la llamarían *copiadora*, y que, cuando saliera al aire, debían hacer creer al mayor número posible de personas que la emisora estaba instalada en un fiordo noruego. Para que este extremo resultara más creíble llegaron incluso a repartir tarjetas con la imagen de un paisaje nórdico con una enorme antena. La discreción era forzosa porque a los enemigos que podían encontrar en la Embajada española, "se añaden ahora los de ETA, que son tal vez peores porque están más en contacto con nosotros"[60]. Además, si la existencia de una radio clandestina se hiciera pública, no habría ministro de Interior que pudiera oficialmente denegar una investigación en caso de que el Gobierno español la solicitase.

En el interior, ahora sí, era el momento de informar del asunto *Copiadora*. Decidieron hacer partícipes del mismo únicamente al lehendakari Leizaola y al líder nacionalista Mikel Isasi[61]. Además, para inducir al despiste, se transmitió a unas pocas personas y en el mayor de los secretos que la *copiadora* quedaría instalada en Noruega. Acordaron que el contacto en Venezuela sería Alberto Elosegi y en Francia Mikel Isasi, quien haría de buzón para reexpedir las noticias, comentarios, etc., es decir, quien recopilaría y enviaría las colaboraciones necesarias a *Noruega*.

Conseguidas las oportunas autorizaciones, el siguiente paso consistía en adquirir el material e instalarlo. Los estudios e informes emitidos a requerimiento de Jokin Inza por los ingenieros electrónicos José Joaquín Azurza -viejo conocido de Radio Euzkadi- e Iñaki Elguezabal en 1960, nada más plantearse el proyecto, habían garantizado que técnicamente era factible la instalación de una radio en Venezuela y que ésta pudiera ser oída en Euskadi. El informe de Azurza aconsejaba localizar la emisora relativamente cerca de un centro de población importante, con el fin de favorecer las labores de logística. Ahora bien, para facilitar a las autoridades locales la tarea de argüir ignorancia acerca de la localización allí de una estación de radio, era conveniente que el emplazamiento definitivo distara unos 15 o 20 kms. de la ciudad. Por su parte, Elguezabal recalcaba que para operar legalmente una estación de radiodifusión en Venezuela, había de ser el propio gobierno del país quien asignara la frecuencia. ¿Qué significaba esto? Pues que si España recibía transmisiones *subversivas* en una frecuencia destinada al Gobierno venezolano, y las autoridades franquistas tomaban cartas en el asunto o efectuaban algún tipo de denuncia, la dirección de aquel país no podría negar oficialmente el conocimiento de dichas emisiones. La única manera de que la emisora vasca pudiera funcionar en Venezuela era, pues, siendo una emisora clandestina[62].

A finales de 1965, Azurza supo que, en enero, la SHELL -una compañía venezolana que disponía de un sistema de comunicación propio entre sus refinerías de petróleo- iba a sacar a subasta un transmisor, que aunque tenía más de veinte años, era de las características que el negocio

Copiadora requería. Adquirieron el aparato por 5.650 bolívares -algo más de lo que en principio habían ofrecido-, sufragados en su mayor parte por el nacionalista Ramón Atxondo[63]. Se trataba de un equipo de 5 kw, doble, es decir, con dos transmisores completos de la misma potencia y que, por tanto, podría funcionar al mismo tiempo en dos frecuencias distintas. Los transmisores fueron bautizados por los *noruegos* como *los mellizos*, a uno se le llamó *Pedro* y al otro *Pablo*. Los gastos de transporte, instalación, etc. elevaron el coste total de la operación a 50.000 bolívares. Esta cantidad se pudo financiar gracias a la colaboración de Ramón Atxondo y de otros tantos vascos radicados en Venezuela a quienes un Jokin Inza incansable *ordeñó* sin cesar. El dinero logrado con la venta de estampillas, tarjetas, sellos con la efigie de Sabino Arana, monedas de oro, plata y cobre... se utilizó también para el desembolso.

El aparato ya lo habían adquirido. Pero ¿y el lugar donde ubicarlo? En febrero de 1965, Inza viajaba a la ciudad de El Tigre, al noreste de Venezuela, donde encargó a Iñaki Urizar y Ramón Atxondo el cometido de encontrar un lugar idóneo. El segundo, tan desprendido como siempre, se comprometió a pagar, durante los seis primeros meses de vida de la emisora, el sueldo de la persona que estuviera *in situ* al cuidado de *la copiadora* y, por si esto fuera poco, les regaló un trailer o el dinero ofrecido por su venta, 7.000 bolívares.

Sin embargo, razones logísticas -señaladas desde el principio por Azurza- inclinaron la balanza hacia otro emplazamiento situado a 50 kms. de Caracas, un lugar en plena selva venezolana, al que, en su lenguaje particular, los muchachos de EGI llamaron *Macuto* o *Mendibe*. Se accedía allí por una carretera de bajo tránsito que unía la capital con la población de Santa Lucía. La entrada que conducía a la estación se hallaba unos cinco kilómetros antes de dicha población. Desde esta entrada, difícil de descubrir, por un accidentado camino de aproximadamente un kilómetro y medio, se accedía al lugar exacto donde se instaló la estación, la hacienda "La Virginia". El sacerdote vasco Bonifacio Urkizu, párroco de Santa Lucía, hizo las veces de mediador entre Azurza y Luis José García, propietario del lugar elegido para establecer Radio Euzkadi. García era consciente de los riesgos que acarreaba la operación pero, a pesar de ello, cedió el terreno gratuitamente. Años más tarde, el propio lehendakari Leizaola agradeció directamente aquel generoso gesto. Posteriormente, tras uno de los toques de atención de las autoridades venezolanas, García se asustó y solicitó la firma de un contrato y empezó a cobrar 800 bolívares mensuales en concepto de "alquiler" del lugar.

En la primavera de 1965, Inza y sus amigos disponían ya del transmisor y del terreno para instalarlo. Azurza y Elguezabal estudiaron el lugar y determinaron los trabajos necesarios para poder emitir desde allí. Ambos apostaban por utilizar los mejores medios a su alcance -instalación de una antena rómbica, compra de generador...- para salir al aire en plena potencia. Rezola e Inza también estimaron conveniente esta inversión inicial porque *gaizki edo erdipurdi asten bagera izena galduko degu ta gero irabazten zaill izango zaigu*[64]. Además, la necesidad de que todo saliera bien se hizo más apremiante dada la posibilidad de que ETA pudiera disponer de una emisora en Argelia.

Durante varias semanas, y bajo el asesoramiento técnico de Azurza y Elguezabal, trabajó en *Macuto* una cuadrilla de once hombres y un maestro de obras, trabajadores todos ellos de la empresa que Elguezabal tenía en sociedad con otro abertzale. Contaron con el apoyo de todos los miembros del EGI caraqueño, quienes se afanaron *duro, muy duro; todos a pico y pala,* manteniendo aquello en el más riguroso secreto, algo harto difícil habida cuenta de lo peliagudo que resultaba encontrar excusas adecuadas y creíbles para tantos fines de semana -e incluso vacaciones de Semana Santa- de ausencia. A finales de marzo ya se habían fabricado la vivienda del *guardián* -aún sin propietario- casetas, cercas, etc. Quedaban por instalar las picas -800 metros de calle abierta en un bosque para la antena-, las líneas entre la *copiadora* y la antena, y las casetas donde se iban a situar el transmisor y el generador. Azurza ideó un pequeño vocabulario para poder comunicarse sin ningún temor con Rezola durante el tiempo que durasen las obras: a la antena la llamarían espejo o *ixpillua*; al generador, *tximist indar jeneradorea,* molino o *errota*; a las cintas magnetofónicas, cliché o *klitxia*.

Trabajaron duro para poder salir al aire en Aberri Eguna pero no pudo ser. La mano de obra era voluntaria y, además, *Macuto* se hallaba junto a un emplazamiento habitual de cazadores furtivos, por lo que tuvieron que levantar otra cerca y realizar tareas que a priori no imaginaron. *Es todo como en una novela de Salgari,* bromeaba Elosegi[65]. A principios de mayo las líneas de alimentación, los agujeros de la antena, las cercas y portones, los techos, puertas y ventanas estaban terminados. Quedaba pendiente aún la búsqueda del candidato idóneo para operar en *la copiadora*, es decir, de una persona que quisiera y estuviera preparada para vivir en medio de la selva, rodeado de serpientes y demás bichos y animales. El elegido fue Ixaka Atutxa, un galdakaoarra de *Jagi Jagi* que había pertenecido a la Brigada Vasca. Consiguieron un jeep que, aunque algo viejo y usado, era necesario para que Ixaka pudiera desplazarse a la capital, tanto para su avituallamiento como para transportar las cintas de los programas. Aunque lo cierto es que el hombre, aunque sabía manejar el coche, carecía de permiso de conducción.

El terreno estaba prácticamente preparado. El generador estaba ya en su sitio y sólo faltaba transportar a *Macuto* el aparato transmisor. Pero no consiguieron el vehículo adecuado para ello porque el camino a la finca era el lecho de un arroyo que se tornaba lodazal en época de lluvias. Por este motivo los planes sufrieron otro retraso. El tercer fin de semana de mayo, el vigilante-operador estrenó la que en adelante, y durante doce años, sería su morada. Se instalaron la cocina y algunos muebles para que la vida de Atutxa allí resultara lo más acogedora posible. A finales de mes se pudo trasladar por fin el transmisor o *copiadora*, que acabó de instalarse en las siguientes semanas, a lo largo de las cuales se ultimaron también las tareas finales, entre ellas, la colocación de cuatro postes descomunales, de 22 metros de alto, para la instalación de la antena, un tablero de control del generador, la instalación de luz eléctrica, el alumbrado de emergencia con batería, el tendido de alambres de líneas y, finalmente, la antena rómbica.

Los programas, sin embargo, no se preparaban ahí sino en la "redacción", denominada *El Paraíso*. Su primera localización fue una habitación cedida por Iñaki Elguezabal. Allí se guardaron los discos, el tocadiscos, el grabador, los micrófonos, la mesa para los locutores y algunas sillas. Posteriormente, el "estudio" se trasladó a una habitación del domicilio de Isaías Atxa, en un edificio de la Avenida Paraíso; de ahí el nombre utilizado para designarlo. Tres edificios más albergaron los estudios de esta Radio Euzkadi: los edificios Aldomar, La Sierra -en la Avenida Libertador- y el Pacairigua- en la Avenida Francisco Miranda-, aunque a todos ellos se les siguió denominando *El Paraíso*.

En *El Paraíso* trabajaba una comisión de redacción encabezada por Xabier Leizaola, y en la que jugó un papel destacadísimo el ya citado Alberto Elosegi, alma en ese momento de la revista *Gudari* y, como posteriormente veremos, alma también, a partir de ese instante, de Radio Euzkadi. Utilizaban la información recopilada en la prensa escrita o noticias y colaboraciones enviadas desde Europa por Mikel Isasi y Joseba Rezola. Diseñados los programas, se grababan en cintas magnetofónicas o *talos*, que un enlace -Miguel Briceño- transportante, en aproximadamente una hora, a *Macuto*.

El 21 de junio se realizaron las pruebas de grabación con voces de los miembros del grupo. Eligieron a dos que leían perfectamente en castellano, euskera e incluso francés: Joseba Arriaga y José María Zugarramurdi. Ellos fueron los primeros locutores de Radio Euzkadi en la etapa venezolana.

Los jóvenes de EGI no quisieron anunciar la salida al aire de Radio Euzkadi, hasta asegurarse de que sus ondas alcanzaban los 8.000 kms., es decir, la distancia que separaba Venezuela de Euskadi. La verdad es que, a pesar de que *pusieron toda la carne en el asador*, todavía albergaban ciertas dudas -lógicas, por otra parte, para alguien no ducho en la materia- y decidieron realizar pruebas de emisión para cerciorarse de que los positivos augurios de Azurza y Elguezabal se cumplían. Azurza era uno de los pocos que no dudaba de que *la copiadora* pudiera alcanzar su objetivo, Euskadi, con fuerza y nitidez. No lograría el nivel de los más poderosos aparatos empleados en actividades perfectamente legalizadas por instituciones estatales, pero el transmisor era de calidad y lo más potente que aquellas circunstancias permitían. Si algún recelo cabía en la mente de Azurza, éste se refería a la "ilegalidad" de la emisora. Si los representantes de El Pardo descubrieran la localización de Radio Euzkadi podían llamar al orden a las autoridades venezolanas. Pero confiaba el donostiarra en que el asunto no pasara de ese toque de atención porque la legislación para ese tipo de empresas no autorizadas no era excesivamente dura en Venezuela. Alberto Elosegi no estaba tan seguro y remarcaba, una y otra vez, la necesidad de *andar con pies de plomo*. El Gobierno venezolano no podría protegerles en caso de que Manuel Fraga, a la sazón ministro de Información y Turismo, presentara pruebas evidentes del funcionamiento en el país americano de una emisora clandestina vasca.

Por consiguiente, la discreción era indispensable. Que alguien no pudiera resistirse al *gusanillo de la parlanchinería* era el principal temor de aquellos hombres, porque desde el principio, hubo escapes que pusieron en peligro la salida al aire de Radio Euzkadi. Desde Argentina o Donostia-San Sebastián se recibieron cartas de personas que se habían enterado de los planes a través de *patinazos* de terceros. Joseba Rezola tenía su propio remedio para los que hablaban más de la cuenta: "Tres son los enemigos en potencia, la imprudencia, la chivatería y el caso fortuito. La imprudencia se evita procurando que el número de personas enteradas sea el menor posible y que a éstas se les imbuya el mayor secreto, es decir, que se les recomiende que nada digan aún a riesgo de quedar a mal con los amigos. Contra la chivatería y contra el caso fortuito no hay otra solución que el hacer las cosas con la máxima discreción y no fiarse de nadie. El equipo de ahí debe ser reducido al mínimum y sus miembros deber prestar juramento de guardar secreto de todo lo que pueda suponer una pista"[66].

El día 27 de junio fue el elegido en principio para comenzar con las primeras pruebas. El objetivo era saber definitivamente si los vaticinios se cumplían y "La Voz de la Resistencia vasca" podía oírse desde Euskadi. Decidieron no identificarse aún y transmitir inicialmente música vasca "bailable y alegre", para pasar después a programas de media hora. Tras pedir consejo a Rezola y analizar pros y contras de los diferentes horarios, frecuencias y longitudes de onda, se acordó realizar las pruebas entre las 12:00 y 13:30 horas y las 20:00 y 23:00 horas -hora europea- en frecuencias equivalentes a 23 y 20 metros, es decir, onda corta. Sólo quedaban por instalar los alambres de los postes pero uno de ellos se torció y la fecha de salida hubo de posponerse, una vez más. Por fin, a mediodía del sábado 10 de julio pudieron realizar las primeras emisiones de prueba.

Azurza envió un telegrama de aviso a Rezola: "Pedro está de viaje desde hoy horas 10:00 GMT Agradecemos aviso urgente Alberto llegada esa. Jorge Juan". La contestación "Sin rastro Pedro hasta momento" cayó con un verdadero jarro de agua fría sobre los *noruegos*. Aun así, en los siguientes días siguieron insistiendo y, por fin, el día 14, llegaban de Donibane Lohitzune las primeras noticias de escucha positivas y el 21, recibían el telegrama que decía "Llegó Pedro bien salvo afección garganta. Escribo. Joseba". Por carta, Rezola confesó a Elosegi que el 20 de julio de 1965 sería para él "una fecha memorable". Desde ese momento y hasta el final de su vida, el "padre de la criatura", día tras día, encendió la "Phillips" que sus hermanos le habían regalado hacía diez años y al que había acoplado una antena de televisión, para estar a la escucha de "su" Radio Euzkadi, y poder enviar a Azurza y a Elguezabal informes que permitieran mejorar las condiciones de recepción de las emisiones[67].

Ente tanto, dejaron de emitir a mediodía porque la audición no era favorable, pusieron en marcha a "Pablo" y en *El Paraíso* empezaron a confeccionar y a grabar programas. En Beyris -barrio de Baiona donde se hallaba Villa Izarra, sede del EBB- seguía habiendo escépticos que no confiaban en las posibilidades de la emisora clandestina pero muchos de los que albergaban dudas, tuvieron que rendirse ante la evidencia: las emisiones de Radio Euzkadi llegaban cada vez con mayor nitidez. El grupo de Caracas estaba verdaderamente eufórico y llenó de ánimo, más aún cuando recibían informes de escucha. Por ello, pidieron a Isasi y Rezola que solicitaran al Gobierno Vasco la concesión de un buzón o apartado postal donde los oyentes pudieran enviar informe, cartas o sugerencias. El apartado adjudicado, que se anunció en muchas de las emisiones, fue el siguiente: Boîte Postale, nº 59, XVI, París 16, France.

Sin embargo, ese primer entusiasmo pronto se convirtió primero en susto y después de desilusión. El 1 de octubre de 1965, pocos días antes de la inauguración oficial de la emisora, los chicos de Caracas, merced a un informe confidencial del *señor Chinok*, agente de los servicios de inteligencia norteamericanos, habían sabido que "los mellizos" -los dos transmisores- estaban interfiriendo las comunicaciones comerciales entre EEUU y Gran Bretaña. Las autoridades de estos países se habían quejado y una compañía de ingenieros especializados en comunicaciones había logrado detectar y localizar ambos, llegando a la conclusión de que estaban situados en los alrededores de Caracas. La persona que facilitó el informe imaginaba que, de inmediato, llegaría la presión diplomática por parte de Franco.

En reunión urgente, Xabier Leizaola, Alberto Elosegi y Jokin Inza decidieron -aunque en principio éste último opinara lo contrario-, dejar de emitir, pues lo último que querían era atraer la ira y las quejas de las firmas interesadas. Elosegi revisó detalladamente las cartas de Azurza -en París por aquellas fechas- y llegó a la conclusión de que era "Pablo" quien estaba interfiriendo algo no comercial pero que, sin embargo, molestaba enormemente a alguien. Elguezabal, que sustituía a Azurza, y al que apodaron *Ireneo*, cambió la frecuencia de "Pablo" mientras emitían únicamente con "Pedro". Pocos días después, "Pablo" sufría una avería. No acabaron ahí los sustos. Elosegi tenía la sospecha de que los miembros de Acción Nacionalista Vasca (ANV) Jesús Ostariz, Carlos Otaño y Luis Las Heras, habían interceptado una carta enviada por Mikel Isasi y creía que el "secreto" podía ser descubierto. Por si esto fuera poco, peones de la finca vecina se acercaron a *Macuto*. Todo eran complicaciones en esos días previos al estreno oficial de la emisora pero, como el propio Elosegi reconocía, episodios como aquellos eran inevitables. Afortunadamente, esta vez, aparte del susto, no sucedió absolutamente nada.

Además, solo unos pocos tuvieron conocimiento de estos sucesos. Los jóvenes del grupo no se enteraron de nada y siguieron manteniendo el mismo júbilo y entusiasmo del principio. Todo estaba listo y preparado para la inauguración oficial de la emisora. *OPE* y *Gudari* anunciaron la vuelta de Radio Euzkadi al universo de las ondas. Ahora ya no había miedo al fracaso. Habían demostrado que "La Voz de la Resistencia vasca" podía e iba a oírse en Euskadi.

2.3. De copiadora a txalupa

A las 21:30 (hora de Euskadi) del día 15 de septiembre de 1965 comenzó la emisión inaugural de Radio Euzkadi. Fue un programa preparado con muchísima antelación. De hecho, los platos fuertes de aquella emisión, la alocución en euskera y castellano del lehendakari Leizaola y un texto titulado "Nuestra segunda etapa" redactado por Joseba Rezola, estaban listos desde las pruebas de julio (véanse anexos 11 y 12). El mensaje del lehendakari fue publicado en *OPE* y *Gudari*. El encargo del editorial a Rezola fue un acto de deferencia hacia el fundador de la radio clandestina y, por supuesto, no podía ser otro que él el primero que escribiera a Caracas para compartir con los miembros del equipo de Radio Euzkadi la alegría que había sentido oyendo aquella emisión inaugural: "El día de ayer quedará en el calendario vasco como fecha del nacimiento de la Radio Euzkadi o mejor dicho del renacimiento de ese gran instrumento que tiene que dar mucho juego en la lucha por la libertad de nuestro pueblo. Creo yo que consciente o inconscientemente es lo que hace el efecto de una bomba y pude comprobarlo anoche una vez más. Esa bomba explota en mil sitios a la vez y la explosión se reproduce todos los días. Llega a hogares donde no tienen acceso al papel y se le recibe sin riesgo de ninguna clase"[68]. La única objeción que se permitió hacer el *padre de la criatura*, -"a fuer de abogado del diablo" como él diría- fue la relativa a la escasez de noticias radiadas y, sobre todo, cómo no, a la falta de algún comentario en euskera.

Habían dado un gran paso: conseguir que Radio Euzkadi echara a andar. Ninguna de las personas que se había embarcado en la aventura tenía grandes esperanzas en el porvenir de la emisora y menos aquellos que no estaban implicados en el asunto. No era fácilmente creíble que un grupo de jóvenes, la mayoría inexpertos en temas radiofónicos, pudiera hacerse oír a miles de kilómetros de distancia. ¡Y eso que no sabían que los transmisores se encontraban en medio de la selva y a cargo de alguien que desconocía completamente su manejo! Lo cierto es que el mismo hecho de emitir durante trece años en aquellas condiciones supuso un gran alarde técnico.

Azurza y Elguezabal realizaron una meritoria labor con sus "mellizos", llamados así, ya quedó dicho, por tratarse de una emisora doble, es decir, concebida para funcionar en servicio permanente con los dos transmisores. En condiciones normales cada emisor hubiera requerido su propia antena; no obstante, a sabiendas de que "Pedro" y "Pablo" podían perturbarse mutuamente, se optó por conectar ambos a la misma. Los transmisores fueron acondicionados para obtener el máximo posible de potencia de voz, sacrificando algo la calidad musical y la nitidez de timbre de la voz humana.

Durante los primeros meses de funcionamiento se observaron bastantes averías en los transmisores, debido a que estaban humedecidos por la falta de uso y porque las emisiones de prueba coincidieron con la época de inundaciones. Pero, poco a poco, los ingenieros consiguieron subsanar estos iniciales inconvenientes. Lógicamente, en tan largo período de tiempo hubo otros problemas técnicos pero no fueron grandes averías. El ingeniero Jon Gómez -uno de los miembros del grupo, posteriormente responsable de la emisora- nos ha contado sonriendo el día en que tuvo que subir aquellos grandísimos postes con una especie de "alforja" -"como si estuviera recogiendo cocos"- y permanecer durante tres horas arriba, en la antena, hasta solucionar el problema[69].

Los *noruegos* tenían la ventaja de que si uno de los dos transmisores no funcionaba, aún les quedaba el otro. La única pega era que los oyentes que intentaran sintonizar la emisora en la frecuencia correspondiente al transmisor enmudecido, se encontraban con el silencio más absoluto.

En caso de interrupción parcial, es decir, si se acallaba uno de los dos aparatos, el operador esperaba a que llegara desde Caracas el emisario con los siguientes programas para dar aviso de la avería. Si la interrupción era total, era el mismo Ixaka quien personalmente viajaba a la capital para dar parte de lo sucedido, y en esas ocasiones, la reacción era cosa de pocas horas. En porcentaje de días transmitidos, estas interrupciones no fueron muy frecuentes.

Pero la calidad de las emisiones no dependía únicamente de los medios técnicos. También influían otros factores, tales como las interferencias, las condiciones climatológicas, de propagación, atmosféricas, el horario, la estación del año... Tras las pruebas de emisiones, se decidió radiar todos los días entre las 21:30 y las 23:30 en ondas de 19 (15.020 kc.) y 23 (13.250 kc.) metros. Además de por razones técnicas de idoneidad, las ondas elegidas lo fueron por otra ventaja adicional: eran de tal alta frecuencia que solamente se propagaban a distancia visual directa desde la emisora, lo cual raramente excedía de 15 kms. en terreno plano, menos aún en montañoso. ¿Y eso qué significaba? Pues que, si los franquistas interferían desde Artxanda, pongamos por caso, la interferencia afectaría a todo el centro de Bilbao, pero seguramente ni siquiera se percibiría en Santurtzi o Durango, y mucho menos en puntos más alejados de Bizkaia, y, por tanto, la interferencia resultaría local. Por ello, el enemigo, si pretendía ser efectivo, no tendría más remedio que llevar a cabo las interferencias en todas las zonas densamente pobladas y en las dos frecuencias utilizadas.

Una txalupa en Noruega. Radio Euskadi en Venezuela (1946-1954)

Pero, a pesar de las ondas elegidas y de la ventaja de tener dos transmisores, la interferencia franquista -la *cotorra franquista* como la llamaban los *noruegos*- no cejó en su empeño de acallar "La Voz de la Resistencia vasca". Las interferencias se realizaron desde Madrid, Bilbao, Barcelona y Donostia-San Sebastián. En verano, debido a las condiciones climatológicas, la *cotorra* era más intensa. Sin embargo, al parecer, esas interferencias se realizaban *a ojo de buen cubero* y, por tanto, no siempre daban en el clavo, razón por la cual no importunaron excesivamente a Radio Euzkadi. Además, su mera existencia era clara señal de que molestaban a quien tenían que molestar.

Azurza pedía controles efectuados desde Euskadi, informes describiendo las interferencias descritas como "pitidos continuos chirriantes que suenan como un zumbido constante, o como gorgoritos de unos pájaros"[70]. La solución para sortearla consistió en efectuar de vez en cuando cambios de onda de una emisión a otra y, a veces, incluso dentro de cada emisión. La cotorra fue especialmente intensa a finales de 1970, coincidiendo con el proceso de Burgos. La censura y la interferencia franquistas operaron en todos los medios de comunicación contrarios al régimen. En Anoeta se instaló una estación desde la que todos los días un sargento y cuatro soldados se afanaban en perturbar, a ser posible silenciar, las emisiones de radio y televisión que molestaban al régimen. Naturalmente, Radio Euzkadi fue uno de sus blancos favoritos. Recordando las iniciativas de Iparralde, también se calibró, durante esta nueva etapa, la posibilidad de interferir TVE, la televisión oficial del franquismo, y en 1967, estuvieron a punto de efectuarla. El principal instigador de este plan fue Juan Ajuriaguerra -el líder más importante del PNV- y quien lo iba llevar a cabo, quién si no, José Joaquín Azurza.

Complicaciones surgieron también, ya lo hemos mencionado, cuando las condiciones atmosféricas o climatológicas provocaban que uno de los transmisores, generalmente "Pablo" -el que funcionaba en 19 metros- se oyera a la perfección en Caracas y otros puntos de Venezuela. En estos casos no había más remedio que silenciarlo y trabajar únicamente con "Pedro" o trasladar a "Pablo" a otra onda. "Pedro" emitió siempre en 23 metros sin apenas problemas. Para poder reducir el número de variaciones de onda, Azurza pidió a Rezola que localizara en Euskadi a un técnico que, con un buen receptor, pudiera enviar informes regulares sobre intensidad y modulación, un corresponsal técnico de recepción, al que llamarían en adelante CTR. Esta propuesta no siguió adelante, pero sí hubo personas -el propio Rezola y Mikel Isasi- que casi diariamente enviaban a Venezuela notas de escucha.

Aunque en principio no las tenían todas consigo, una vez Radio Euzkadi echó a andar, los miembros del EGI caraqueño sabían que técnicamente aquella aventura era posible. Pero sabían positivamente que para que su pequeño tesoro perviviera era *conditio sine qua non* mantener el secreto de su emplazamiento "a sangre y fuego". "Yo no me explicó cómo durante tanto tiempo se pudo guardar aquello con tanto secreto; parecía el secreto de Fátima. La verdad es que fue muy meritorio aquello" reconocería años después Iñaki Anasagasti, unos de los jóvenes que posteriormente tomaría el timón de Radio Euzkadi[71].

Una txalupa en Noruega. Radio Euskadi en Venezuela (1946-1954)

Y tanto que meritorio. Aquellos trece años, lejos de ser un camino de rosas, estuvieron salpicados de sustos y complicaciones, que nos hacen recordar, salvando las distancias, los avatares vividos en Iparralde. A los dos días de inaugurarse la emisora, llegó el primer susto. Un joven llamado Jon Mikel Olabarrieta -al que llamaban *Manzanita* y que posteriormente se sumó al grupo-, había sintonizado en Caracas Radio Euzkadi. Grabó la emisión en cinta magnetofónica y pocos días después miembros de ANV se la pidieron. Él pudo *darles largas* pero quedó patente el deseo de aquellos hombres por descubrir el misterio de la emisora clandestina. Y de hecho, siguieron intentando dar con ella. Durante los años siguientes, en varias ocasiones las circunstancias atmosféricas favorecieron la sintonización de Radio Euzkadi desde la misma capital y el riesgo de que los de ANV reconocieran las voces de los locutores obligó en dichos casos a variar la frecuencia de las ondas. Por suerte, esos *hallazgos* no tuvieron mayores consecuencias.

A los pocos días, el aviso de los americanos aconsejándoles silenciar la emisora de inmediato si no querían ser "cazados" en 24 horas por técnicos especializados enviados por el Gobierno franquista. Al parecer, Radio Euzkadi había impactado al propio Franco, quien se hallaba "fuera de sí, rugiendo y en un estado de histeria total", por lo que estaba realizando todo tipo de gestiones para neutralizar cuanto antes la emisora. Esta noticia, aunque no pudo menos que provocarles una inicial alegría por el efecto que su radio había provocado en el dictador, les obligó a enmudecer, al menos hasta que la tormenta hubiera pasado. Fue necesario dar una explicación lógica a aquel silencio pero sin explicar la procedencia del *chivatazo*, pues los negocios entre vascos

-dirigidos por Inza- y norteamericanos también era una cuestión llevada en el más absoluto secreto. Inza y Elosegi decidieron hacer creer al resto de equipo que el mensaje provenía de Euskadi. Solicitaron a Rezola escribiera un telegrama y una carta explicando a los *noruegos* el porqué del mutismo.

Aunque para el momento en que Rezola escribió la carta, el problema estaba ya casi solucionado. Xabier Leizaola y Alberto Elosegi se habían entrevistado con Simón Alberto Consalvi, a la sazón ministro de Exteriores de Venezuela, quien les brindó su total apoyo y les prometió hablar con el director de Telecomunicaciones y "echarles un capote" en el caso de que la investigación proviniese de ese departamento. Dio como probable que el embajador español estuviera llevando una "guerra privada" con el fin de localizar la emisora pero no creía, sin embargo, que el Gobierno venezolano estuviera implicado en el asunto. Consalvi ofreció Radio Nacional para emitir un par de programas de despiste y propuso trasladar Radio Euzkadi a algún lugar del interior o incluso "¿no [se] podría montar eso aquí, en mi casa?"[72].

Cuando Elosegi y Leizaola, favorablemente impresionados, se disponían a marchar, el ministro les invitaba a sentarse de nuevo y les proponía una maniobra a la que Elosegi bautizó con el nombre de "Operación Gallego": si Radio Euzkadi le brindaba medios técnicos y humanos para dirigir emisiones contra Fidel Castro, él les prometía cobertura total, siempre que se mantuvieran en la clandestinidad tanto los programas de la emisora como los anticastristas. Aquella propuesta era tan confidencial que en

Euskadi sólo el lehendakari, Rezola, Isasi y Azurza debían conocerla. Tras la reunión, Elosegi escribió inmediatamente a Rezola poniéndole al corriente de lo sucedido y de las posibilidades planteadas. Mientras la respuesta llegaba, decidieron seguir callados un par de días, y empezar después a emitir únicamente las señales sin ningún orden lógico para evitar ser localizados. En caso de que la "Operación Gallego" no resultara, seguirían transmitiendo como hasta entonces lo habían hecho, contando ahora con la complicidad de Consalvi -quien incluso llegó a visitar *Macuto*-. Si, a pesar de todo, les descubrieran y se efectuara una reclamación diplomática por parte del Gobierno de Franco, se verían obligados a "irse con la música a otra parte", porque por mucho que Consalvi les prestara su apoyo, el Gobierno venezolano seguía manteniendo relaciones diplomáticas con el español. Por eso había que jugar de forma inteligente. Su obligación era alargar cuanto pudieran la vida de Radio Euzkadi porque si "ahora es un cañón en un futuro tal vez inmediato puede ser un "Bertha", dada la situación de la Península Ibérica"[73].

Finalmente, la "Operación Gallego" no siguió adelante pero la situación tampoco empeoró. No hubo noticias al respecto y el 12 de octubre se reanudaron las emisiones. Se había superado una prueba de fuego. Pero la curiosidad en torno a la emisora clandestina era grande y pronto sucedió algo que ya temían los *noruegos*. Varios miembros de ETA -Koldo Azurza y Pruden Arozena- se enteraron de las quejas que los gobiernos estadounidense y británico habían planteado a su homónimo venezolano por las interferencias provocadas por Radio Euzkadi y visitaron a Lucio Aretxabaleta -delegado del Gobierno vasco en Venezuela desde 1955 hasta 1967- para intentar averiguar algo sobre la emisora. Pero Arertxabaleta era *perro viejo en esas lides* y les contestó que creía se hallaba situada en Francia o en un barco. Entonces los jóvenes de EGI, viendo las amenazas que acechaban, decidieron jugar al despiste y, siguiendo con la táctica iniciado por el delegado vasco, hicieron circular desde Europa el rumor de que la radio estaban instalada en un barco. En ese momento, y para siempre, la Radio Euzkadi venezolana quedaba bautizada con el nombre de *la txalupa* y los miembros del equipo como *vikingos*. Es decir, *la copiadora* pasaba a ser *la txalupa* y los *noruegos* serían en adelante los *vikingos* o *txaluperos*.

Así, entre despistes y precauciones, con cambios de onda y la máxima discreción, y con la connivencia del Gobierno venezolano, *la txalupa* siguió navegando sin grandes sobresaltos -salvo los apuros provocados cuando las condiciones atmosféricas provocaban una clarísima recepción en Caracas y otras ciudades venezolanas con el consiguiente riesgo de la que los locutores fueran reconocidos- hasta diciembre de 1970-. El día 15 de ese mes dos jóvenes se presentaron en *Macuto* justo en el momento de la emisión. Ixaka pudo interceptarles el paso pero dos meses después tres activistas de ETA residentes en Caracas -el ondarrutarra Jon Urrezti *Kirru*, su sobrino Patxi Letamendia y Koldo Azurza- se presentaron en el terreno, aunque no pudieron ver las instalaciones porque el guardián galdakaorra impidió su entrada al recinto. Manifestaron que llevaban tiempo intentado localizar *la txalupa* y solicitaron el nombre de una persona con la que pudieran entrevistarse en Caracas. Atutxa les dijo que hablaran con Jon Gómez -miembro del grupo y posterior corresponsable de la emisora- y llegaron a estar con él pero el asunto quedó finiquitado en aquella conversación sin ninguna exigencia por parte de ETA.

Sin embargo, el secreto tan bien custodiado había dejado de serlo. Algunos *vikingos* eran partidarios de amenazar a los etarras para que no abrieran la boca pero, finalmente, acordaron dejar correr las cosas y, en caso de que pretendieran chantajerles "mandarlos a la chanfaina". Pero, *por si las moscas*, contrataron a un nuevo vigilante para *Macuto*, un venezolano que recibió la orden de no dejar pasar a nadie que no fuera del equipo y, en caso necesario, disparar[74]. Tres años más tarde, en 1974, a través de varias diversas gestiones de Mikel Etxaburu, ETA intentó, de nuevo infructuosamente, participar o utilizar Radio Euzkadi.

El misterio que rodeó a la emisora clandestina fue tal que atrajo también la atención de numerosas revistas extranjeras, lo cual, lejos de agradar a los *txaluperos*, acrecentaba el riesgo de ser descubiertos, pues anunciaban, sin ningún reparo, que la estación se localizaba probablemente en Venezuela. Así lo hicieron el *Short Wave Broadcast Center* en enero de 1967, el *Electronics Illustrated* en abril de 1971 o *Le Monde*, en agosto de ese mismo año. Pero lo que más molestó al equipo de *la txalupa* y a las autoridades vascas en general era que esas revistas calificaran a Radio Euzkadi de radio comunista. Es más, el 23 de mayo de 1974, los *noruegos* leían asombrados en diferentes periódicos que una "emisora pirata" denominada Radio Euzkadi había difundido la noticia de que la millonaria heredera norteamericana Patricia Hearts secuestrada por el "Ejército Simbiótico de Liberación" iba a hablar ante sus micrófonos. Radio Euzkadi se pasó los siguientes días desmintiéndolo. Asimismo, en una ocasión la emisora vasca se colocó, por azar, en la misma frecuencia que "La Voz de América" y, de inmediato, se produjo una llamada de la Embajada.

Objetivo primordial de los *vikingos* fue, pues, mantener su *txoko* en secreto. Aquello era un coto cerrado. No obstante, sus puertas se abrieron de par en par en ocasiones especiales. La presencia de líderes políticos como el lehendakari Leizaola o Manuel Irujo, o el propio Joseba Rezola -imagínense la emoción de los *txaluperos* al ver allí a su *jefe*- en aquel remoto y escondido lugar de la selva, se convertía en hermosa y merecida recompensa para aquellos jóvenes que profesaban una inmensa admiración hacia sus veteranos dirigentes. En abril de 1966, aprovechando su viaje a Lima, donde asistió a la V Conferencia Mundial de la Democracia Cristiana, Joseba Rezola visitó *la txalupa*. Sus *chicos* le colmaron de tantas atenciones que a su vuelta escribía "no me olvidaré nunca de mi visita a *Macuto*, es decir, de mis visitas y de la reunión en el cuchitril con los componentes de EGI. Es una obra que enaltece a quienes han contribuido a ella con su impulso, con sus ideas y con sus sudores. No me cansaré de decirlo"[75].

Otra de las bienvenidas de *Macuto* fue la agasajada al lehendakari Leizaola durante su estancia en Venezuela en enero de 1968. También volvió entusiasmado de su viaje y enormemente sorprendido, sobre todo por la labor realizada por los *vikingos*, a quienes dedicó todo tipo de elogios, más valorados, si cabe, porque "tiene fama nuestro primer magistrado de no ser efusivo"[76]. En marzo de 1969 uno de los más asiduos colaboradores de Radio Euzkadi, Manuel Irujo, suministrador incansable de trabajos también en esta etapa, honraba con su presencia a los vascos caraqueños. Elosegui -quien mejor que nadie sabía valorar la ayuda de *El Gran Lizarraga*- lo presentó como "Director honorario" de *la txalupa*.

En diciembre de 1977, clausurada ya la etapa venezolana de Radio Euzkadi, *la txalupa* y la comunidad vasca de Venezuela en su conjunto recibieron otra importante visita que también hemos de mencionar. La girada por Juan Ajuriaguerra y Carlos Garaikoetxea, acompañados por Iñaki Anasagasti. Ajuriaguerra era entonces diputado por Bizkaia y Garaikoetxea presidente del EBB. Hacía dos años que Anasagasti había vuelto de Venezuela. Allí dejó la dirección de Radio Euzkadi que había ocupado desde 1969 en manos de Garbiñe Urresti y Jon Gómez. Anasagasti quería mostrar a esos Ajuriaguerra y Garaikoetxea el ímprobo trabajo realizado en aquel país. Entre las actividades que esa delegación vasca llevó a cabo durante aquellos días, destacan, las entrevistas con Reinaldo Leandro Mora -a la sazón senador, vicepresidente del partido Acción Democrática- y con el ex presidente de la República Rafael Caldera, las entrevistas concedidas a varios medios de comunicación venezolanos, y, cómo no, la visita a *Macuto*. Hasta allí se desplazó la comitiva vasca para ver el lugar en el que, durante tantos años, Atutxa había puesto en marcha la emisora. Según Anasagasti "Ajuriaguerra y Garaikoetxea no salían de su asombro al ver aquella obra de locos"[77].

Durante la citada visita a Venezuela de 1969, Alberto Elosegi presentó a Manuel Irujo como "Director honorario" de Radio Euzkadi "porque el hombre se lo merece". Y tanto que se lo merecía. Solamente los miembros de *la txalupa* sabían cuán necesarias eran las colaboraciones y las noticias enviadas desde Euskadi, más, si cabe, si se tiene en cuenta que eran muchas las personas que creían que Radio Euzkadi estaba situada en el interior. Los mismos *txaluperos* jugaron a veces con la idea de que la emisora clandestina se hallaba cerca y esa imagen de cercanía requería de información rápida. Pero Radio Euzkadi se hallaba en Venezuela. La distancia estaba reñida con la actualidad y eso era, precisamente, lo que *la txalupa* pretendía ofrecer: la actualidad de Euskadi. Por ello, todo el material enviado desde allí era poco. Una vez en manos de los *noruegos*, ese material era modelado para preparar los programas, grabarlos, trasladar las cintas a *Macuto*, emitir los programas... y todo ello lo hicieron estos jóvenes, al margen de sus respectivas ocupaciones y sin cobrar un solo bolívar. Ellos fueron los remeros que bogaron en *la txalupa*, "gente muy meritoria, que hacía las cosas porque había que hacerlas, sin esperar nada"[78].

La primera vez que los miembros del EGI caraqueño oyeron hablar de la posibilidad de instalar una radio vasca clandestina en Venezuela fue en 1960, cuando, durante una de sus reuniones semanales, Inza planteó el asunto. Nadie se negó a intentarlo. Trece fueron los jóvenes que, inicialmente, participaron -siguiendo con el símil- en la botadura de *la txalupa*. Pero la emisión diaria de programas suponía un enorme trabajo para tan pocas personas y a esa primera *Mesa de los Trece*, presidida por Inza, pronto se sumaron nuevos remeros. A riesgo de olvidar alguno, he aquí los nombres de las personas que, a lo largo de esos trece años, trabajaron en algún momento, en *la txalupa*: José Abasolo, Paul Agirre, Peru Ajuria, Aita Patxi Albizu, Bingen Ametzaga, Julián Amezkua, Iñaki Anasagasti, Tomás Andondegi, Feliciano Aranguren, Iñaki Aretxabaleta, Joseba Arriaga, Ixaka Atutxa, Isaías Atxa, José Luis Atxa, Julián Atxurra, José Joaquín Azurza, Félix Berriozabal, Txomin Biskarret, Miguel Briceño, Jontxu Castañero, Vicente Cervera, Ventura Chico, José Eleizalde, Iñaki Elguezabal, Alberto Elosegi, Iñaki Erkoreka, Domeka Etxearte, Jesús María Gallastegi, Jon Garaigordobil, Luis José García, Maite Garitaonaindia, Jon Gómez, Santiago Guruzeaga, Jone Insausti, Jokin Inza, Jesús Irazabal, Pello Irujo, Joseba Iturralde, Iñaki Landa, Jon Leizaola, Maite Leizaola, Xabier Leizaola, Kepa Lekue, Pedro León, Ricardo Líbano, Juan Mari López Eizagirre, Txomin Llanos, Aita Antonio Mendiluze, Rafael Mendizabal, Tomás Mitxelena, Silvino Mugarra, Andoni Olabarri, Eukeni Olabarrieta, Jon Mikel Olabarrieta, Joseba Olabarrieta, Jon Olabeaga, Mikel Olasagasti, Juan Ortiz, Ixaka Orue, Lander Quintana, Guillermo Ramos, Miren Solabarrieta, Aita Iñaki Ugalde, Aita Bonifacio Urkizu, Garbiñe Urresti, Joseba Urresti, Josu Urresti, Paulín Urresti, Joseba Urruzuno, Julene Urzelai, José Ignacio Zuazo, Iñaki Zubizarreta y José María Zugarramurdi.

Este equipo funcionó de manera autónoma aunque siempre estuvo bajo la supervisión de Joseba Rezola quien, desde el interior, marcaba las directrices a seguir, y, aunque en alguna ocasión esas directrices no casaran con el tono que los *noruegos* querían imprimir a la emisora, lo cierto es que todos admiraban profundamente a aquel hombre, y no había mayor motivación para ellos que un elogio proveniente de Joseba Rezola. Inza siempre ha dicho con orgullo: "El GRAN Joseba Rezola (G.B.) solía decirnos que éramos la cuarta rueda de la Resistencia"[79].

Vaya por delante que todas las personas citadas cumplieron su labor de forma encomiable, pero de entre todos ellas, hemos de subrayar de manera especial los siguientes nombres: José Joaquín Azurza e Iñaki Elguezabal en la parte técnica; Alberto Elosegi, Xabier Leizaola e Iñaki Anasagasti en la parte periodística; Jokin Inza, en la parte financiera, e Ixaka Atutxa, por su durísima labor de guardia y custodia de *Macuto*.

José Joaquín Azurza *(Iraola)*, colaborador de Radio Euzkadi ya en Iparralde, jugó un determinante papel sobre todo en la puesta en marcha y en los inicios de esta nueva etapa de la emisora. Valoró, junto con Iñaki Elguezabal, las posibilidades técnicas de la radio y trabajó duro durante las semanas previas a las pruebas de emisión, cuando, junto al mismo Elguezabal *(Ireneo)*, sus trabajadores y algunos jóvenes del grupo, se llevaron a cabo las tareas de acondicionamiento de *Macuto*. Elguezabal, además de personal de su empresa particular, puso a disposición de la radio una habitación de su casa de Caracas para hacer las veces de estudio de grabación. En octubre de 1966, cuando *Iraola* tuvo que trasladarse a Maracaibo por motivos laborales, Elguezabal asumió las labores técnicas. En esa tarea estuvo asistido por los jóvenes estudiantes de ingeniería electrónica Jon Mikel Olabarrieta y Kepa Lekue.

También trabajó en labores técnicas Juan Mari López Eizagirre.

La marcha de Azurza a Maracaibo no supuso que dejara de colaborar con Radio Euzkadi. Telefoneba casi a diario a los *noruegos* para darles ánimos y consejos técnicos. Alguna vez, incluso, viajó a Caracas para ayudar a Elguezabal a solucionar algún problema. También elaboró trabajos y artículos, tanto en euskera como en castellano. En septiembre de 1970, *Iraola* volvió a Caracas y siguió cooperando en labores de asesoramiento técnico y colaboraciones, sobre todo recopilando información para el noticiario. Razones laborales le obligaron a volver a Maracaibo en 1971.

La edición de los programas quedó en manos de una comisión periodística dirigida inicialmente por Xabier Leizaola. Inza dice de él que era una persona extraordinaria, "un tipo de oro, formidable", "el diplomático del grupo EGI" lo llama él, la persona que "apagaba todos los fuegos y toreaba todos los toros con su sonrisa desarmante"[80]. Resultaba tan difícil encontrar un *speaker* que pudiera hablar correctamente tanto en euskera como en castellano, y cuya voz no fuera fácilmente reconocible en el entorno del Centro Vasco, que esa función tuvo que ser en ocasiones asumida por el propio Leizaola.

Por esa razón, fue el abogado donostiarra Alberto Elosegi (*Pablo Zulueta* o *Romero* o *Paul Garat*) el principal editor de Radio Euzkadi, el alma de la emisora en su etapa venezolana, me atrevería a decir. Elosegi fue el encargado de la Información y Propaganda del Grupo EGI de Caracas.

Después de su jornada laboral en la editorial *Momento* -donde coincidió con Gabriel García Márquez y Plinio Apuleyo Mendoza-, Elosegi trabajaba a destajo para alimentar tanto *Gudari* como Radio Euzkadi. Entre sus labores estaban acudir tres veces al día al apartado de correos de la emisora para recoger los recortes de prensa, periódicos, revistas e informaciones enviados desde Euskadi y que constituían el material base para la elaboración de los programas. Después leía todo aquello, selecciona lo más adecuado, retocaba o recortaba algún comentario, redactaba otros, confeccionaba los guiones para los locutores, indicándoles incluso la música a emplear en cada programa y, si le quedaba tiempo, mecanografiaba todo para facilitar la labor de grabación. Aunque, a partir de 1966, contó con la ayuda de Guillermo Ramos para los trabajos mecánicos, esa ingente tarea recayó prácticamente en sus manos. Y esto todo el mundo lo reconocía y estimaba, empezando por el propio Rezola: "Lo que me parece peligroso es lo que sucede con Zulueta en quien recaen casi todos los trabajos. Habría que procurarle algunos colaboradores, pues de otra forma, el día que le alcance alguna simple "gripe" podemos quedar todos espantados"[81].

El ritmo al que estuvo trabajando Elosegi era, efectivamente, una carga demasiado grande para un solo hombre. En 1969 él mismo confesaba hallarse en "una situación realmente crítica de agotamiento total". Por eso, aunque siguió colaborando con Radio Euzkadi, decidió trasladarse a Gran Bretaña, eso sí, después de haber dejado la situación bajo control. Designó para sustituirle a un hijo del exilio, natural de Cumaná, de nombre Iñaki, que estaba estudiando en la Universidad Católica de Caracas y había sido elegido presidente de Eusko Gaztedi. Alguno de ustedes ya habrán adivinado que se trataba del actual senador Iñaki Anasagasti. A pesar de su juventud, Elosegi confió plenamente en las posibilidades de aquel joven y dejó en sus manos la dirección de Radio Euzkadi. Anasagasti, en respuesta, eligió como pseudónimo el alias utilizado muchas veces por el propio Elosegi: *Romero*. *Ignacio Romero*, que hasta entonces había trabajado en una empresa de un amigo de la familia, abandonó sus estudios de Económicas y comenzó la licenciatura en Comunicación Social. En las labores de dirección y redacción contó con la asesoría permanente de Pello Irujo, José Joaquín Azurza y Xabier Leizaola. Anasagasti se mantuvo en la dirección de Radio Euzkadi hasta 1975, año en el que regresó a Euskadi y empezó a dirigir la revista del PNV, *Euzkadi*.

Estando él al frente de la emisora, tuvo lugar el incendio de la oficina de *El Paraíso* en el edificio La Sierra. Al parecer, los locutores que habían estado grabando el programa habían dejado una colilla encendida en una caja de cartón al lado de la puerta, donde había un bote de cola inflamable. Cuando Anasagasti se percató de lo que sucedía, no pudo salir porque la entrada estaba obstruida por las llamas. La oficina se situaba en un tercer piso. Tuvo la enorme suerte de que allí cerca estaban construyendo un edificio y se utilizó una gran grúa para poder sacarle. No tuvo más remedio que saltar de la ventana a la grúa y en el intento perdió un zapato. Nos ha contado sonriendo que los obreros le aplaudían desde abajo. Aún hoy no se explica de donde sacó la fuerza para saltar pero lo cierto es que pudo salir ileso de una experiencia terrible. El mismo Anasagasti nos ha dicho también, que antes de incorporarse él a la emisora, concretamente en 1969, se produjo en Caracas un importante terremoto, pero que, a pesar de los temblores, la txalupa siguió emitiendo como si nada[82].

Cuando abandonó Venezuela, le sustituyeron al mando de la emisora Jon Gómez y Garbiñe Urresti. Gómez era un joven ingeniero bilbaíno que había llegado a Venezuela en julio de 1968, tras haber pasado seis meses en casa de Joseba Rezola en Donibane Lohitzune. La ondarrutarra Urresti era una mujer de gran carácter e incansable trabajadora. Anasagasti le puso el mote de Golda Meir "porque andaba con su bolso dando sablazos a todo el mundo". A su muerte, acaecida en agosto de 2007, el senador alabó su trabajo y la describió como "una mujer muy consecuente, muy querida, muy reconocida y una gran abertzale"[83].

Urresti y Gómez se habían hecho cargo de las finanzas de Radio Euzkadi en 1971, cuando Inza dejó Venezuela. Pero antes, desde años antes de que la emisora vasca echara andar, este bergarés de enorme envergadura fue el "motor económico" del EGI caraqueño. Llegó al país americano en 1956, con la misión de recaudar fondos. Cuando Rezola empezó a calibrar la posibilidad de establecer la emisora allí, fue Inza la primera persona con la que entró en contacto. Desde ese mismo momento, Radio Euzkadi fue una de las prioridades de *Berridi* o *El Gordo*. Como en anteriores páginas se ha explicado, cualquier sistema era válido si la finalidad era lograr dinero para la causa vasca. En 1971, por razones de salud, Inza se trasladó a Iparralde. Para esta nueva etapa, la Resistencia vasca ya le había encomendado una nueva misión: la creación del embrión de una futura "policía vasca".

En dos años el EGI caraqueño perdió dos importantes pilares, Elosegi e Inza, pero, como éste último decía, "a rey muerto rey puesto", y lejos de embarrancar, *la txalupa* siguió navegando, gracias a nuevas generaciones que cogían el testigo de aquellos hombres, que además continuaron colaborando con Radio Euzkadi.

Durante los trece años de vida de la emisora cada miembro del equipo cumplió una función determinada: labores de recogida de información, redacción, grabación, locución, enlace, recaudación de fondos... Pero ese engranaje, a pesar de ser una estructura bien montada, no habría funcionado si en *Macuto* no hubiera esperado el gran guardián, el operador, el hombre que durante toda esta singladura venezolana se encargó de custodiar el lugar y de poner en funcionamiento la emisora a las horas establecidas. Hablamos de Ixaka Atutxa. Atutxa era un gudari que había estado preso en el penal de Burgos en el mismo pasillo que Rezola. Llevó a cabo su trabajo con verdadera dedicación. El hecho de no ver, durante semanas y semanas, a nadie distinto de las personas que le llevaban los programas grabados, suponía de por sí, evidentemente, un enorme sacrificio. Imagínense: Atutxa vivía rodeado de siete u ocho gatos que le protegían de las culebras que merodeaban por allí. Los peores momentos eran aquellos en los que, por una u otra razón, Radio Euzkadi se silenciaba. Permanecer en medio de la selva, viviendo en una *txabola* fabricada con aluminio canadiense, asfixiado de calor, sin el trabajo diario que pudiera distraerle, era una carga terriblemente pesada.

Los del grupo, conscientes de la soledad que Ixaka tenía que soportar, aprovechaban los fines de semana para visitarle y romper la monotonía de aquella dura vida jugando al mus y tomando algunas cervezas. El 30 de enero de 1966 el galdakaoarra sufrió un grave accidente automovilístico, dejando a *la txalupa* en una difícil situación. Los del grupo decidieron seguir emitiendo turnándose para cumplir con las labores de Ixaka, pero quedó claro que las condiciones eran arriesgadas y contrataron a otra persona para que sustituyera a Ixaka durante su convalecencia y le acompañara una vez recuperado. Este primer compañero fue José Eleizalde. Posteriormente, Juantxo Ortiz, Jontxu Castañero y Julián Atxurra desempeñaron ese puesto de operador guardián. En 1971, tras la visita sorpresa de miembros de ETA, también fue contratado un venezolano para labores de vigilancia.

Todos ellos remaron con fuerza para que *la txalupa* se mantuviera a flote. Pero difícilmente lo habrían podido hacer sin remos, sin los colaboradores que desde Euskadi enviaban sus trabajos. Si bien es cierto que los *noruegos* podían conseguir en el mismo Caracas fuentes de información procedentes de prensa extranjera o española expendida allí o noticias de emisoras extranjeras, este material resultaba insuficiente. Las informaciones de las radios eran, en general, poco útiles por su parquedad; la prensa sólo suministraba noticias de agencia; el material proveniente de Iparralde tardaba en llegar; y el teléfono y el telégrafo eran prohibitivos. Por ello, la única posibilidad de acceder a información rápida y fehaciente era contar con una red de corresponsales en las capitales vascas y algunas españolas para que semanalmente, además de partes de escucha, enviaran también noticias y comentarios. No obstante, no era tarea fácil. De hecho, en agosto de 1966 Xabier Leizaola viajó a Euskadi para despertar en las bases del PNV el interés por *la txalupa* y concienciarles de la necesidad de colaboración pero jamás se consiguió el número suficiente de colaboradores.

Con todo, siempre hubo personas dispuestas a cooperar. Joseba Abasolo *Joseba de Ekaitz* o *Imanol de Respalditza* -cuyas crónicas se denominaban "Panorámicas de Euzkadi"- Juan de Amilibia *Basarri*, Kepa Arrizabalaga, Perico Arrizabalaga, José Artetxe, Iñaki Azpiazu -quien tituló su sección "Comentarios vascos a temas religiosos"-, Pedro Basaldua, Perico Beitia, el padre Beldarrain, Gerado Bujanda *Jon de Igeldo*, Carlos P. Carranza, Ildefondo Gurrutxaga *Iñigo de Uranga* -presidente de EKA (Euskal Kulturaren Alde), Luis Ibarra Enziondo *Itarko*, Juan Iglesias, Jesús Insausti *Uzturre*, Manuel Irujo, Manuel Juaristi Aspiazu *Izarraitz*, Jon Larrañaga, Jesús María Leizaola, Iñaki Lemona, Jon Lemona, el bertsolari Jon Lopategi, Emilio P. Neguri, José Olivares Larronde *Tellagorri*, Alberto Onaindia *Egizale* o *Padre Olaso*, Iñaki Orendain, Orreaga, Otamendi, Antonio Ruiz de Azua *Ogoñope*, Martín Ugalde, el sacerdote Julio Ugarte *Julio de Ordoiz* -escribía sobre temas navarros-, Andoni Urrestarazu *Utarra*, *Azkon* o *Urtubia* (director de la revista Irazkintza), Juan José Usabiaga *Juan de Iturralde*... A veces utilizaban su verdadero nombre y otras escribían bajo pseudónimo. Sospechamos, además, que muchos de los nombres citados son, de hecho, alias y no pertenecen a identidades reales. Las identidades de *Berrobi, Erdikale, Orayen, Urederra, Urra, El corresponsal de Madrid para temas económicos...* las desconocemos. Los más prolíficos fueron Manuel Irujo -una vez más-, Gerado Bujanda y Andoni Urrestarazu.

Manuel Irujo *Miguel de Lizarraga* continuó siendo una gran mina para Radio Euzkadi en esta etapa venezolana. A petición de los *noruegos*, escribió sobre todo acerca de Navarra, nada más y nada menos que una media de charla por día. Rezola decía que Irujo era "capaz de llenar sólo él Radio Euzkadi, es una locomotora sin frenos"[84]. Como era habitual en él, dio su permiso para que sus trabajos fueran retocados o para la utilización de cualquiera de sus pseudónimos. Gerardo Bujanda *Jon de Igeldo* fue uno de los primeros y mejores colaboradores tanto de *Gudari* como de Radio Euzkadi, "otro hombre al que habría que hacer una estatua". Envió para *la txalupa* series enteras de colaboraciones. Sus cartas se leían en la reunión del grupo de EGI, "las troceábamos y utilizábamos como noticias, editoriales y artículos"[85].

Generalmente los colaboradores enviaban sus trabajos a Mikel Isasi o Joseba Rezola quien los reexpedían a Venezuela o al apartado postal asignado a Radio Euzkadi en París. En principio, por razones de seguridad se acordó no enviar nada directamente a *la txalupa*, pero ante la necesidad de conseguir noticias y reportajes recientes, optaron por arriesgarse, difundiendo el apartado de correos.

Junto con los colaboradores que aportaban su pluma a Radio Euzkadi había otros como Ramón Azurza, Primi Abad *Julen de Abando* o *Muñatones*, José María Barrenetxea,

Joseba Andoni Ereña de Oregui *Erletxue, Usua II*... que se dedicaron a enviar informes de escucha desde distintas capitales y otras personas, sin cuya ayuda, la aventura venezolana no habría sido posible: Hablamos de Peru Ajuria, Mikel Isasi y, sobre todo y ante todo, de Joseba Rezola. Desde París, Ajuria enviaba puntualmente cada 24 o 48 horas, recortes de *Le Monde, Le Figaro*... que permitían a los *noruegos* emitir noticias antes incluso que Radio España Independiente. Isasi, uno de los primeros conocedores del proyecto *Copiadora*, estuvo en contacto diario con Radio Euzkadi. Buscaba colaboradores, establecía sistemas de escucha, enviaba informes de audición, grababa entrevistas, surtía de discos a *la txalupa*, reenviaba el material que recibía... y, junto con Rezola, coordinó desde Euskadi todo lo referente a la emisora.

Resulta difícil hablar de Rezola como un colaborador más, porque él siempre fue "El padre de la criatura" y el principal estímulo para los *noruegos*. Fue quien incentivó la puesta en marcha de la emisora también en esta segunda etapa y estuvo al tanto de todo cuanto ocurría mediante correspondencia prácticamente diaria con Inza, Azurza y Elosegi. Desde su *txoko* de Donibane Lohitzune, Rezola colaboró *primus Inter Pares*, recopilando información y colaboraciones e incluso haciendo de locutor. Joseba Rezola falleció el 21 de diciembre de 1971, precisamente el mismo día en que, 25 años antes, había inaugurado la radio en Iparralde. *Su* emisora clandestina despidió con honores, en emisiones especiales, a quien había sido el "alma de Radio Euzkadi"[86].

Como antes se ha referido, fue Inza quien se ocupó de conseguir los *txindis* para la emisora. Efectivametne, a diferencia de la fase de Iparralde, en la cual Radio Euzkadi estuvo financiada íntegramente por el Gobierno Vasco, en la etapa venezolana fue el grupo de jóvenes organizado en torno a Inza, el EGI de Venezuela -al que Inza añadió la I de interior para distinguirla del Euzko Gaztedi que funcionaba ya en el Centro Vasco-, el que se encargó de gestionar la emisora, también en el aspecto financiero. Como varias veces se ha referido, Inza llegó a Venezuela en junio de 1956 con la misión que las autoridades del PNV le habían encomendado: recaudar fondos para la Resistencia. Desde ese momento, la pregunta siempre en boca de Inza fue "¿cuánto? ¿cuánto nos va a costar?". Y tan pronto la planteaba y escuchaba una cifra, antes incluso de refunfuñar, comenzaba a calibrar los medios de conseguirla. No exagera Anasagasti cuando dice que Inza "fue un gran ministro de Economía"[87].

Cuando en 1960 Rezola le comentó la posibilidad de establecer una radio clandestina allí, la respuesta del bergarés fue "por dinero que no quede aunque tenga que asaltar un Banco"[88]. Años más tarde confesó que si hubieran sabido el monto total al que iba a ascender aquella aventura, no se habrían animado. Las averías, los arreglos en los aparatos, las inundaciones y otros inconvenientes previos a la inauguración provocaron que la suma final ascendiera a 50.000 bolívares, cifra escalofriante si se tiene en cuenta que, en principio, se había hablado de 3.000 bolívares para poner en marcha la emisora. Ciertamente, el costo de la instalación y el mantenimiento de *la txalupa* fue notablemente superior a lo que inicialmente se calculó. Radio Euzkadi tragaba tanto que Rezola la llamaba "Gargantua", pero "todo se dará por bien empleado si el resultado es satisfactorio"[89].

Los jóvenes de EGI hicieron frente no sólo a esos gastos. También sufragaban *Gudari*, enviaban una cantidad mensual a Beyris -a la sede del PNV-, e incluso recaudaban ayudas económicas para presos. Los medios empleados para recabar toda esa *plata* fueron diversos, algunos ya quedaron enumerados: venta de estampillas, de vasos, de mecheros, de agendas, de tarjetas de Navidad, de calendarios, de sellos, de monedas para pulseras con la efigie de Sabino Arana, de libros... cuestaciones, organización de quinielas -sobre todo en los bares del barrio de La Candelaria-, donaciones particulares, colaboración de empresas o instituciones, cuotas extraordinarias aportadas por los jóvenes de EGI, comidas populares mensuales -comidas de "Anaitasuna" (Hermandad)- en el Centro Vasco...

El primer capital para Radio Euzkadi se logró mediante venta de tarjetas, estampillas y monedas de oro, plata y cobre, y gracias a la aportación de 1.000 bolívares por parte de cada uno de los jóvenes del grupo. Ahora bien, preveían que, una vez comenzase a funcionar la emisora, el gasto mensual ascendería en condiciones normales, es decir, cuando no aconteciera infortunio alguno -las menos de las veces- a 3.000 bolívares: 1.000 para el sueldo de Ixaka Atutxa, 500 para suminintros y 1.500 para mantenimiento. Ramón Atxondo, que vivía en El Tigre, se comprometió a financiar durante seis meses el jornal de Atutxa. Además, el alquiler del terreno tampoco resultó especialmente gravoso. Pero, a pesar de las ayudas, el desembolso mensual era notable, por lo cual tuvieron que idear nuevas fórmulas de financiación. Una de esas fórmulas fue la solicitud de ayuda económica (300$ USA como mínimo) a nacionalistas afincados en Venezuela. Rezola consultó la propuesta de los jóvenes de EGI con el lehendakari Leizaola, quien dio su autorización para efectuar esa recaudación a favor de Radio Euzkadi. A petición de los *noruegos*, Rezola escribió cartas solicitando esa ayuda a los 25 destinatarios señalados por ellos. Pero no todos vieron con buenos ojos esa propuesta. El Delegado del Gobierno Vasco en Venezuela, Lucio Aretxabaleta, no la consideró procedente. Lo cierto es que muchos de los exiliados vascos que vivían allí ya aportaban dinero para el Gobierno Vasco, y esta solicitud de los *noruegos* podía perjudicar esas cuestaciones. Para evitar enfados y controversias -que también habían surgido años antes cuando Inza empezó a recolectar *plata* para la Resistencia vasca- los *noruegos* decidieron no seguir adelante con el proyecto. Rezola también consideró oportuno paralizarlo.

Para más inri, el 30 de enero de 1966 Ixaka Atutxa sufrió un accidente que provocó su hospitalización. Gastos de clínica: 2.060 bolívares, el costo de un nuevo jeep -puesto que el anterior había quedado completamente inservible-, 6.000 bolívares. A estos desembolsos había que sumarles, en adelante, el sueldo de 1.000 bolívares mensuales para José Eleizalde, el nuevo compañero de Atutxa en *Macuto*. Cada vez era "más difícil ordeñar la vaca" y la moral de los *noruegos* empezó a decaer, tanto que algunos se plantearon incluso tirar la toalla. La cantidad que tenían que invertir cada mes los jóvenes de EGI era progresivamente más alta. Entre la que se enviaba al interior, el sueldo de Atutxa, la clínica, un coche nuevo, *Gudari* (papel, imprenta, envíos...), alquiler del estudio y del almacén en el que se reunía EGI, gastos de correo, repuestos y suministros para *la txalupa*, alquiler del terreno... el presupuesto se disparó. Pero, finalmente, a pesar de que "más de cuatro veces le dan ganas a uno de ponerle una bomba a ese bicho", decidieron tirar para adelante[90].

Se les presentó la posibilidad de acceder a una nueva fuente de ingresos. Una empresa alemana de telecomunicaciones solicitó a la radio vasca dos horas diarias de emisión para hacer uso comercial de ellas. Pero los *noruegos*, teniendo en cuenta el carácter clandestino de Radio Euzkadi, decidieron declinar la propuesta. Podían seguir haciéndolo porque, aunque ellos no lo sabían, Inza contaba con la cuenta B, la proveniente de los Servicios. Ya quedó dicho que los jóvenes de EGI, salvo alguno que lo descubrió e increpó a Inza en alguna reunión, no supieron del trabajo que, bajo su dirección, aquellos pocos hombres (los cuatro del *cuarteto* y otros en distintas ciudades venezolanas) realizaron. Inza actuaba a las órdenes de Sabin Barrena y por mandato directo de Joseba Rezola, como jefe de la Resistencia vasca, y del lehendakari Agirre primero y del lehendakari Leizaola después, y siempre con el visto bueno del PNV.

Por tanto, esta entrada de capital norteamericano permitió, entre otras muchas cosas, que la comunidad vasca en Venezuela pudiera llevar adelante un importante trabajo propagandístico mediante *Gudari* y Radio Euzkadi. Cuando comenzó la década de los setenta, la Resistencia vasca -no así alguno de aquellos hombres a título personal- dejó de trabajar para los Servicios norteamericanos. En 1971, Inza volvió a Euskadi. Para entonces, sus muchachos habían aprendido de *El Gordo* mil y una maneras de conseguir *plata*.

Al igual que sucedía con *Gure Irrati Ixilla*, tampoco en esta fase podemos evaluar la audiencia utilizando parámetros usuales, aunque sí se observa un cambio respecto a la etapa anterior. Siendo como era Radio Euzkadi una emisora clandestina, el objetivo inicial de los *noruegos* era únicamente que "La Voz" fuera oída en Euskadi. Sin embargo, una vez lograron que *la txalupa* llegara a todo el territorio vasco en condiciones de escucha favorables, su meta fue lograr, poco a poco, un mayor número de oyentes. Los *noruegos*, lejos de verlo como *handicap*, valoraron el carácter clandestino de Radio Euzkadi como algo positivo, como un arma psicológica que podía atraer la curiosidad de más oyentes, porque "si se nos oyera a la perfección -¡ojalá!- y pareciera que estamos fumando tranquilamente un puro, quitaría encanto a la cosa"[91].

En la época de pruebas previo al inicio oficial de Radio Euzkadi, Azurza envió a Rezola una serie de indicaciones y consejos para lograr condiciones de escucha positivas. Lo cierto es que, por aquel entonces, muy pocas personas en Iparralde -una de ellas, por supuesto, el propio Rezola- confiaban en las posibilidades de la emisora. Las primeras averías y silencios, nada más iniciarse las pruebas, acrecentaron el pesimismo y la incredulidad de esas gentes. Afortunadamente, los problemas se solventaron, las condiciones climatológicas mejoraron, y paulatinamente, las noticias provenientes del interior comenzaron a ser favorables. La gente que volvía de sus vacaciones en Euskadi afirmaba animada que "era lo mejor que se ha oído hasta ahora, que le da mil vueltas a Radio Praga y que le va a desbancar rápidamente"[92]. También llegaron informes de recepción desde varios puntos de Venezuela y de EEUU.

Tras la inauguración oficial el 15 de septiembre de 1965, continuó esa fase de entusiasmo y optimismo. Seguían recibiéndose noticias de escucha desde el interior y desde países como Francia, Holanda, Alemania, EEUU, Canadá... Sin embargo, la curiosidad inicial fue decreciendo debido a los cambios de onda y horario y a las interferencias. Las noticias que llegaban eran contradictorias y la moral de los *vikingos* empezó a decaer. Hablamos del otoño-invierno de 1965-1966. Pero con la llegada de la primavera, las condiciones atmosféricas y de propagación mejoraron y ese hecho, junto con el éxito informativo logrado por *la txalupa* en Aberri Eguna, favoreció un aumento considerable del número de oyentes de Radio Euzkadi.

Todo el mundo temía la venida del invierno pero éste llegó y la calidad de audición no empeoró. Radio Euzkadi se había consolidado. Esa situación de escucha positiva se mantuvo estable hasta finales de 1970. Durante ese año, la emisora fue efectiva en el 80% del territorio vasco pero en diciembre las condiciones ionosféricas volvieron a jugar una mala pasada y *la txalupa* se vio obligada a silenciar su voz. Para entonces, a la radio le había nacido un duro competidor, la televisión, y el número de oyentes descendió de nuevo. A partir de 1971 y hasta 1977, los niveles de audiencia se mantuvieron estables variando, sobre todo, en función de la interferencia franquista, cuyos servicios tenían localizada ya la emisora *rebelde*.

Lo cierto es que es la audiencia de la Radio Euzkadi venezolana nunca fue importante, numéricamente hablando. Con todo, los *noruegos* consideraron que Radio Euzkadi tenía su propio auditorio -aunque fueran tres-, que a él se debían, y que todo esfuerzo merecía la pena. La siguiente frase de Jon Gómez resume perfectamente este sentimiento: "Quizá fue un esfuerzo desproporcionado para lo que se podía escuchar, pero si ocurriera otra vez, volvería a hacer lo mismo"[93].

Para conocer las condiciones de escucha, desde el mismo momento en que comenzaron las pruebas de emisión, Rezola e Isasi elaboraron notas de escucha que enviaban cada cuatro días a Venezuela. No obstante, los técnicos de *la txalupa* requerían informes más técnicos, con datos precisos sobre aspectos concretos, realizados por personas especializadas en la materia que contaran con aparatos de calidad. Hubo intentos de organizar una red de escuchas fija pero no dieron fruto. Ahora bien, además de Rezola e Isasi, José María Barrenetxea y Joseba Andoni Ereña de Oregui *Erletxue* desde Bilbao, *Usua II* desde Donostia-San Sebastián y Ramón Azurza y Julen de Abando *Muñatones*, desde Madrid, cumplieron satisfactoriamente su labor de informadores periódicos.

Otra vía de medición de *audiencia* la proporcionaron radioaficionados que, desde distintos países del mundo, a través del apartado postal parisino, hacían llegar sus partes de recepción a Radio Euzkadi. Estos partes podían ser folios escritos o postales, en los que se describían las condiciones de escucha y que incluían muchas veces palabras de simpatía hacia los vascos e incluso cintas magnetofónicas conteniendo programas grabados de *la txalupa* o fotografías de los propios radioescuchas y de sus ciudades. Estos partes de recepción, que constituían verdadero *pasto moral* para el grupo, provenían de los más diversos puntos y países del mundo, principalmente de Alemania, EEUU e Italia, pero también del Reino Unido, Holanda, España, Francia, Finlandia, Canadá, Suecia, Austria, Bélgica, Suiza, Colombia; y, en menor medida, de Dinamarca, Polonia, Japón, Puerto Rico, Nueva Zelanda, Argentina, República Dominicana, Checoslovaquia, Rusia, Irlanda, Portugal, Noruega e incluso Sudáfrica. Tantos eran los partes de recepción que, en 1967, los *noruegos* diseñaron las QSL de Radio Euzkadi, tarjetas de confirmación para acusar recibo. Estas QSL eran las que mostraban la fotografía de unas montañas nevadas y una larguísima antena.

Siendo el objetivo de los *noruegos* conseguir progresivamente un mayor número de oyentes, la propaganda constituía un arma fundamental. Pero desde Venezuela poco era lo que se podía hacer, salvo procurar garantizar la calidad y el interés de la programación. Debía ser la gente del interior la que se encargase de explotar al máximo todos los medios a su alcance. La labor de propaganda oral llevada a cabo por los nacionalistas residentes en Iparralde, sobre todo por Rezola, Isasi y el propio lehendakari Leizaola no fue nada desdeñable, pero, al igual que en la etapa anterior, la publicación de anuncios en las diversas revistas editadas allí -*OPE, Gudari, Alderdi, Tierra Vasca, Euzko Deya*...- constituyó el principal recurso propagandístico. Además de los anuncios ordinarios indicando horarios, ondas, cambios en ambos, y condiciones óptimas para ponerse a la escucha de *la txalupa*, estas revistas incluían consignas y slogans de Radio Euzkadi y algunas de ellas crearon, incluso, secciones *ad hoc* denominadas "voces de Radio Euzkadi" o "Radio Euzkadi informa". El objetivo era que la emisora clandestina fuera noticia en sí misma y que se acreditase no sólo como propagadora sino también como creadora de información. En alguna ocasión Radio Euzkadi publicó *bertsos* en agradecimiento a la ayuda prestada por esas revistas.

En un par de ocasiones, fueron medios de comunicación externos los que, sin mediar intervención alguna de *la txalupa*, informaron acerca de su existencia y de sus horarios. Sucedió, por ejemplo, en agosto de 1965 con Radio Bilbao y Radio Popular de San Sebastián, y, posteriormente, con publicaciones como *Ellectronis Illustrated* o *Le Monde*.

Un segundo medio propagandístico fue la distribución de hojas volantes y octavillas incitando a sintonizar la emisora y difundiendo los requerimientos mínimos de escucha. La utilización de este método fue defendida por el equipo de Radio Euzkadi desde el principio porque creían que si no se oía la emisora no era por problemas técnicos sino por puro desconocimiento de su existencia o porque las circunstancias de escucha no eran las adecuadas. Sin embargo, las autoridades vascas consideraron que las octavillas no debían utilizarse hasta que no existieran garantías de audición positiva con un mínimo esfuerzo. Por eso, la primera vez que se repartieron octavillas con carácter masivo, fue con motivo del Aberri Eguna celebrado en Vitoria-Gasteiz en 1966. Un total de 500.000 hojas volanderas fue lanzado tanto en Iparralde como en Hegoalde.

Pero el método de las octavillas no fue utilizado con la frecuencia que los *noruegos* hubieran deseado. Buscaron una alternativa en la propagación continua de *slogans*. Estos *slogans* se difundían en sus programas, entre un bloque y otro, y relacionaban la emisora con el euskera, con la Resistencia, con la lucha contra el franquismo... y animaban a escuchar la emisora clandestina. Algunas de las frases habían sido utilizadas en Iparralde, otras las ideó Rezola -señalando con mayúsculas las palabras en las que el locutor debía poner mayor énfasis- y otras las elaboraron los propios *noruegos* (véase anexo 13).

3. OBJETIVOS Y PROGRAMACIÓN

3.1. Carácter y objetivos

Se habían emitido únicamente cinco emisiones de prueba, cuando Alberto Elosegi y Xabier Leizaola, responsables de contenido de Radio Euzkadi, quisieron establecer el criterio a seguir por la emisora clandestina recién nacida. Querían saber, desde el primer momento y para evitar malentendidos y crispaciones, cuál era la línea que, en adelante, debían mantener las emisiones de Radio Euzkadi. Supusieron, sin errar, que Joseba Rezola y los miembros del Gobierno esperarían algo de carácter serio e intelectual pero ellos deseaban hacer una radio que, sin perder seriedad, fuera más sentimental, llegara al corazón porque "un programa no es un periódico que uno lo digiere, lo lee y lo relee las veces que quiere". Su objetivo era confeccionar y emitir programas que impactaran, compuestos de numerosos slogans y la constante repetición de párrafos cortos de fácil compresión[94].

Aunque Radio Euzkadi hizo profesión de fe de su total reconocimiento y supeditación al Gobierno Vasco en el exilio y siempre prestó sus micrófonos como altavoz de los mensajes de la máxima institución vasca, lo cierto es que la emisora clandestina fue un instrumento hecho íntegramente por los jóvenes de EGI. Y, como jóvenes que eran -y que vivían la realidad vasca, también hay que tenerlo en cuenta, a miles de kilómetros de distancia- querían hacer una radio con carácter y decididamente nacionalista. De hecho, el tono de esas emisiones iniciales fue calificada como "explosivamente nacionalista" y suscitó controversias y reparos entre algunos dirigentes partidarios de un tomo más suave y moderado.

Joseba Rezola esperaba que la resucitada Radio Euzkadi fuera continuación de la que le habían arrebatado en 1954. Nadie puso el deseo del *jefe* en entredicho. Es más, todos coincidieron en que así debía ser. El problema surgía a la hora de concretar la línea a seguir, el carácter que se debía imprimir a la emisora. Recordemos que, durante la etapa de Iparralde, Rezola precisó siempre que Radio Euzkadi era una emisora al servicio del Gobierno Vasco, entendido éste como una institución en la que estaban representados diferentes grupos políticos e ideologías diversas, y que este planteamiento fue causa de más de un enfado por parte de colaboradores nacionalistas de la emisora. Y ahora, casi veinte años después, se hallaban de nuevo ante la misma disyuntiva.

Todo lo hasta entonces realizado en Venezuela para resucitar Radio Euzkadi había sido por iniciativa del PNV y gracias, sobre todo, al esfuerzo de la gente de EGI organizada en torno a Inza. Por esta razón ¿por qué presentarla como una radio del Gobierno Vasco, "un gobierno que agrupaba a socialistas, republicanos y demás?" se preguntaban muchos de los *noruegos*. Creían lógico y justo mostrarla como la continuación de *Gure Irrati Ixilla* pero atribuyendo a EGI el protagonismo que realmente se merecía[95]. Hubo diferencias incluso a la hora de elegir el slogan. Tras amplia discusión, se había decidido cambiar la expresión "burrukalarien deia" -utilizada en la presentación de Radio Euzkadi en Iparralde- por la de "Gudarien deia", pero Rezola consideró que era mejor proseguir con el antiguo slogan y recalcó que los pilares de Radio Euzkadi debían ser tres: Democracia, Resistencia y Gobierno Vasco, sin perder de vista que en estos dos últimos participaban fuerzas distintas, a las que no se debía ofender ni molestar, porque, como dijera también años atrás, "es mucho más lo que nos une que lo que nos separa y hay un deseo evidente de entendernos".

Asimismo, el *jefe* aconsejó a los *noruegos* que cuidaran la terminología, llamando al Gobierno español Gobierno franquista, para no ofender a los españoles antifranquistas, que emplearan con preferencia términos como *pueblo* y *país* cuando se refirieran a la colectividad o a la tierra vasca y que evitaran prodigarse los *Gora Euskadi*: "Esa despedida que hace el locutor euzkerico al final de la emisión "Agur eta Gora Euzkadi azkatuta" me parece un exceso de campechanía, muy bien para colofón de una cuchipanda pero no tanto como remate de una emisión"[96].

Elosegi y Leizaola estaban *entre la espada y la pared*. Decidieron acatar las órdenes de Rezola y emitir sin estridencias. Ellos preparaban los guiones y los locutores debían seguirlos a rajatabla. Todo lo que iba a emitirse pasaba inexcusablemente por el tamiz de Alberto Elosegi. Incluso la música a utilizar en cada programa, los slogans, las consignas... estaban previamente establecidos. Como era previsible, fue sumamente difícil –¡y qué merito el de ambos!- conseguir ese equilibrio entre la línea moderada prescrita por las autoridades y aquellos otros partidarios de que la seña de identidad de la emisora clandestina vasca fuese un arraigado y radical nacionalismo. Más, si tenemos en cuenta que el personal y la mayoría de los colaboradores pertenecían a este último grupo. De hecho, y a pesar de que teóricamente se respetaron las directrices emanadas desde el Gobierno y la Resistencia, en la etapa venezolana Radio Euzkadi fue un instrumento antifranquista al servicio de la causa vasca, pero, sobre todo, un instrumento de EGI. Sirva como botón de muestra que en la careta de entrada se siguió utilizando el término "Gudarien deia". Estos jóvenes imprimieron a su programación un carácter más nacionalista, más combativo, un ritmo más rápido, más ligero, en definitiva, más americano y más joven.

Sus principales objetivos fueron básicamente informar a la opinión pública de lo que sistemáticamente se le estaba ocultando y reaccionar a los ataques constantes de la propaganda franquista contra los intereses vascos, evitar que la propaganda radiada se redujera a una dialéctica entre emisoras franquistas y comunistas, y, sobre todo, defender la legitimidad de los derechos y libertades vascas. Hasta el momento, el espacio radial contrario al régimen estaba monopolizado por la emisora clandestina de los comunistas *Radio España Independiente*, emisora cuyo número de oyentes había aumentado considerablemente en los últimos años. Había gente que, sin ser comunista, la sintonizaba para contrarrestar las informaciones de la radio y prensa franquistas. Existían, asimismo, rumores sobre la posibilidad de que ETA adquiriera una emisora en Argelia. Por eso, lanzar Radio Euzkadi se consideró realmente importante para los intereses de los nacionalistas moderados. Lógicamente, una microemisora clandestina como aquella no fue el referente principal de la oposición al franquismo ni pudo competir con otras radios antifranquistas. Pero la importancia de *la txalupa* radica, sobre todo, en su papel como elemento de cohesión, símbolo de unión de la diáspora vasca que quiso y supo mantener vivo el proyecto nacionalista.

3.2. Horario

Al igual que sucediera en la etapa de Iparralde, el horario de las emisiones de Radio Euzkadi estuvo supeditado a los informes de escucha y a las sugerencias recibidas desde el interior. La radio clandestina estaba a merced no tanto de sus propias posibilidades como de los condicionantes externos. Y aunque el primer año de vida se probaron distintos horarios y ondas buscando los más adecuados, la verdad es que las variaciones fueron mínimas y la franja horaria se mantuvo, en general, durante los trece años de vida, entre las 21:30 y las 23:30 horas.

Durante el período de prueba, de julio a septiembre de 1965, se realizaron tres emisiones semanales. Los programas duraban media hora y se repetían tres veces. En septiembre, cuando *la txalupa* comenzó sus emisiones oficiales se empezó a emitir a diario, repitiendo el mismo programa, de treinta minutos de duración, varias veces al día -de 21:30 a 23:30 horas- y durante varios días consecutivos, es decir, un programa los lunes y martes, otro los miércoles, jueves y viernes, y el tercero los sábados y domingos.

En octubre empezaron a emitir un programa distinto cada día; únicamente la emisión de los domingos se repetía el lunes. Los programas duraban, aproximadamente, media hora y se emitían a las 21:30 y a las 22:30. Hubo temporadas en las que se añadieron emisiones a las 20:30 y 23:30. Esa fue la tónica que se mantuvo en toda esta etapa.

3.3. Estilo y estructura de los programas

De igual manera que trataron de concretar desde el primer momento la línea a seguir por la emisora, así también quisieron Elosegi y Leizaola dotar a la programación de Radio Euzkadi de un formato-tipo y de una estructura sólidos. Decidieron realizar programas a base de guiones fragmentados, que contuvieran, no una larga y pesada charla, sino una yuxtaposición de múltiples párrafos, cuyos mensajes se pudieran captar independientemente unos de otros. Los programas de prueba fueron realizados a base de noticias glosadas, slogans de libertad y justicia social, efemérides históricas, noticias breves... todo ello animado con música "patriótica". El objetivo era lograr un "impacto sentimental". Trataron de simplificar al máximo los mensajes y evitar contradicciones. Como el objetivo era, por otra parte, atacar sin piedad al enemigo mostrándole su propia debilidad, se procuró denunciar con energía sus abusos y errores.

Rezola, sin embargo, aconsejó que, a la hora de diseñar la programación, pensaran más en los amigos que en los enemigos, sin dejar por ello de exponer las mentiras y las deformaciones de la propaganda franquista. También consideraba que debían mantener la objetividad y la seriedad, incluyendo una charla en profundidad. Pero, a pesar de los matices, las opiniones eran coincidentes en lo fundamental y las primeras emisiones presentaron un formato más o menos establecido con una sección informativa, otra para tratar temas religiosos y una tercera dedicada al euskera.

Con todo, los jóvenes de EGI querían algo más dinámico, menos monótono. La inicial propuesta de Elosegi, que fue la que básicamente se mantuvo, incluía secciones variadas, breves. Luego, lógicamente, algunas se sacrificaron en algunos programas -bien porque no había material para abordarlos o bien porque los *noruegos* así lo decidieron-, otros nuevos como efemérides o slogans se fueron insertando, pero en lo básico, el esquema se mantuvo. Un programa tipo podría ser el siguiente: Música de comienzo, presentación, charla o lectura (generalmente grabada), identificación de la emisora, editorial o lectura de artículos, identificación de la emisora, música, sección dedicada al euskera (generalmente charlas en euskera), anuncio de Radio Euzkadi, efemérides (a veces), música, slogans, noticias de Euskadi y del mundo, breve editorial (a partir de 1971 en inglés, leída por Tommy Andonegi), identificación de la emisora, música de cierre. Las noticias, muchas veces, se radiaban al inicio y no al final de la emisión. Para separar cada una de las secciones se utilizaba música (fragmentos de 20 o 30 segundos), las frases identificativas de la emisora, o slogans y consignas enviadas por EGI al interior (véase anexo 13).

El contenido fue mejorando día a día. Fueron adquiriendo agilidad, calidad y, como entonces se decía, "pegada". No se puede decir que fueran programas atractivos o entretenidos desde el punto de vista actual pero tampoco era ese su cometido. Sin embargo, se observa un diferencia notable con respecto a las emisiones de Iparralde, que constaban de tres únicas y largas secciones, separadas únicamente por intervalos musicales y leída cada una enteramente por un único locutor (el de castellano para comentario y noticias y el de euskera para la sección euskérica). *La txalupa* era una emisora gestionada por jóvenes con muchas ganas de pelear, algunos de ellos con formación en periodismo -otra diferencia con respecto a la anterior etapa- que tenían muy arraigado el sentimiento de resistencia y que, influenciados también por las formas americanas, y rehuyendo en lo posible las directrices marcadas, hicieron una radio más ágil y dinámica. Las secciones eran más y mucho más breves y eran dos los locutores que se turnaban continuamente, de una sección a otra, e incluso de una noticia a otra. El lenguaje era directo, en ocasiones "socarrón". El toque serio lo aportaban los comentarios y la sección de noticias.

Para elaborar los programas, los *noruegos* disponían de las siguientes fuentes de información: cables de agencias de prensa -*Reuter, APE, Associated Press* y *France Press*- que proporcionaban noticias frescas; escucha de emisoras extranjeras; recortes de prensa francesas -sobre todo *Le Monde, Le Figaro* o *Sud Ouest*-, que llegaban a los cuatro días de producirse los sucesos; cartas y recortes enviados desde Euskadi, que suministraban noticias acerca de la resistencia en el interior; periódicos españoles que se vendían en Venezuela -*La Voz de España, El Socialista, La Vanguardia, Ya, Marca, Mañana, ABC Semanal*...-; periódicos que se publicaban en Euskadi -*La Gaceta del Norte, La Hoja del Lunes, El Diario Vasco, El Diario de Navarra, El Correo*...; revistas como *Herria, Alderdi, Zeruko Argia* o *Irakintza* (Revista de Pedagogía Vasca); y, sobre todo, *OPE*. El boletín del Gobierno Vasco aliviaba del trabajo de escribir comentarios, aunque después hubiera que *radiofonizarlos*, es decir, alterar algo su redacción para ser emitidos a través del micrófono.

Todo este amasijo de recortes de prensa y notas informativas que recababan los *noruegos* o eran enviadas por Rezola, Isasi, Bujanda y Peru Ajuria, llegaban a manos de Elosegi y Leizaola y, más tarde, de Anasagasti y Urresti, y ellos, con la ayuda de otros miembros del grupo, emprendían la labor de confección de los distintos programas. Las tres copias del guión completo y mecanografiado de cada programa se llevaban a *El Paraíso*, donde dos locutores y un técnico grababan los programas tres veces por semana -los lunes, miércoles y viernes-. La duración media de una grabación equivalía aproximadamente al doble de la duración del programa. Ahora bien, en ocasiones el proceso se alargaba más de la cuenta debido a que, los ruidos de fondo -bocinas, gritos de niños...- se oían en la grabación y era necesario volverla a repetir. Una vez efectuada, un joven de EGI, con su propio vehículo, transportaba la cinta magnetofónica o *talo* a *Macuto*, donde la recogía el operador para emitirla a las horas señaladas.

La sintonía característica de Radio Euzkadi, que sonaba al inicio y al cierre del programa estaba compuesta, como en Iparralde, por las ocho primeras notas del *Eusko Abendaren Ereserkia*, interpretadas al xilofón. Al inicio, después de la sintonía y al final, antes de la misma, se escuchaba la frase identificativa de la emisora en euskera (Garbiñe Urreisti) y español (Iñaki Aretxabaleta), y, posteriormente, también en inglés (Guillermo Ramos) y francés (Paul Agirre), seguida generalmente de un fragmento del *Eusko Gudariak*.

> "Hemen Euzkadi Irratia, eusko Erresistentziko Gudarien Deia" [en un principio y por mandato de Rezola, "Eusko Erresistentziko Burrukalarien Deia"]. This is Radio Euzkadi, the voice of the basque underground. Ici Radio Euzkadi, la voix de la Resistance basque; Aquí Radio Euzkadi, la voz de la Resistencia vasca".

Hacia la mitad de la emisión, generalmente se insertaba un anuncio de la emisora en euskera y castellano que rezaba así:

> "Hemen Euzkadi Irratia, eusko Erresistentziko Gudarien Deia. Euskaldun irratentzuleak! Oroitarazten zaiuztegu Euzkadi Irratiak egunean hiru irratsaio ematen dituela: [orduko ordutegiak eta

irradak emanez] Euskaldunak! Entzun beti Euskadi
Irratia, eusko Erresistentziko gudarien deia!"

"Aquí Radio Euzkadi, la Voz de la Resistencia vasca.
Nos permitimos recordar a nuestros oyentes que
Radio Euzkadi transmite tres emisiones diarias:
[señalando las horas y las ondas correspondientes]
¡Atención todos los días a Radio Euzkadi, la voz de la
Resistencia vasca!"

Para cerrar, antes de la identificación y de la sintonía, el locutor se despedía de los oyentes con las siguientes palabras:

"Radio Euzkadi saluda a sus oyentes y se despide
hasta su próxima emisión. Euzkadi Irratiak bukatu
du honenbestez bere irratsaioa eta agurtuaz
hurrengo irratsaioarte uzten zaituztegu"

En este tipo de programa de ritmo más rápido, la música jugaba un papel esencial. Gracias a los discos enviados desde Euskadi por Isasi, Ajuria y Bujanda, los *noruegos* fueron alimentando una pequeña discoteca, compuesta principalmente por música vasca, algo de clásica -"para días de gran gala"- y, poco a poco, más música "moderna". Inicialmente, los discos enviados eran discos de música folklórica o sacra, muy parecida a la utilizada en la fase de Iparralde (la Marcha de San Sebastián, la de San Ignacio, canciones sanfermineras, dulzaineros, txistu...) pero, en consonancia con el estilo de la nueva programación, los *noruegos* pronto vieron la necesidad de dotar de un aire más juvenil y más reivindicartivo también a la música.

Canciones de Mikel Laboa Urretxindorrak, Xabier Lete, Gogor, Unai bikotea, Benito Lertxundi, Julián Lecuona, Pepito Alonso, Lurdes Iriondo, Estitxu, Idoia, Carlos Munguía, Jean Borthaire, Irune eta Andoni Argoitia, Michel Labeguerie, María Ángeles Olariaga, Luis Amilibia, José Luis Garay, Carlos Fagoaga, Manuel Yaben, el otxote Itxaso, Raimon... fueron engrosando la discoteca.

La utilización de algunas de las canciones de estos autores, de tono claramente reivindicativo, sobre todo las del compositor y diputado de Iparralde Michel Labeguerie (*Ezkilaren kantua, Gu gara Euskadiko, Zer duk nigarrez?, Pakearen urtxoa, Aurtxoa aurtxoa...*), que fueron de las primeras no "folklóricas" que sonaron en la emisora, despertaron inquietud entre algunos miembros del Gobierno Vasco. Radio Euzkadi argumentó la necesidad de utilizar para su causa estos símbolos de popularidad y modernidad. De hecho, y siguiendo en esa línea, una de las canciones que más sonó en la emisora vasca fue el famoso *La, la, la* -tema de Ramón Arcusa, interpretado en su versión catalana por Joan Manoel Serrat y en la castellana por Massiel-, canción triunfadora en el certamen eurovisivo de 1968. Los *noruegos* aprovecharon el éxito de la canción y elaboraron su propia versión en euskera. Tanto gustó que hicieron lo mismo con la melodía de *El puente sobre el río Kwai* y con el *Yellow Submarine* de *The Beatles*. Muy utilizadas fueron también *Els Segardors* -cuando se daba alguna noticia relacionada con Cataluña- y varios discos de txistu.

No obstante, la cinta que más se escuchó en Radio Euzkadi fue la que ellos mismos bautizaron como "Talo de Oro", una grabación que recopilaba canciones vascas -*Gu gara Euzkadiko, Lore eder bat, Gernikan su, Eusko Gaztedia, Goazen mendirik mendi, Jaiki jaiki, Mendiko negarra, Itxarkundia, Aitonaren esana, Espainarrak garela, Zazpi Euskal Herriak bat...*- interpretadas por los propios componentes del EGI caraqueño: Jesús María Gallastegi (acordeón y dirección), Txomin Llanos (guitarra y solista), Antonio Mendiluze, Paulín Urresti, Josu Urresti, Kepa Lekue, Joseba Iturralde, Jon Mikel Olabarrieta, Iñaki Aretxabaleta -hacía los dúos a Llanos- y Guillermo Ramos.

La pretensión inicial de Radio Euzkadi fue hacerse primero un hueco en las ondas y después adquirir cierto prestigio haciéndose eco de la actualidad mundial y, sobre todo, de la realidad vasca, por lo que las noticias constituyeron una sección clave dentro de su programación. Además, jugó al despiste dando la impresión de estar en Europa y ello requería de información puntual. Las noticias recibidas desde Euskadi tenían que ser muchas y muy diversas, y, en la medida de lo posible, llegar de inmediato para ser emitidas rápidamente pero la única probabilidad de acceder a información rápida era contar con una red de corresponsales en las capitales vascas y ese extremo no se logró. El correo tardaba varios días en llegar a Venezuela y lo cierto es que "las noticias de Radio Euzkadi son generalmente 'fiambres' cuando se dan"[97].

Una de las novedades con respecto a la etapa de Iparralde fue que en la programación de *la txalupa*, además de la sección puramente informativa, titulada "Noticias de Euskadi y del Mundo", que se ofrecía hacia el final del programa, existían otras secciones que consistían en artículos de opinión o editoriales que comentaban determinado suceso o noticia relevante, generalmente de carácter antifranquista. Lo que no varió fue el hecho de que se dispusiera y, por tanto, se emitiera, más información extranjera que nacional. El orden seguía siendo el de antes: primero los sucesos de Euskadi, después los estatales y, finalmente, los de carácter internacional.

Las noticias relativas a Euskadi procedían en su mayor parte, y en este orden, de Baiona, Donostia-San Sebastián, Bilbao, Donibane Lohitzune, Iruña y Vitoria-Gasteiz, y, en menor medida, de otros puntos de la geografía vasca. La mayoría, concretamente, un 39%, se refería a temas políticos. *La txalupa* daba cuenta de las detenciones, multas, maltratos en comisarías y cárceles, juicios, sentencias condenatorias, actos de resistencia, represión franquista en las calles, procedimientos electorales, actuaciones estudiantiles... Como ven, son prácticamente, los mismos temas tratados en la fase de Iparralde, haciendo, eso sí, mayor hincapié en la política represiva de Franco y, sobre todo, en los presos. Asimismo, se trataron también noticias de tipo económico -sobre industria, pesca, agricultura, transportes, trabajo, organizaciones sindicales, fiscalidad, Banca...-, de tipo cultural -principalmente información deportiva y relacionada con el euskera- y también religioso. En menor medida, se difundieron noticias acerca de personas concretas, de la enseñanza en las ikastolas, prensa, turismo, medio ambiente...

Las noticias de ámbito estatal procedían de Madrid en su mayoría (68%) y hacían alusión, sobre todo, a temas políticos. También se radiaba otro tipo de información, de carácter económico, cultural, etc. pero casi siempre como medio para criticar al régimen. Lo mismo sucedía con la información internacional. La política fue absoluta protagonista (70%) de este bloque informativo (véase anexo 14).

Aunque en algunos programas sí se leyeron charlas más o menos largas, lo cierto es que generalmente, los *noruegos* dejaron al margen las recomendaciones de Rezola sobre la necesidad de emitir comentarios de peso y profundidad y prefirieron, sin renunciar a la seriedad, textos de menor extensión. Por ello, fieles al ritmo "rápido" de las emisiones, muchas veces tuvieron que sintetizar, resumir y retocar los enviados desde Euskadi. Ellos necesitaban "charlas breves, ricas en argumentos concisos y contundentes". En cada programa eran dos o tres comentarios los que se leían. Pero, claro, ello también requería de un mayor número de colaboraciones. La carencia de éstas provocó su repetición en más de un programa. En ocasiones tuvieron que echar mano incluso de comentarios de la etapa de Iparralde.

Los que enviaron sus comentarios fueron intelectuales, sacerdotes, euskaltzales... que, o bien enviaban sus trabajos escritos para que luego fueran grabados, o bien eran ellos mismos quienes prestaban su voz a la emisora enviando directamente las cintas magnetofónicas. Elosegi consideraba sumamente interesante que las entrevistas a personajes destacados se grabaran en Euskadi, porque de esta manera se fortalecía la idea de que Radio Euzkadi se emitía desde allí. Sin embargo, no era partidario de que se grabaran los programas íntegros porque les ataban de pies y manos, y muchas veces las charlas estaban mal grabadas.

Por consiguiente, admitieron únicamente las grabaciones que contenían entrevistas a personas importantes u otro tipo de comentario cuando fuera completamente imprescindible.

Como en Iparralde, la mayor parte de los editoriales tuvieron un cariz político (59%). Pero en esta fase se observa una diferencia con respecto a *Gure Irrati Ixilla*. En aquélla la política exterior y las relaciones internacionales coparon la mayor parte de las horas de emisión. Entonces la situación de Euskadi dependía en gran medida de los movimientos en el tablero de fichas internacional. Ahora, en las décadas de los sesenta y setenta, totalmente rehabilitado el régimen franquista, *la txalupa* se interesó mucho más por la realidad vasca, por el día a día en el País Vasco. Los temas estrella fueron la represión franquista en las calles vascas, la resistencia, ETA, las acciones resistentes de los jóvenes de EGI, y, sobre todo, la situación de los presos políticos en las cárceles franquistas. Radio Euzkadi difundió constantemente listados de detenidos, juzgados o presos, desarrolló prolongadas campañas pro-liberación de presos políticos y sindicales, emitió nombres de "chivatos", siguió de cerca los juicios de mayor repercusión en la opinión pública y lanzó slogans contrarios a la política antiterrorista del franquismo. No obstante, se trataron también cuestiones de carácter mundial, comentarios sobre el proceso de descolonización que se reforzó por aquellos años, los acontecimientos de mayo de 1968, la construcción europea, sobre pueblos oprimidos como los kurdos, saharauis...

Radio Euzkadi también disertó, en orden de más a menos, sobre temas socio-económicos, culturales, deportivos y de carácter religioso. Entre los primeros encontramos campañas contra las elecciones sindicales organizadas por el Gobierno franquista, comentarios incidiendo en la crisis de la economía española (caso Matesa, problemas de vivienda, difícil situación de la agricultura...), otros sobre creación de empresas, fiscalidad, precios, industria, huelgas en determinadas empresas vascas...

En el ámbito de las emisiones culturales se criticó la televisión franquista, se demandó una universidad vasca, se dieron a conocer nuevos autores y músicos vascos, se habló sobre el euskera, el cine, sobre importantes personajes de la cultura vasca como Nicolás Ormaetxea *Orixe*... Cabe destacar el ciclo sobre historia vasca realizado a finales de 1966. Recordando el éxito del espacio emitido en Iparralde, Rezola propuso a Elosegi utilizar de nuevo los trabajos redactados por el lehendakari Agirre. Con esa base, una vez por semana, una de las secciones de comentario se dedicó a divulgar algunas de sus páginas.

El deporte, principalmente el fútbol, adquirió en esta fase venezolana una atención que no había tenido antes. Las gestas deportivas de los equipos vascos y el despliegue de ikurriñas en esos encuentros se difundían con entusiasmo, recalcando su importancia, no tanto en el sentido deportivo como en el político y "patriótico". *La txalupa* ayudó a calentar el ambiente que rodeaba a esas competiciones futbolísticas. Mención especial merecen las últimas jornadas coperas de la temporada 1965-66. A partir de que, en cuartos de final, el Athletic de Bilbao venciera al Atlético de Madrid, Radio Euzkadi apoyó en sus emisiones al equipo vasco "con el fin de canalizar hacia lo patriótico y lo político, una pasión deportiva"[98]. El Athletic venció al Betis en semifinales y cayó derrotado ante el Zaragoza en Madrid el día 31 de mayo.

Las charlas de carácter religioso se centraron, básicamente, en la crítica a las autoridades eclesiásticas que daban su apoyo al régimen franquista, y, por el contrario, en el reconocimiento y el agradecimiento a los sacerdotes que se manifestaron públicamente contra la dictadura o aquellos otros que eran detenidos y encarcelados.

Algunas emisiones incluían una sección de efemérides. Para cubrirla, los *noruegos* fueron creando una carpeta con información sobre aniversarios, acontecimientos o fechas importantes de la historia vasca: batallas de los bous en la guerra civil, leyes abolitorias de los fueros vascos, nacimiento de Gandhi, fundación del Sabindiar Batza, la toma de Bilbao, la firma de Larrazabal, el pacto de Bayona, etc (véase anexo 15).

Los slogans y las consignas constituyeron un elemento importante en los programas de *la txalupa*. Servían para separar las secciones e imprimir un ritmo más ágil a las emisiones. Pero, a su vez, eran el medio idóneo para enardecer los ánimos de los oyentes. Algunos slogans iban dirigidos, principalmente, a reactivar el espíritu de lucha de la juventud vasca y a mantener vivo el espíritu y el sentimiento nacionalista; otros animaban a escuchar Radio Euzkadi.

El slogan más utilizado fue el "Euskotarren Aberria Euzkadi da", frase de Sabino Arana Goiri y "Entzun beti

Euzkadi Irratia, Euzko Erresintentziko Gudarien Deya. Atención todos los días a Radio Euzkadi, la voz de la Resistencia vasca". Otros muy utilizados fueron "Oír Radio Euzkadi es un acto de Resistencia; difundir sus horarios y divulgar sus comentarios e informaciones es Resistencia activa. ¡Vasco, en el taller, en la fábrica, en la oficina: difunde la voz de los vascos que luchan por la Libertad!" o "Radio Euzkadi es un irrintzi de libertad que resuena en toda Europa. Radio Euzkadi es un grito de combate y de esperanza que llama al pueblo a la lucha por su liberación. Vasco: no permitas que ese grito de pierda en el vacío. Compatriota: difunde nuestro irrintzi. Que ese esfuerzo de muchos hermanos tuyos no se malogre" (véanse más slogans en anexo 14).

Las consignas consistían o bien en mensajes de la Resistencia vasca para los oyentes en general (del estilo de "No pagar las multas y sumarse así a la campaña de resistencia activa que encabeza Euzko Gaztedi (...) Mostremos nuestra fuerza y nuestra solidaridad no pagando las sanciones injustas. Unidos venceremos"), o bien en la repetición de frases breves, mensajes destinados a los resistentes del interior, que a veces se podían entender pero que otras eran compresibles únicamente por sus destinatarios. Ejemplos del primer caso serían los mensajes "Seguimos esperando a Egizale", que significaba que estaban aguardando comentarios de don Alberto Onaindia, "Los temporales no harán zozobrar el buque", que quería decir que, a pesar de los problemas, Radio Euzkadi seguiría emitiendo... Y del segundo frases como "Seguidamente escuchen un mensaje de la Resistencia vasca: En un árbol de Urbía hay 35 hojas, en un árbol de Urbía hay 35 hojas.

Repetimos: en un árbol de Urbía hay 35 hojas" o "No hay nieve en el corazón, no hay nieve en el corazón, no hay nieve en el corazón. Repetimos el mensaje de la Resistencia vasca: no hay nieve en el corazón", "Transmitimos seguidamente un mensaje de la Resistencia: Burgos es la ciudad del Cid. Esta frase tiene seis palabras: Burgos es la ciudad del CID. Esta frase tiene seis palabras. Atención: seis palabras". (véanse otras consignas en anexo 13).

Una de las secciones fijas de las emisiones de Radio Euzkadi era la dedicada al euskera. Fue una de las pautas insoslayables marcadas por Rezola. Lo fue así en Iparralde y lo debía seguir siendo en Venezuela pues uno de lo objetivos de la emisora era la promoción de la cultura vasca y, principalmente, del euskera. Pero los *noruegos*, aún compartiendo plenamente este criterio, no lo pudieron acatar siempre, en primer lugar, por la escasez de colaboraciones en este idioma -mayor incluso que en la anterior fase- y por la falta de un locutor que supiera leer correctamente en euskera pero cuya voz no fuera fácilmente identificable. Este último problema provocó que las primeras emisiones carecieran de sección euskérica.

La solución fue la grabación de comentarios en euskera en Euskadi. En cada cinta magnetofónica, el mismo Rezola u otro locutor, grababa cinco o seis, para que los *noruegos* tuvieran el euskera, como ellos mismos decían, "en conserva". Cuando, a pesar de esta medida, no había material que emitir, las charlas eran sustituidas por una serie de slognas a favor del uso de esta lengua elaborados también por el propio Rezola:

> *"Euskera pizten badegu, euskerak piztuko du Euzkadi. Batasuna indartzen badegu, batasunak indartuko du Euzkadi. Euskera indaberritzea, Aberriaren anima indarberritzea da. Euskaldunen batasuna indarberritzea, Aberriaren indarrak ugaritzea da"*[99]

Debido a la carencia de trabajos en euskera, Radio Euzkadi se vio obligada a emitir todo lo que cayera en sus manos, en detrimento del nivel del idioma. Algunos colaboradores acusaron a la emisora de utilizar un euskera vulgar, al que llamaron "euskeranto". Pero los *noruegos* consideraron que lo importante era que el euskera utilizado, aunque no fuera el más puro, fuese entendible para la mayoría de los oyentes, y, a pesar de las críticas, conscientes de que el euskera debía ser un objetivo irrenunciable y una de sus armas en la lucha antifranquista, concedieron cada vez mayor importancia a su uso y promoción. Así, por ejemplo, divulgaron a través de sus micrófonos y en formato de serie la encuesta sobre la cultura y lengua vascas diseñada en octubre de 1966 por Euskal Kulturare Alde (EKA). Poco a poco, además, nuevos jóvenes vascoparlantes que se enrolaron en *la txalupa* pudieron desarrollar labores de locución, cobrando el euskera mayor presencia.

3.4. Programas especiales

Cárceles, represión, detenciones... constituían el día a día de *la txalupa*, las cuestiones que completaron sus trece años de emisión. Ese día a día se veía alterado con ocasión de celebraciones señalados como los Aberri Eguna, los Gudari Eguna, los aniversarios de la constitución del Gobierno Vasco y del nacimiento o fallecimiento de Sabino Arana

Goiri, los primeros de mayo y los días de Navidad y Noche Vieja. En esos programas especiales el plato fuerte solía ser un mensaje del lehendakari Leizaola grabado pocos días antes en Iparralde. Los días de Navidad, en lugar de emitir tres programas, uno cada hora, Radio Euzkadi ofrecía una emisión de aproximadamente tres horas de duración, preparada con antelación para que Ixaka Atutxa pudiera celebrar el día de Gabon entre los suyos. El mensaje del lehendakari se difundía los días 24 y 25, repitiéndose, en ocasiones, el día 31.

Probablemente el mayor éxito informativo de Radio Euzkadi en Venezuela lo constituyeron las emisiones realizadas con motivo del Aberri Eguna de Vitoria-Gasteiz de 1966. Era el primero celebrado estando en marcha *la txalupa*. ETA había convocado otra concentración para el mismo día en Irún-Hendaia y desde los micrófonos de Radio Euzkadi se exhortó al pueblo vasco a acudir a Vitoria-Gasteiz y no a la convocatoria de ETA. La campaña tuvo efectos muy positivos, tanto para el mismo acto, de cuya celebración miles de personas tuvieron conocimiento a través de la emisora clandestina, como para la propia emisora, cuyo número de oyentes creció a raíz de este Aberri Eguna.

Lo cierto es que los *noruegos* prepararon la campaña y las emisiones con anterioridad y de forma meticulosa. Solicitaron al lehendakari que enviara un mensaje grabado en cinta magnetofónica y pidieron un plano de Vitoria-Gasteiz para ir situando los movimientos de la gente que acudiera a la concentración. Introdujeron, asimismo, una novedad que se repetirá en años posteriores y en otras fechas significativas como los primeros de mayo. Concertaron una conferencia telefónica para el mismo día de Aberri Eguna. Con ambas medidas, el mensaje de Leizaola y la voz del *corresponsal* dando cuenta de los últimos acontecimientos, concedieron a la emisión un carácter de "riguroso directo", una impactante maniobra psicológica, "que haría dudar a cualquiera sobre dónde está la chalupa"[100].

Con el fin de que Radio Euzkadi emitiera ese día información lo más rápidamente posible, idearon, incluso, un código para reducir la extensión y, por tanto el precio, de los mensajes telegráficos. Se trataba de un código con distintas combinaciones de letras para abreviar posibles situaciones que pudieran surgir en Euskadi (véase anexo 16). Del éxito de esta emisión se hicieron eco muchas publicaciones vascas.

En posteriores años, Radio Euzkadi continuó preparando la jornada de Aberri Eguna con tanto mimo como en esta primera ocasión, cosechando siempre éxitos informativos. Especialmente importante fue el Aberri Eguna celebrado en 1974, día en el que Leizaola pasó clandestinamente la frontera e hizo su aparición pública en Gernika. Martín Ugalde relató telefónicamente a los oyentes de Radio Euzkadi la gesta del lehendakari.

Al margen de esas destacadas fechas, *la txalupa se saltó* su programación habitual, o mejor dicho, la dedicó casi íntegramente a determinados acontecimientos, cuando éstos así lo requerían. Sucedió así, por ejemplo, con motivo del referéndum sobre la Ley Orgánica del Estado, ley que pretendía garantizar la continuidad histórica del entramando político-institucional del régimen tras la desaparición del caudillo. Franco anunció la celebración de este referéndum a las Cortes el día 22 de noviembre de 1966. A partir de ese momento la emisora vasca desarrolló una intensa campaña anti-referéndum dirigida a criticar la farsa que suponía todo aquel montaje. Fue la primera de este cariz que se hizo en Radio Euzkadi y mostró sus posibilidades como instrumento de agitación y propaganda. Hasta pocas semanas antes de la fecha, *la txalupa* no pudo pronunciarse respecto a la postura a tomar, puesto que tampoco el PNV había adoptado ninguna decisión, pero, finalmente, se decidió aconsejar la abstención activa y, siguiendo las directrices de su partido, también los *noruegos* transmitieron ese consejo. En Euskadi se repartieron al menos dos millones de octavillas a favor de la abstención. Estas octavillas incluían consignas propagandísticas de Radio Euzkadi.

En 1970, la emisora clandestina llevó cabo un seguimiento preciso del caso de Joseba Elosegi, antiguo gudari que trató de inmolarse con fuego ante el caudillo con ocasión de la presencia de éste el 18 de septiembre en el frontón de Anoeta. Radio Euzkadi realizó programas enteros elaborados a base de frases y declaraciones del propio Elosegi.

Ese año 1970 terminaba de forma convulsa en Euskadi. Durante sus últimos meses y primeros de 1971, se desarrolló el famoso *Juicio de Burgos*. Radio Euzkadi informó con continuidad y precisión sobre el Consejo de Guerra y las reacciones de la sociedad vasca. Se valió de las informaciones emitidas por la ORTF (Organización de la Radio Televisión Francesa), por la BBC y por los noticiarios de Radio Nacional de España. A pesar de que el proceso tuvo lugar en la época del año que más dificultades ofrecía para la propagación de las ondas utilizadas por *la txalupa*, se realizó un enorme esfuerzo y una labor informativa de altura que marcó un hito en la historia de la radio clandestina.

Hubo también programas especiales sobre personajes relevantes de la historia o de la política (José Antonio Agirre, Jesús Galíndez, Lluis Companys, Robert Kennedy, *Lauaxeta*, Sabino Arana...) o emisiones dedicadas, en función de las festividades, a los diferentes territorios vascos (a Navarra el día de San Fermín, a San Sebastián los 20 de enero...)

4. AGUR ETA GERO ARTE

El 20 de noviembre de 1975 murió Franco. En los siguientes meses, las distintas fuerzas políticas vascas se prepararon para salir de la clandestinidad. Se acercaba el tan ansiado camino hacia la democracia, pero el año 1796 fue todavía un año agitado. El futuro no se vislumbraba con claridad, la represión no cesaba y las detenciones seguían siendo el pan nuestro de cada día. Radio Euzkadi siguió emitiendo. En marzo de 1977, el PNV celebró la Asamblea de Pamplona, una asamblea que marca el inicio de una nueva etapa en la historia de ese partido nacionalista. El EBB, presidido en aquel momento por Carlos Garaikoetxea, decidió que había llegado el momento de hacerse oír a cara descubierta, en la propia Euskadi, en casa. Ya no hacía falta mantener una emisora clandestina retransmitiendo desde la selva venezolana. Los tiempos estaban cambiando y ahora había que responder a una nueva coyuntura. Existía cierta libertad de expresión y, por otro lado, el grupo de Caracas empezaba a disminuir porque algunos de los *noruegos* se volvían a casa. Juan Ajuriaguerra dijo a Iñaki Anasagasti que hiciese público el emplazamiento de la radio. Ya no se requería ni la clandestinidad ni el anonimato.

Los miembros del EGI caraqueño, el grupo de Radio Euzkadi, decidieron acatar la resolución tomada por la dirección del PNV, y la tarde del sábado 30 abril de 1977, todos los miembros del equipo se concentraron en torno a *Pedro* y *Pablo* y escucharon, con honda emoción, el contenido del último *talo* venezolano. Las voces de los locutores de aquel último programa -Xabier Leizaola, Ricardo Líbano, Iñaki Aretxabaleta y Garbiñe Urreisti- rezumaban nostalgia, sentimiento y pena. Hubo palabras de elogio para el lehendakari Agirre y Galíndez, se recordaron momentos importantes como los Aberri Eguna y se agradeció la entrega y el servicio de todos los miembros de Radio Euzkadi, cuyos nombres se mencionaron uno a uno. El programa se repitió al día siguiente, primero de mayo. Por última vez, se escuchaba la ya inconfundible señal "Hemen Euzkadi Irratia, Eusko Erresistentziko Gudarien Deia" "Aquí Radio Euzkadi, la voz de la Resistencia vasca". Las notas del *Eusko Abendaren Ereserkia* daban por concluido el programa y amarraban para siempre *la txalupa*. (véase anexo 17).

FOTOGRAFÍAS
RADIO EUSKADI
(1936-2015)

La historia de Radio Euskadi

1. Gente huyendo por la costa vizcaína (fotografía AN)

2. Caserío Getari de Itziar (fotografía familia Zabala)

Fotografías

3. Miembros de la familia Zabala ante la puerta del caserío Getari (fotografía familia Zabala)

4. Primer Gobierno Vasco (fotografía AN)

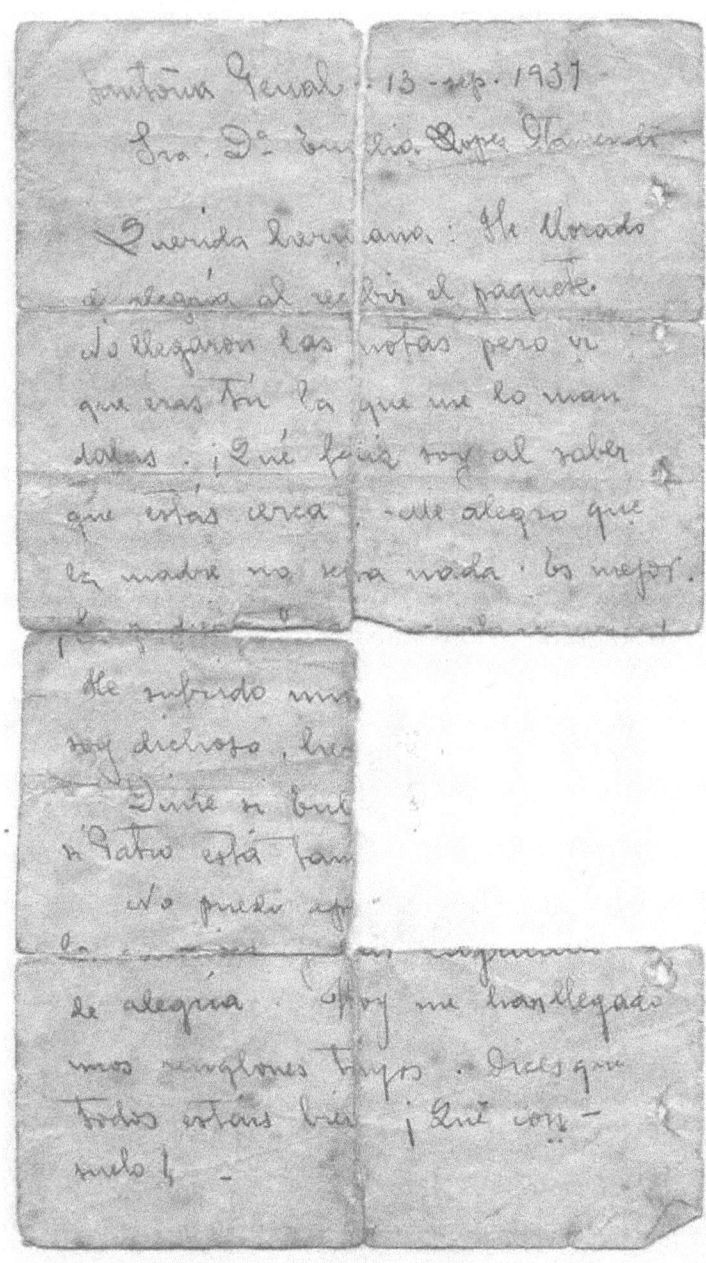

5 y 6. Carta escrita por Félix Tomás López-Otamendi desde el penal de El Dueso (fotografía AN)

Fotografías

carezco de todo. Si puedes, mándame una colchoneta para no dormir sobre el suelo y una manta para taparme. No me mandes ropa ¿para qué? –Qué alegría al ponerme la muda limpia; y sentir la caricia de la ropa limpia.

Mándame jabón, una toalla, y plato que se pueda limpiar fácilmente, una cuchara y un tenedor.

No sé si... creo que no lo... algo llegará... quiero saber...

Gracias, Mamá, cuanto me quieres. Ahora soy feliz.

Tomás
(Celda 25)

[215]

7. Acta de defunción de Félix Tomás López-Otamendi (fotografía AN)

8. Portada del folleto con la alocución del lehendakari Agirre (fotografía AN)

Fotografías

9. Emisora utilizada en Radio Euzkadi Iparralde (fotografía AN)

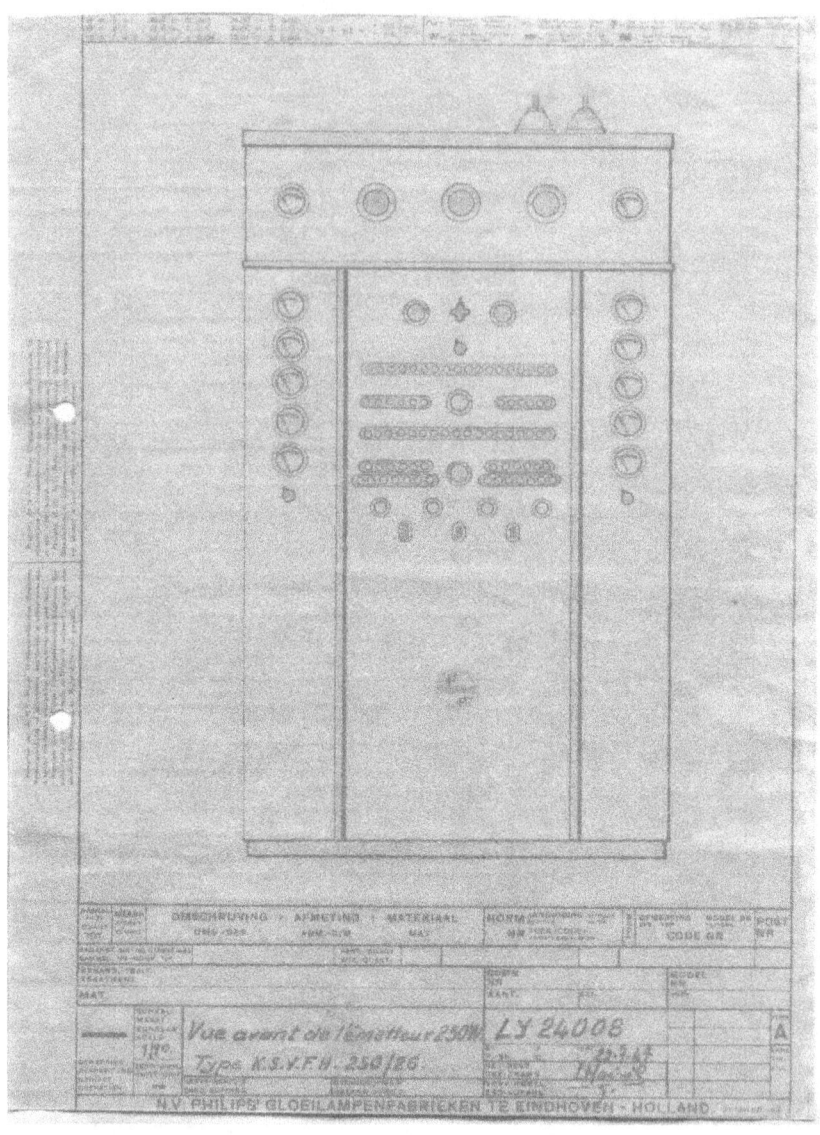

10. Plano para la instalación de la emisora (fotografía AN)

PARA CAMBIAR DE LONGITUD DE ONDA EN LA COLLINS

1.- Enciéndase la llave FILAMENT.-
2.- Póngase la llave CHANNEL en el no. del canal que se vaya a cambiar. (En el caso actual el 3)
3.- Introdúzcase el nuevo cristal de cuarzo en su enchufe. Los canales son, mirando de frente al aparato, el 1 el de la derecha el dos el segundo comenzando por la derecha, etc., el cuarto canal es el de la izquierda. (En el caso presente habrá de retirarse primero un cristal COLLINS de 3907.5 que se halla en el canal 3 y poner en su lugar el nuevo cristal. Este nuevo cristal habrá que enchufarlo en la misma posición, en los mismos agujeros,que los cristales del canal 1 y el del 2 que ya están puestos. Basta fijarse.)
4.- Póngase la llave SELECTOR (creo que tiene este título, aunque no me acuerdo bien, en todo caso es la de la derecha al frente de la emisora, la que para emisión tiene que estar en PHONE) en la posición TUNE BUFFER.
5.- Enciéndase entonces la llave de marcha PLATE, abajo a la derecha.
6.- Con un destornillador de mango aislado ajústese moviendo ligeramente y despacito el tornillo marcado "A" en la figura 1 hasta hacer que el instrumento que se encuentra en el frente, marcado con "E" en la figura 1, marque el máximo, que será alrededor del 10 de dicha escala.
7.- Córtese la llave PLATE
8.- Llévese la llave SELECTOR(o como se llame) hasta la posición de trabajo habitual, PHONE. (Para mover esta llave hay que cortar siempre PLATE).
9.- Enciéndase PLATE.
10.- Con el mismo destornillador pequeño de mango aislado ajústese el tornillo que se halla al lado de la parte anterior de la bobina 3, marcado "B" en la figura 1 hasta conseguir cuidadosamente el mínimo del instrumento marcado "C" en la fig. 1. El mínimo de este instrumento debe caer entre los 200 y los 250 del mismo. Con tal de que eso ocurra el ajuste es bueno.

La emisora en este momento está ya en marcha en la onda del nuevo cristal.

Esto, s.e.u.o., pretende
ser el COLLINS .... Fig. 1

Nota: De los dos cristales, 7860 y 7770 que hoy envío creo que el primero, es decir el de 7860,es el más apropiado. Hágense con él, pues, las primeras pruebas en el plazo más breve posible. Espérese, antes de proceder al ensayo del segundo cristal a recibir mi control.(16-I-1954)

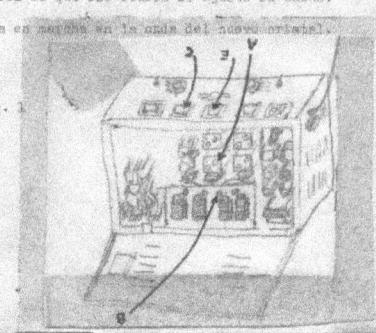

11. Instrucciones para cambiar de onda la emisora (fotografía AN)

12. Joseba Rezola, alma mater de Radio Euskadi (fotografía AN)

13. Ander Arzeluz, Luzear, primer director de Radio Euzkadi en Iparralde (fotografía AN)

14. Presupuesto de Radio Euzkadi de 1947 (fotografía AN)

15. Detalle de la portada de un guión de programa de Radio Euzkadi (fotografía AN)

Fotografías

16. Inauguración del Centro Vasco de Caracas (fotografía AN)

17. En el centro Jokin Inza, encargado de la financiación de Radio Euzkadi (fotografía AN)

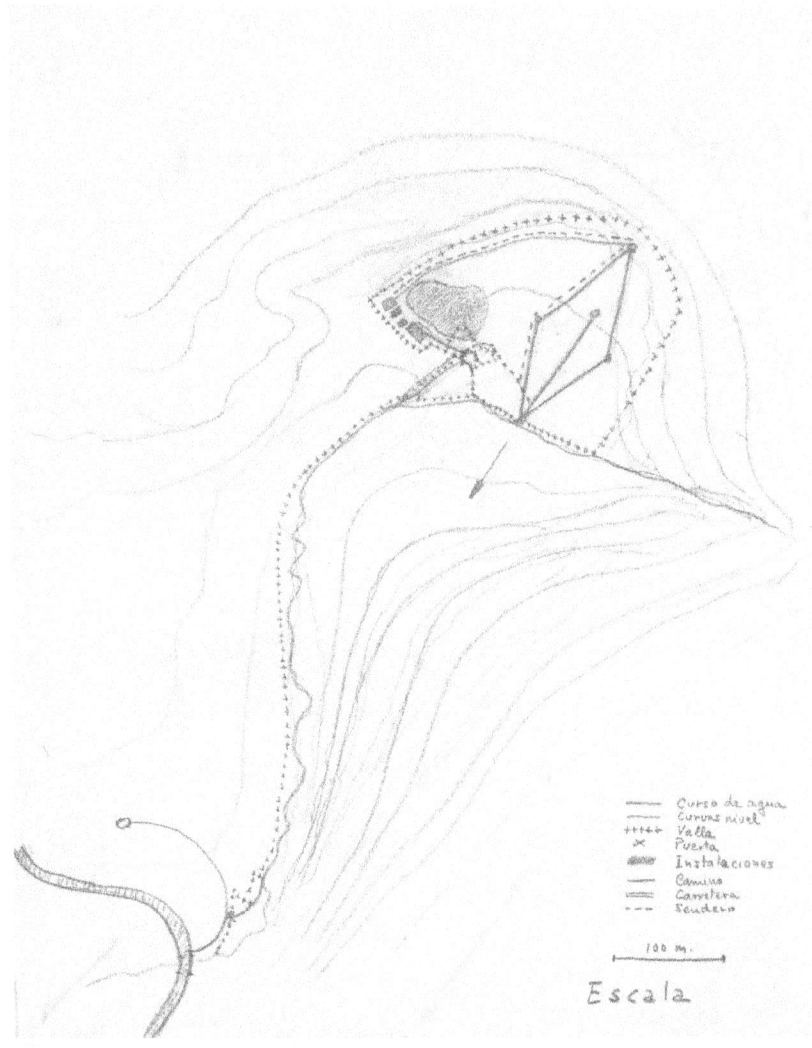

18. Croquis del emplazamiento e instalaciones de Radio Euzkadi en la selva venezolana (fotografía AN)

Fotografías

19. Txabolas donde estaba instalada la emisora (fotografía Peru Ajuria)

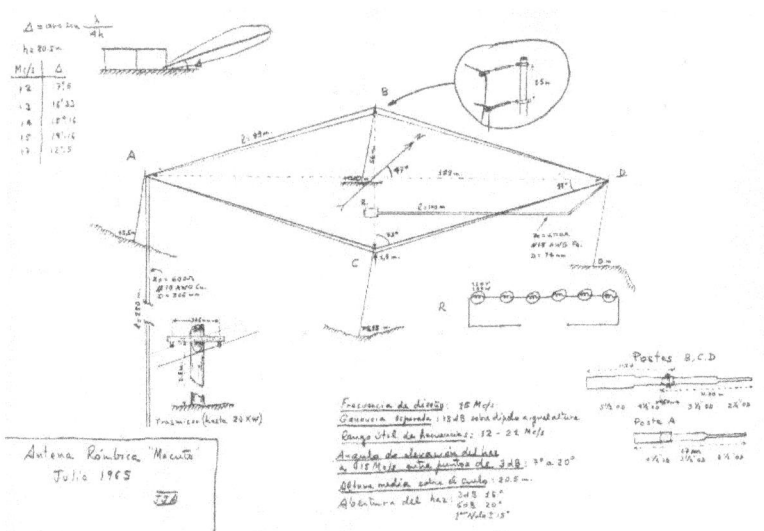

20. Dibujo de antena rómbica (fotografía AN)

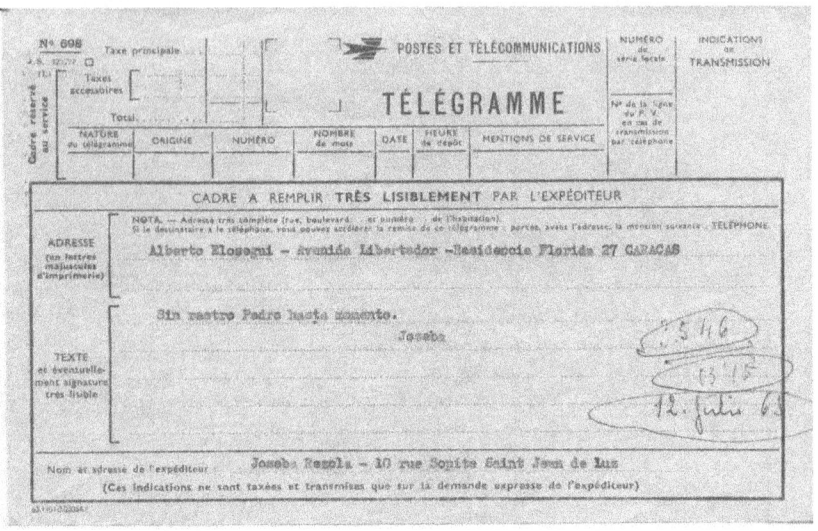

21 y 22. Telegramas cruzados durante las pruebas de emisión (fotografía AN)

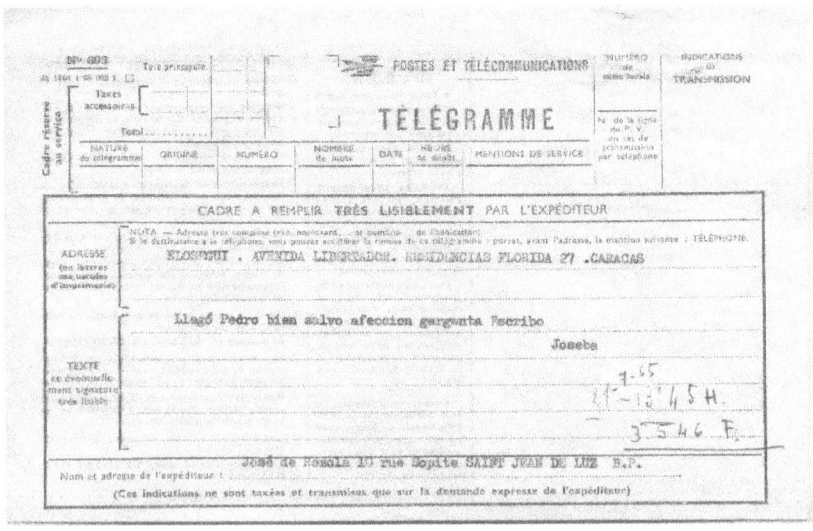

Fotografías

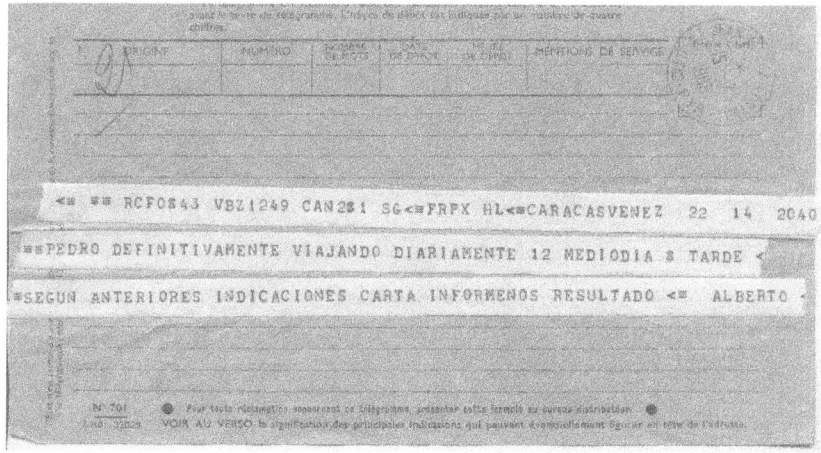

23. Telegrama cruzado durante las pruebas de emisión (fotografía AN)

24. Carlos Garaikoetxea y Juan Ajuiagerra con miembros de Radio Euzkadi en su visita a Macuto en diciembre de 1977 (fotografía Peru Ajuria)

25. Ixaka Atutxa, el gran guardián, friéndose un huevo en su txabola de Macuto (fotografía Peru)

26. Miembros del equipo de Radio Euzkadi en Macuto (fotografía Peru Ajuria)

Fotografías

27. Sellos con la imagen de Sabino Arana vendidos por los jóvenes de EGI (fotografía AN)

28. QSL o parte de escucha enviado a Radio Euzkadi desde Italia (fotografía AN)

29. Garbiñe Urresti, codirectora de Radio Euzkadi de 1975 a 1977 (fotografía AN)

30. Responsables de Euskadi Irratia (fotografía archivo Radio Euskadi)

La historia de Radio Euskadi

31. Antena de Radio Euskadi en Ganeta (fotografía archivo Radio Euskadi)

32. Estudios de Radio Vitoria (fotografía archivo Radio Euskadi)

33. Mikel Lejarza, Ignacio Arregui, Andoni Areizaga y Carlos Garaikoetxea el día de la inauguración oficial de Radio Euskadi, 29 de abril de 1983 (fotografía archivo Radio Euskadi)

34. Algunos miembros de la primera plantilla de Radio Euskadi (fotografía archivo Radio Euskadi)

35. Los cinco directores generales de EITB (fotografía archivo Radio Euskadi)

Fotografías

36. Control central de Radio Euskadi en el edificio de la Gran Vía (fotografía archivo Radio Euskadi)

37. Redacción de Radio Euskadi en el edificio de la Gran Vía (fotografía archivo Radio Euskadi)

38. Jokin Inza y José Joaquín Azurza recogiendo el premio Radio Euskadi (fotografía archivo Radio Euskadi)

39. Estudio de Radio Euskadi en la actual sede de EITB (fotografía archivo Radio Euskadi)

Fotografías

40. Miembros del actual equipo de Radio Euskadi en la nueva sede (fotografía archivo Radio Euskadi)

V

Y MÁS Y MÁS Y MUCHO MÁS
RADIO EUSKADI EN EUSKADI
(1983-2015)

1. LOS TIEMPOS CAMBIAN

Cuando desaparece la principal motivación por la que algo ha nacido, este algo no tiene ya razón de ser. Desaparecido Franco, mantener una radio clandestina (que además ya no lo sería), cuyos objetivos principales eran dañar al dictador, resistir a su régimen y mantener vivas las reivindicaciones nacionalistas vascas, no parecía oportuno. Esa fue la reflexión de los dirigentes del PNV. En el nuevo contexto que se abría con la llegada de Adolfo Suárez al Gobierno español, con la legalización de partidos y sindicatos y con el anuncio de la celebración de elecciones generales, el partido nacionalista mayoritario quiso conseguir, desde el inicio, una posición y un papel destacados en el proceso de transición, y no perder la oportunidad de poder participar en él.

Haciendo uso de la competencia que le otorgaba el Estatuto de Autonomía, el ejecutivo vasco emprendió, sin pérdida de tiempo, la creación de los medios de comunicación vascos. El objetivo primordial era desarrollar una política de comunicación que promoviera las señas de identidad y cultura vascas, y sobre todo, el euskera. El Gobierno Vasco no podía desperdiciar la oportunidad que la historia le brindaba para hacer realidad ese anhelo histórico de contar con unos medios propios.

Y empezó creando Euskadi Irratia. Y después Euskal Telebista. Y después Radio Euskadi. Y después, integrando al grupo Radio Vitoria. Y después ETB 2. Y después Euskadi Gaztea (más tarde Gaztea) y después EITB Musika y... Suma y sigue. Han sido más de 30 años creciendo, añadiendo, integrando, creando, construyendo lo que actualmente es EITB. De ese proceso sumativo ha bebido también la radio vasca. La gráfica de la historia de las emisoras vascas mostraría una curva ascendente en todos los ámbitos porque la historia de estos años ha sido una historia de más libertad, de más medios, de más personal, de más horas, de más audiencia, y de más emisoras.

Sí. Porque son cinco las que actualmente forman el grupo de emisoras de EITB. Todas ellas distintas entre sí y muy diferentes de aquellas Radio Euzkadi con Z, de la guerra civil, Iparralde y Venezuela. Aquellas eran radios en onda corta, radios de combate, radios antifranquistas. Éstas, creadas en democracia, nacen como servicio público, con profesionales que acceden a su puesto mediante convocatorias públicas, son radios que utilizan onda media y frecuencia modulada y tienen un objetivo básicamente informativo. Casi todas las personas a las que he entrevistado para completar este capítulo dedicado a la última etapa de Radio Euskadi, consideran que, al margen del nombre, esta emisora tiene muy poco que ver con aquellas otras. "Esto es otra cosa" me dicen una y otra vez. Y así es, es otra cosa. En cuanto a objetivos, configuración, programación, estilo, medios, personal, audiencias... es muy distinta de aquellas Radio Euzkadis que hemos conocido en las anteriores páginas. Los contextos son completamente distintos y, evidentemente, las respuestas, también son distintas. Ahora bien, además del nombre, hay elementos en común y no podemos obviarlos. Los promotores de todas ellas fueron conscientes del servicio que un medio de comunicación como la radio podía ofrecer, y, sabedores de ello, quisieron hacer una radio propia, una radio vasca, hecha por y para los vascos. Ése es el nexo que une *Getari* con Mugerre, con *Macuto* y con la impresionante sede de Capuchinos de Basurto. "Izan zirelako gara, izan garelako, izango dira".

1.1. A la muerte de Franco

Después de cuarenta larguísimos años de dictadura, la muerte de Franco el 20 de noviembre de 1975 abriría por fin la puerta a la posibilidad de instaurar un régimen democrático en el Estado español. Pero el panorama que se divisaba en los siguientes meses tras el 20-N, no estaba del todo claro. Tras la subida al trono de Juan Carlos I, éste confirmó a Carlos Arias Navarro como presidente del primer gobierno de la monarquía y los cambios no parecían llegar. La situación política comenzó a evolucionar cuando Arias Navarro fue sustituido por Adolfo Suárez, en julio de 1976. Entonces sí fue evidente que el proceso iniciado ya no tenía retorno, y fue sólo en esa coyuntura cuando el PNV decidió renunciar a la Radio Euzkadi venezolana.

La aprobación de la Ley para la Reforma Política en referéndum celebrado en diciembre de 1976 y las elecciones de junio de 1977 fueron los primeros pasos en la consolidación del proceso transitorio. Estas elecciones constituyeron un hecho clave pues de ellas nacía un nuevo sistema político. La UCD de Suárez se mantuvo en la presidencia.

El panorama político vasco quedó conformado por algunos partidos existentes anteriormente como PNV, PSOE, PCE, Partido Carlista y ANV (estos dos últimos de mínima implantación) y otros de nuevo cuño, tales como el socialdemócrata ESEI, la coalición Euskadiko Ezkerra (EE) y Herri Batasuna (nacida en 1978 de la unión de las organizaciones HASI, LAIA, ESB y ANV). El espacio de centro y derecha español estaba representado por la UCD (Unión de Centro Democrático) de Adolfo Suárez, Alianza Popular (AP) de Manuel Fraga y una débil Democracia Cristiana Vasca. El proceso de transición en el País Vasco fue, si cabe, más dificultoso porque el terrorismo de ETA, no sólo no cesó, sino que se incrementó tras la muerte de Franco.

Esos años de mediados de los setenta fueron convulsos en todos los sentidos. En el plano socio-económico, las consecuencias derivadas de la crisis energética de 1973 fueron evidentes. Descendió la competitividad de la economía española y el paro aumentó considerablemente. Por otro lado, la sociedad ansiaba recuperar el papel que durante la dictadura se le había arrebatado y brotaron también las reivindicaciones de libertades silenciadas durante el franquismo, entre éstas, con mucha fuerza, las peticiones de libertad y amnistía y las demandas autonómicas en las comunidades históricas de Euskadi y Cataluña, comunidades que ya habían alcanzado la autonomía durante la II República. Era un anhelo compartido por diferentes grupos y partidos políticos.

Tras las elecciones de junio de 1977 se abrió una nueva etapa para el proceso autonómico. En enero de 1978 se publicaba el decreto aprobando la preautonomía y la constitución de un Consejo General Vasco, integrado por Araba, Gipuzkoa y Bizkaia. El 31 de octubre de ese mismo año se aprobó la Constitución española y a lo largo de 1979 tuvo lugar la negociación y aprobación en referéndum de los Estatutos de Autonomía vasco y catalán. Las primeras elecciones autonómicas, celebradas en marzo de 1980, daban inicio a un proceso de acuerdos políticos que duró cinco años, porque, claro, una cosa era aprobar el texto y otra bien distinta hacerlo efectivo. Había llegado la hora de constituir un nuevo ejecutivo vasco. Éste debía ser elegido por un Parlamento Vasco, previamente configurado de forma democrática.

El PNV quiso apuntalar su renovación generacional y decidió nominar a Carlos Garaikoetxea como candidato a la presidencia del primer Gobierno Vasco en la transición. El desde 1977 presidente del EBB era un hombre joven y además navarro, lo cual podía favorecer la expansión del partido en ese territorio.

La estructura autonómica fue edificándose en relativo poco tiempo. Superados los escollos iniciales, en pocos años, el Gobierno Vasco adquirió competencias relativas a ámbitos muy relevantes de la vida económica y social. Euskadi estableció un sistema tributario autónomo merced a la recuperación de los Conciertos económicos de Bizkaia y Gipuzkoa y las diputaciones forales mantuvieron importantes atribuciones, entre ellas la recaudación de impuestos. El ejecutivo fue adquiriendo más y más competencias en ámbitos como la enseñanza, hacienda o sanidad. También creó una policía propia (la *Ertzantza*), desarrolló una política de promoción de la lengua y la cultura vascas (nacieron entonces HABE, la Orquesta de Euskadi, Antzerkia) y, como en posteriores páginas describiremos, puso en marcha los medios de comunicación públicos vascos.

Pero antes de centrarnos en los medios, es necesario que esbocemos el contexto sociopolítico de los años ochenta, el telón de fondo que acompañó los primeros años de la radio vasca. En 1982 se iniciaba la era socialista tras la victoria de Felipe González en las presidenciales de febrero; en 1986 los socialistas volvieron a ganar las elecciones. En el País Vasco, Carlos Garaikoetxea fue lehendakari desde 1980 a 1985. Para conformar el equipo de gobierno, supo recabar figuras de prestigio que abordaron grandes retos e iniciativas en unos años para nada fáciles. La crisis azotaba la economía vasca. Fueron años duros, de paro, de reconversión industrial, de cierre de astilleros... Para colmo, llegaron las inundaciones de agosto de 1983, que dejaron al país herido de muerte. La violencia de ETA y los GAL no cesaba. ETA asesinaba un promedio de 32-37 personas al año; los GAL asesinaron a 23 personas entre 1983 y 1986, entre ellos el médico y dirigente de HB Santiago Brouard. También fueron numerosos los secuestros perpetrados por ETA. La crisis institucional abierta tras la renuncia de Garaikoetxea en 1985 complicaba aún más la situación.

Por tanto, una época crítica, tumultuosa, pero, a su vez, una época llena de ilusión, de esperanza. Tras cuarenta años de dictadura, había una conciencia general de que ese era el momento para impulsar Euskadi. Los políticos que entonces dirigían el país también eran conscientes de ello. De ahí que, a pesar de todos los pesares, esos años fueran los años de creación y potenciación de iniciativas importantes, entre ellas, la creación de unos medios de comunicación propios.

1.2. El nuevo panorama radiofónico[101]

Los cambios económico-político-sociales acaecidos tras la muerte de Franco tuvieron también su reflejo, obviamente, en la esfera informativa de ámbito estatal. El desgaste de la dictadura coincidió con el apogeo de prensa democrática alternativa (*Triunfo, Cuadernos para el Diálogo, Cambio 16, Guadiana, Posible...*) y con el surgimiento de nuevos medios. En mayo de 1976 nacieron, por ejemplo, *El País, Diario 16, Avui, Egin, Deia...*, diversificándose así la oferta informativa escrita y rompiendo el monopolio de la prensa diaria por los sectores más conservadores.

Las posibilidades de la radio y la televisión, sin embargo, continuaron siendo limitadas en esos primeros años de transición. El control seguía estando en manos del Estado. La televisión era un servicio público centralizado y lo mismo sucedía con Radio Nacional de España (RNE). Existían también otras emisoras que ya señalamos en el capítulo III, como REM (Red de Emisoras del Movimiento), CAR (Cadena Azul de Radiodifusión), CES (Cadena de Emisoras Sindicales), la COPE (de la Iglesia), la privada SER y otras cadenas menores, heredadas todas ellas de la etapa anterior.

El primer signo de que algo estaba cambiando fue la aprobación del Real Decreto de 25 de octubre de 1977. Este decreto suspendía uno anterior que imponía la conexión obligatoria con los servicios informativos de RNE y, por tanto, posibilitaba la libertad de información general a las emisoras de radiodifusión privadas. Surgieron las radios libres, las municipales... La oferta se amplió y el panorama radiofónico español se alteró sustancialmente, adaptándose paulatinamente a las estructuras existentes en otros países europeos.

Poco a poco, fue surgiendo también un nuevo estilo radiofónico. Las emisoras comerciales comenzaron a elaborar sus propios espacios de noticias, se sustituyeron los seriales, los discos dedicados, los consultorios sentimentales... y se ofreció mayor espacio a la información local, cultural, deportiva... Se caminaba hacia una programación más dinámica y abierta. Esta apertura vino, principalmente, de la mano de la Frecuencia Modulada. La creación del dial de Frecuencia Modulada había tenido lugar en la década de los sesenta. También en esa década empezaron a fabricarse aparatos de radio cada vez más pequeños y móviles. Todos esos cambios favorecieron el nacimiento de una nueva modalidad de radio: la radio especializada o radio-fórmula. Por consiguiente, a partir de los setenta, se diferenciarán dos tipos de programación: la convencional o general y la radio-fórmula. La primera incluye emisiones, programas y temática variada y está dirigida a un público heterogéneo. La radio-fórmula se basa en la repetición de un modelo, sea éste musical o de otro tipo.

En consecuencia, tras el fin de la dictadura, la radio experimentó un proceso de diversificación, tanto en lo referente al número de emisoras y a la programación, como al ámbito geográfico se refiere. ¿Por qué? Porque inmediatamente emergió la aspiración de crear medios de comunicación autonómicos. Junto a la petición de autonomía política, se multiplicaron no solo las reivindicaciones a favor del euskera y de la cultura vasca, sino también las demandas de medios de comunicación propios, que ofrecieran la información desde un prisma vasco. En prensa surgieron *Deia* y *Egin*, pero cada vez eran más las voces que solicitaban medios de titularidad pública y, sobre todo, una radio y televisión públicas.

En este sentido, el Estatuto de la Radio y Televisión, aprobado el 10 de enero de 1980, constituyó un paso decisivo. Este estatuto contempla la creación de RTVE y la posibilidad de que las distintas Comunidades Autónomas establezcan sus propios canales de radio y televisión. Este derecho se incorporó como competencia en los diversos Estatutos de Autonomía. En principio, sólo cuatro Comunidades Autónomas tenían facultades en materia de radiotelevisión: el País Vasco, Cataluña, Galicia y Andalucía. Posteriormente, según se aprobaron los demás estatutos de autonomía, otras comunidades fueron adquiriendo también esa potestad.

Dichos dos documentos, el Estatuto de Radio y Televisión y el Estatuto de Autonomía constituyeron, pues, las normas básicas por las cuales se rigieron las radiotelevisiones autonómicas. Ahora bien, en conjunto, el tema de la televisión se contemplaba como un tercer canal de titularidad estatal. La salvedad estaba en Euskadi, porque en este caso el Estatuto preveía la capacidad de crear sus propios medios.

> 1.- Corresponde al País Vasco el desarrollo legislativo de las normas básicas del Estado en materia de medios de comunicación social, respetando en todo caso lo que dispone el artículo 20 de la Constitución.
> 2.- La ejecución en las materias a que se refiere el párrafo anterior se coordinará con la del Estado, con respecto a la reglamentación específica aplicable a los medios de titularidad estatal.
> 3.- De acuerdo con lo dispuesto en el párrafo primero de este artículo, el País Vasco podrá regular, crear y mantener su propia televisión, radio y prensa, y, en general, todos los medios de comunicación social para el cumplimiento de sus fines[102].

La Comunidad Autónoma Vasca sólo necesitaba la coordinación con el Estado cuando se trataran aspectos relativos a la reglamentación de los medios de comunicación estatales. Por esta razón el ejecutivo presidido por Carlos Garaikoetxea procedió a la instalación de los primeros medios de comunicación autonómicos *motu propio*, sin conjugarse con el Estado. La fórmula utilizada en Euskadi fue después reproducida de forma idéntica en muchos de los Estatutos de Autonomía concedidos posteriormente.

2. LAS EMISORAS DEL GRUPO EITB

Fue Ramón Labaien, a la sazón consejero de Cultura, una de las personas que más se implicó en la creación del germen de lo que luego se llamaría EITB[103]. Actualmente es un ente que abarca varias emisoras de radio y diversas cadenas de televisión. A primeros de los ochenta no se aspiraba a más -ni menos- que a contar con una radio y una televisión propias, totalmente libres de las directrices marcadas por el Estado. El tesón de Labaien fue uno de los factores que permitió que ese anhelo se materializara en un breve espacio de tiempo, que Euskadi fuese la primera comunidad en contar con medios propios. Se temía que en la era socialista, iniciada en febrero de 1982, el incumplimiento en el trasvase de competencias pudiera afectar de lleno a la creación de la televisión y radio vascas. Por eso era importante actuar y actuar pronto.

En un Consejo celebrado en septiembre de 1982, el consejero tolosarra se comprometió ante el lehendakari Garaikoetxea y ante otros consejeros a poner en marcha la televisión vasca antes de que el año acabara. De hecho, ya había enviado a un grupo de jóvenes periodistas y técnicos a Hamburgo, para participar en un curso intensivo y adquirir con premura los conocimientos y capacidades necesarias para poner en marcha Euskal Telebista. La mayoría de los presentes en aquella reunión pensó -y alguno incluso lo verbalizó- que aquello era una quimera. Lo cierto es que en Euskadi no eran muchos los profesionales capacitados para abordar esa aventura, apenas había presentadores ni redactores, ni existían productoras, ni una situación normalizada del idioma, ni una tradición televisiva, ni... Pero Labaien terminó su intervención diciendo tajantemente: "Fuimos los primeros en disponer de un Estatuto. Vamos a luchar por ser los primeros en disponer de su televisión propia. Y que quede claro que no será una cadena encuadrada en el ámbito de lo terceros canales. La letra del Estatuto disipa todas las dudas a quien las tuviere. Tenemos la capacidad de poner en marcha nuestros medios propios. Hori da kontua"[104].

Hori zen kontua, bai horixe! Y Labaien lo sabía, o al menos así quería que fuese. Y así fue. Euskadi fue la primera nacionalidad europea, no estatal, que dispuso de su propia estructura de radio-televisión pública. José Mari Otermin y José Ramón Díez Unzueta -protagonistas del *gateo* y del posterior desarrollo de la actual radio vasca-, en su libro *Crónica de un vuelo. EITB 1983-2003*, describen los veinticinco años de andadura de EITB como "una combinación de osadía y gesta, ilusión y proeza". Efectivamente, dosis -y no pequeñas- de esos ingredientes eran indispensables para afrontar una nueva aventura, libre de los peligros de la selva venezolana, pero tampoco exenta de riesgos y complejidades. A medianoche del 31 de diciembre de 1982 el *Agur Jaunak* -¿recuerdan las caretas de *Gure Irrati Ixilla*?- daba inicio a la primera emisión de ETB, la nueva televisión vasca. Los nervios, la emoción y los incidentes que, según sus protagonistas, se vivieron aquella noche nos hacen recordar las sensaciones de los *noruegos* cuando pusieron en marcha *la txalupa* y esperaban ansiosos noticias desde Euskadi.

2.1. La radio pública vasca

Un paso importantísimo se dio ese fin de año de 1982. Ahora bien, la primera base en la edificación de la radio-televisión vasca había sido la inauguración de Euskadi Irratia apenas un mes antes, concretamente el 23 de noviembre de 1982. Para cuando Labaien hizo su promesa al resto del equipo de gobierno, ya había contactado con el jesuita Ignacio Arregui, experto conocedor del medio. El reto lanzado por Labaien no era baladí. Se trataba de construir el entramado radiofónico de Eusko Irratia dentro del ente público EITB y hacerse un hueco entre las grandes cadenas estatales. Euskadi era la región del Estado con más alto índice de audiencia radiofónica. Más del 69% de la población escuchaba la radio y las preferencias estaban ya establecidas (véase anexo 18).

Ignacio Arregui había cursado estudios de Comunicación en la Universidad Católica de Milán. Cuando Labaien le llamó era director de Radio Popular de Loiola. Aunque no era demasiado habitual encontrar un jesuita en un cargo como el que se le había propuesto, Arregui entendió aquello "como algo provisional, como una excepción en una coyuntura muy concreta, y con la total intención de volver a mis labores como jesuita". Estuvo en el cargo tres años y dos meses y reconoce que fueron unos de los mejores años de su vida[105].

Pero Arregui no partía de cero. Cuando arribó al proyecto, un grupo de hombres y mujeres a las órdenes de Josu Zubiaur, trabajaban ya estableciendo las bases de la radio y la televisión públicas vascas. Zubiaur, como consejero de Comunicación Social, fue quien puso en marcha el aparato material de EITB. Primero fue nombrado administrador de Radio Vitoria, cargo transitorio hasta la constitución del primer Consejo de Administración del Ente de Radiotelevisión vasco. Entre sus tareas estuvo la de crear el primer grupo de profesionales del ente público. ¿A que no se imaginan quien le aconsejó en esta labor? Un viejo conocido de Radio Euskadi. Nada más y nada menos que José Joaquín Azurza. Siguiendo los consejos del veterano *Donosti*, que entonces trabajaba como técnico del Departamento de Cultura del Gobierno Vasco, Zubiaur firmó un acuerdo de colaboración con la empresa alemana Studio Hamburg con el doble objetivo de configurar la red de transmisión de señales y diseñar los estudios y los perfiles de los profesionales que iban a poner en marcha la televisión más joven de Europa.

Pero volvamos a la radio. Arregui había aceptado el reto. Trabajaría codo con codo con Andoni Areizaga, nombrado Director General de EITB en diciembre de 1982, y con José Mari Otermin, que ya había sido nombrado director de Euskadi Irratia. En principio, al jesuita se le encomendó poner en marcha la programación que se emitiría únicamente en euskera, pero posteriormente fue nombrado Director general de Eusko Irratia-Radiodifusión Vasca. No podía llegar a todo sólo. Nos ha confesado que no vio del todo claro cómo iba a funcionar la radio hasta que se nombró un director para cada una de las tres emisoras: Euskadi Irratia, con sede en Donostia-San Sebastián, dirigida por Otermin, que emitiría exclusivamente en euskera; Radio Euskadi, emisora bilingüe con sede en

Bilbao, capitaneada por Mikel Lejarza; y Radio Vitoria, con sede en Vitoria-Gasteiz, a cuyo mando estaba José Ramón Díez Unzueta. "Tres buenos capitanes para tres misiones diferentes y con complicaciones y características especiales" diría Arregui años más tarde. Todavía le brillan los ojos al recordar el buen ambiente que les rodeaba y lo bien que se llevaban los cuatro: "Era gente muy muy buena, primerako jendea... Éramos verdaderos amigos"[106].

En el plazo de un año, por tanto, se había montado la estructura de la radio pública vasca. Las dos primeras emisoras tenían cobertura en todo el territorio de la Comunidad Autónoma Vasca y la tercera red en el territorio histórico de Araba. Esto que dicho así parece que sucedió de la noche a la mañana, fue, en realidad un camino difícil y costoso porque el Gobierno central no estaba dispuesto a conceder ni una sola frecuencia en Onda Media y en Onda Corta. Las frecuencias de FM estaban sin legalizar y la de OM estaba autorizada sólo para Radio Vitoria. Algunos pensaron que, al comprar la emisora decana de Araba, se podría radiar para toda la Comunidad Autónoma desde la estación de Estíbaliz, pero esto no fue posible. Sin embargo, Garaikoetxea y Labaien no cejaron en su empeño. Ellos eran conscientes del relevante papel que los medios de comunicación jugaban en la nueva Administración vasca y en el mantenimiento de las señas de identidad nacional y decidieron actuar con rapidez. Había una especie de conciencia general de "ahora o nunca". Sin pérdida de tiempo, el Gobierno Vasco elaboró sus propios Decretos para la concesión de emisoras de Frecuencia Modulada en su territorio (véase anexo 19).

Euskal Irrati Telebista nació "como un instrumento capital para la información y participación política de los ciudadanos vascos, así como medio fundamental de cooperación con nuestro sistema educativo y de fomento, difusión de la cultura vasca, teniendo muy presente el fomento y desarrollo del euskera". En estas pocas líneas del preámbulo de la Ley de Creación del Ente Público "Radiotelevisión Vasca" de 20 de mayo de 1982 queda definida la triple política con la que nació el conjunto de los medios de comunicación públicos vascos: política de servicio público, política de información y política de promoción de la cultura y la lengua vascas[107].

La radio pública vasca nació sobre todo con la misión de ofertar un servicio público. Cuando Labaien transmitió a Arregui el encargo político de crear ese valioso instrumento, su mensaje quedó claramente perfilado: "La radio pública está definida como una sociedad de servicio público; la radio pública actúa en nombre de las instituciones y por ello tiene un peso de especial responsabilidad; los mensajes y programas de esta radio pública tienen que estar al servicio de la colectividad y todo ello debe notarse en la programación"[108].

Efectivamente. La radio era una herramienta de información al servicio del conjunto de la sociedad. Tenía que mostrar una impronta plural, en ella debían tener cabida las diferentes opiniones y los problemas políticos y sociales habían de recibir un tratamiento diversificado. Huelga decir que en un medio público no era admitida ningún tipo de censura. Bien al contrario. Los medios de comunicación vascos en general y la radio en particular tenían que ofrecer facilidades de acceso a los ciudadanos y potenciar la información local. Por otro lado, también debían coadyuvar a la normalización política del país y apoyar la consolidación de las instituciones democráticas.

Un segundo objetivo de la creación de los entes públicos autonómicos en conjunto, y de la creación del ente EITB, en concreto, fue, ha sido y sigue siendo, el ofertar una comunicación local, más cercana, dirigida a los ciudadanos de la comunidad autónoma, sin dejar por ello de ofrecer información del exterior. Ese enfoque más cercano hizo -y hace- que la comunicación sea más directa y que contribuya a la normalización cultural de los pueblos. Sin duda, los medios de comunicación vascos han favorecido la descentralización comunicativa de los medios estatales y han contribuido a la configuración de una perspectiva informativa distinta, naciendo así una oferta diferenciada, unos prismas y enfoques distintos en cuanto al tratamiento de la información.

En este sentido, han difundido una comunicación propia, con mensajes sobre la historia, la tierra, la cultura... y, sobre todo, el idioma, porque la potenciación de las señas de identidad de los pueblos constituye el tercer objetivo, objetivo clave de la creación de los entes autonómicos. Esto es clarísimo en nuestro caso. Las palabras del lehendakari Garaikoetxea a los primeros mandos de la radio vasca así lo atestiguan: "Hagan una buena radio; ustedes sabrán cómo hacerla; yo no les voy a decir cómo. Hagan una buena radio al servicio de este país. Este país tiene necesidad de ello y todo lo que hagan será bueno para la consolidación de este nuestro país. Tengan en cuenta la cuestión del euskera. Me preocupa y hay que dar un paso en la consolidación de nuestro idioma. Los medios de comunicación pueden tener una importancia notable en este sentido. Por lo tanto, cuiden mucho el euskera"[109].

Obviamente, los recién nacidos medios de comunicación vascos tenían un importante reto en la difusión del idioma y de la cultura vasca. La finalidad básica era contribuir a la construcción de un proyecto cultural vasco, promocionando la cultura propia, una cultura moderna, plural, dinámica y abierta, que recuperase y potenciase el euskera. Los nuevos tiempos en Euskadi demandaban la normalización de este idioma, y un óptimo vehículo para tal fin, que duda cabe, eran la radio y la televisión vascas. A su vez, la utilización por unos medios de comunicación neonatos de un idioma tan antiguo, usado principalmente hasta entonces en ámbitos familiares y rurales, sería una irrefutable *prueba del algodón*.

Ahora bien, después de cuarenta años de censura y negación oficial, las dificultades para hacer una radio en euskera eran muchas y evidentes. Las emisoras de la Iglesia (*Radio Popular-Herri Irratia*) la utilizaban en algunas emisiones. Radio Popular de Bilbao había iniciado las emisiones en este idioma en octubre de 1973; en Gipuzkoa, Radio Popular de San Sebastián y Radio Popular de Loiola llevaban tiempo ofreciendo programas en euskera. El 27 de marzo de 1976 organizaron una emisión de 24 horas íntegramente en este idioma. Esta experiencia se llamó "24 ordu euskaraz" y estuvo dirigida por José Ramón Beloki. Al poco tiempo, el 11 de junio de 1977, el centro de emisiones de Itxumendi de Radio Popular de Loiola sufrió un atentado con bomba, reivindicado por el denominado Batallón Vasco-Español. Otra iniciativa a favor de la radio en euskera fue la manifestación celebrada en Donostia-San Sebastián en octubre de 1978. Las miles de personas congregadas allí reivindicaron medios de comunicación propios y en euskera.

No obstante, al margen de estas iniciativas, no había excesiva tradición y se carecía de locutores. Claro que había profesionales euskaldunes pero no los suficientes para crear las plantillas de la radio y la televisión vascas. Y, lo que es aún peor, los oyentes tampoco estaban acostumbrados a escuchar en euskera. El euskera, sí, se relacionaba con la agricultura o los deportes rurales, pero ¿se podría radiar un partido de fútbol en ese idioma? Mucha gente lo dudaba. Por otro lado, había comenzado ya el proceso de creación del euskera batua y existían muchas dudas y opiniones encontradas acerca del tipo de euskera que había que utilizar en la radio.

Una dificultad añadida era la escasez de fuentes de información en este idioma. Los teletipos tenían que traducirse del castellano y los testimonios que llegaban tampoco eran en euskera, porque apenas había portavoces o responsables de prensa euskaldunes, ni en la administración ni en la empresa privada. Por si todo esto fuera poco, existieron problemas para atraer publicidad en euskera. Al ser la audiencia euskaldun pequeña, las grandes empresas no diseñaban publicidad propia para aquélla porque no resultaba rentable. Únicamente la publicidad local aparecía en euskera y generalmente en la programación en este idioma[110].

Pero a pesar del panorama, o, al revés, debido precisamente a ese panorama y a la necesidad de recuperar y promover el uso del euskera, el ejecutivo vasco decidió apostar fuerte por crear medios euskaldunes. Previamente, tanto el Gobierno Vasco como la Diputación Foral de Gipuzkoa habían concedido importantes ayudas económicas para las emisiones en esta lengua y habían organizado una escuela de traducción y locución en euskera, en la que participaron muchos de los integrantes de las primeras plantillas de la radio pública vasca.

Para abordar la creación de las emisoras vascas se tuvieron en cuenta distintos modelos de radios ya existentes, principalmente Radio Popular (Circuito Norte) y la programación regional de Radio France. También se consultaron algunos proyectos sin materializar aún, como es el caso de los proyectos catalán y gallego, todavía en ciernes. Se tomó lo más interesante de estos ejemplos y, lógicamente, lo que mejor se adecuaba a la realidad político-social vasca.

Paralelamente, se empezaron a elegir los profesionales que iban a poner en marcha esa radio autonómica. Los promotores de la radio tenían claro que la plantilla había de recabarse mediante oposición pública. Las leyes lo estipulaban así y "se jugó muy limpio y muy serio". A pesar de que muchos de aquellos trabajadores tenían escasa o nula experiencia, se quiso que fuera precisamente de esa manera. Existían dificultades para contratar profesional experimentado, pero es que, además, como nos ha comentado Arregui, tampoco era ése el objetivo. Lo importante no era alcanzar rápidamente altos índices de audiencia. Él y Areizaga compartían el mismo planteamiento de partida: "Vamos a empezar a construir modestamente, con paciencia. Sin triunfalismos, porque ésto nos llevara tiempo"[111]. Con esta filosofía, se empezó a crear el equipo de la radio vasca. Mediante cuatro concursos públicos se fueron completando el personal de administración y los grupos de locutores y redactores que iban a trabajar bien en castellano bien en euskera en las tres emisoras vascas, las tres empresas que, durante unos años, constituyeron Eusko Irratia (véase anexo 19).

Las tres estaban -y siguen estando- estructuradas siguiendo una línea jerárquica definida por los diferentes niveles de responsabilidad, de manera que una de las principales funciones de las personas que desempeñan puestos de mando es informar y comunicarse con aquellos que dependen de ella. El organigrama de la empresa está así concebido para agilizar los servicios y propiciar una mayor coordinación. En dicho organigrama quedan también inicialmente establecidas las relaciones que han de existir entre los diferentes niveles para alcanzar los objetivos marcados por cada empresa. La unidad superior de esa estructura jerárquica la ocupa el Director General de EITB. Bajo su dirección están los Directores de las distintas emisoras y después, los directores de las distintas áreas de cada emisora.

La Dirección General y el Consejo de Administración constituyen los órganos de control del Ente público EITB. La Dirección General de EITB es el órgano ejecutivo del Ente. Antes era nombrado por el Gobierno Autónomo a propuesta u oído el Consejo de Administración y actualmente, como consecuencia de la Ley 8/98 de reforma de la Ley de Creación de EITB, a propuesta del Gobierno y aprobación de la mayoría absoluta del Parlamento Vasco. Sus tareas son hacer cumplir las normas que rigen EITB y las directrices emanadas desde el Consejo de Administración, coordinar los distintos servicios y las distintas empresas que forman parte del Ente, ocuparse de los contratos, de los pagos, nombrar a los diferentes responsables de área, organizar la programación, etc.

El Consejo de Administración está conformado por personas elegidas, a propuesta de los grupos parlamentarios, por el Parlamento Vasco para cada legislatura. El Consejo de Administración de EITB lo integraban 15 miembros, actualmente 19. El cambio deriva también de la Ley de Reforma. 15 son representantes de los partidos políticos vascos y los cuatro restantes se eligen de entre los representantes de Euskaltzaindia, Eusko Ikaskuntza, Sindicacatos, Unión de Consumidores, Real Sociedad Bascongada de Amigos del País y UPV. El Consejo ha de asegurar que la programación cumpla lo establecido por la Ley de Creación del Ente Público, aprobar las plantillas, los sueldos del personal, emitir su parecer sobre la elección del director general, determinar sobre la gestión presupuestaria...

Por debajo del Director General, están el Gerente (actualmente denominado Director de Estrategia), el director de ETB y el Director de EITB Irratia (o director de las cinco emisoras del Ente). Después están los directores de cada una de las emisoras. El gerente gestiona departamentos comunes (Recursos Humanos, Económico-financiero, Sistemas...) a ETB y EITB Irratia.

En cuanto a la financiación de las emisoras vascas, ésta se ha basado sobre todo en los fondos procedentes de los presupuestos generales del Gobierno Vasco. Estos ingresos se completan con los provenientes de la comercialización y venta de productos propios y de la publicidad. Podríamos hablar, por tanto, de un sistema mixto de financiación. Antes los presupuestos eran presentados y aprobados por el Parlamento Vasco al comienzo de cada ejercicio. Ahora, se financia mediante Contratos-Programa entre EITB y el Gobierno Vasco aprobados por el Parlamento. En 1982, cuando nació Euskadi Irratia, con un plantel de 20 profesionales, el presupuesto era de 50 millones de pesetas; un año después, nacía Radio Euskadi, la plantilla se elevó a 50 personas y el presupuesto a 120 millones de pesetas; en 1986, la programación pasó a ser de 24 horas, los profesionales ya eran 200 y el presupuesto alcanzó los 1.000 millones de pesetas[112].

Respecto a la cobertura, las radios de EITB cubren el 100% de los tres territorios de la CAV y tienen amplia cobertura en Navarra, Iparralde y áreas limítrofes. Los centros de emisión más importantes están instalados en Elosua, Jaizkibel, Karakate, Miramón (Gipuzkoa), Herrera, Zaldiaran, Estibaliz (Araba), Oiz, Ganeta, Ganguren (Bizkaia), y Zaldiaran e Ioar (Navarra).

Los principales centros de producción han estado localizados en Donostia-San Sebastián, Bilbao, Vitoria, Pamplona y Baiona. Pero, además de estos estudios centrales, las emisoras vascas han contado y cuentan con delegaciones y corresponsalías locales, que cubren la información comarcal, añadiendo a la programación notables dosis de cercanía; y también con una importante red de corresponsales en las capitales más importantes del mundo (Madrid, París, Bruselas, Londres, Roma, Nueva York, Berlín, Pekín, Jerusalem, Buenos Aires o Rabat), red que se amplía con los enviados especiales allí donde la actualidad lo requiera. Asimismo, cabe destacar el fluido intercambio informativo entre las diversas radiotelevisiones autonómicas que constituyen FORTA (la Federación de Organismos de Radio y Televisión Autonómicas creada en 1989).

No son pocas, por tanto, las fuentes de información de las que las emisoras vascas disponen para afrontar su programación. ¡Que diferencia con respecto a aquellas otras épocas! La dificultad en la época actual ha sido precisamente el estructurar esa información en una programación que atraiga al oyente, que cumpla los objetivos para los cuales se creó la radio vasca, rigiéndose por los principios recogidos en la Ley de Creación del Ente Público y enmarcados por la normativa derivada de la Constitución y del Estatuto de Autonomía.

EITB cuenta, como sabemos, con cinco cadenas con programación distinta y orientada a públicos diferentes. La programación de Euskadi Irratia, Radio Euskadi y Radio Vitoria es de carácter convencional, mientras que Gaztea (nacida Euskadi Gaztea en 1990) y EITB Musika (nacida en 2001) son emisoras de radio-fórmula, que emiten música combinada con noticias, entrevistas, cultura... y están dirigidos a segmentos concretos de población. Las tres primeras cadenas emiten las 24 horas del día y constan de dos bloques principales en la programación: las emisiones de lunes a viernes y las del fin de semana, que tiene autonomía propia respecto a la programación del resto de la semana. Se trata de dos conjuntos distintos, incluso en lo que a recursos humanos y equipos de trabajo respecta. En general, la programación de estas tres emisoras intenta adaptarse a una audiencia heterogénea en los diferentes momentos del día. Quiere acercase a la audiencia al despertarse, de camino al trabajo, en la oficina, de vuelta a casa, antes de acostarse... Por tanto, y aunque su componente fundamental sean los servicios informativos, se trata de una programación mosaico, una programación en la que caben todo tipo de contenidos, y en la que cobran un peso importante los magazines, por tratarse, obviamente, de un género que posibilita la combinación entre espacios de entretenimiento, noticias, entrevistas, música, cultura....

Esta oferta amplia y diversa responde a la política de programación de la mayoría de las radios comerciales, dirigida generalmente hacia la consecución del mayor número posible de oyentes con el fin de obtener la máxima rentabilidad económica posible. En el caso de las distintas emisoras de la radio pública vasca, su trayectoria demuestra que las audiencias se han ido consolidando. Su grado de aceptación, las inversiones publicitarias, el incremento de las audiencias... han sido y son signos inequívocos de que las emisoras vascas se han asentado y se han ido fortaleciendo. El hecho de que sean programaciones complementarias y que abarquen todos los segmentos sociales o *targets* es un factor decisivo para explicar ese crecimiento.

En la Comunidad Autónoma Vasca se han utilizado varias fuentes de medición. En primer lugar, el Estudio General de Medios (EGM), estudio publicado por AIMC (Asociación para la Investigación de Medios de Comunicación), que consiste en la realización de tres oleadas de encuestas sobre una muestra representativa de la población con el fin de conocer su comportamiento del día anterior respecto al medio o medios analizados. Se llevan a cabo encuestas tanto a domicilio como mediante sondeo telefónico. En segundo lugar, en Euskadi también se dispone del estudio del CIES (Centro de Investigación y Estudios Sociales). Se trata, como el sistema anterior, de una investigación de varios medios (prensa, radio, televisión, revistas, cine, Internet) que utiliza una metodología similar a la del EGM, pero circunscrita únicamente al ámbito de la Comunidad Autónoma Vasca y de Navarra. Este sistema, nacido del acuerdo de todos los medios vascos y completamente afianzado, permite contrastar la incidencia de los medios con un margen de error muy ajustado. Se realizan anualmente aproximadamente 10.000 entrevistas personales a domicilio, a partir de las cuales se analizan los medios por períodos horarios y *targets* determinados.

El EGM y el estudio del CIES son estudios de medición de audiencia. Desde comienzos de la década del 2000, se han desarrollado asimismo estudios de imagen y de programación para ahondar en los gustos del público. Se analizan las percepciones y las preferencias de la audiencia utilizando preferentemente dos técnicas: mediante grupos de discusión en los que participan oyentes tipo de Radio Euskadi y de otras emisoras y a través de estudios centrados en paneles de expertos.

En líneas generales, y a pesar de las diferencias propias de cada emisora que se especificarán en cada caso, podemos decir que la audiencia de la radio pública vasca es de clase social media, que vive en ciudades con densidad de población entre los 10.000 y 50.000 habitantes. Las edades varían en función de cada una de las emisoras. Respecto a la evolución numérica, todas las emisoras de radio vascas han experimentado un crecimiento paulatino. En 2007, las cinco emisoras de EITB en conjunto y teniendo en cuenta la CAV y Navarra, alcanzaron los 453.000 oyentes diarios, mientras que por ejemplo en 1997 contaban con 318.000[113].

2.2. Tres + dos

La fotografía de la realidad actual de la radio pública vasca nos muestra, por tanto, un panorama sustentado en cinco emisoras. Tres de ellas, nacidas o incorporadas al grupo en la década de los ochenta -Euskadi Irratia, Radio Euskadi y Radio Vitoria- son radios convencionales. Las dos restantes, Gaztea y EITB Musika presentan una programación de radio-fórmula, con una importante componente musical. En total, tres + dos emisoras, con objetivos, perspectivas y dirigidos a *targets* diferentes, que conforman un conjunto complementado y de gran liderazgo en el escenario radiofónico de Euskadi con una audiencia superior a los 450.000 oyentes diarios.

Esta configuración del grupo radio se refuerza de manera organizativa cuando en 2013 se elimina la figura de director de emisora y se unifica la dirección del conjunto de ellas bajo las figuras de una directora-coordinadora (Odile Kruzeta) y un subdirector (Iñaki Guridi). Organizativamente también se avanza con la creación de equipos transversales que van a ofrecer servicio a más de una emisora. Tal es el caso de los equipos de información local, información cultural y equipo de reporteros de fin de semana, que atienden las necesidades informativas de Radio Euskadi, Euskadi Irratia y Radio Vitoria.

Euskadi Irratia

En julio de 1982 el Departamento de Cultura del Gobierno Vasco aprobó la creación de las sociedades anónimas de capital público Euskal Telebista (ETB) y Eusko Irratia (EI) que se integrarán en el ente EITB. La primera emisora del grupo que se lanzó a las ondas fue Euskadi Irratia. El 10 de noviembre emitió las primeras señales. La emisión inaugural se realizó desde las instalaciones del número 13 de la calle Andia de Donostia-San Sebastián a las 12:00 horas del 23 de ese mes, y el 15 de enero de 1983 comenzaron las emisiones de manera sistemática. Estas primeras emisiones mezclaban música y palabras. Al principio se emitió durante 12 horas, de nueve de la mañana a nueve de la noche, pero luego el horario se amplió una hora más.

Euskadi Irratia nació con verdadera vocación de ser una radio íntegramente en euskera y así cubrir un vacío obvio en el panorama de la comunicación en el País Vasco, superando, a su vez, el déficit cultural que había existido durante cuarenta años. Radio Popular utilizaba el euskera en algunas emisiones; radios comarcales y locales como La Voz de Guipúzcoa, Arrate Irratia o Segura Irratia también lo hacían. La Consejería de Cultura y las Diputaciones financiaron dichas emisiones y la formación de locutores y actores-dobladores. De entre esas emisiones, destaca, por el eco alcanzado, "Sei orduak euskaraz" de Radio Popular de Donostia. Se emitió entre 1980 y 1982 de lunes a viernes, de 18:00 a 24:00 horas. Muchos de los profesionales euskaldunes de renombre que han trabajado en los medios vascos dieron sus primeros pasos en "Sei orduak euskaraz".

Pero no existía una emisora de gran alcance únicamente en euskera y la radio pública vasca surgió precisamente para paliar ese hueco. Los informativos, los programas culturales, los deportivos... absolutamente todo debía hacerse en euskera. El lugar apropiado para desarrollar ese objetivo era Gipuzkoa, porque en este territorio histórico existía esa tradición que unía radio e idioma, favorecida por la amplia implantación del bertsolarismo, la trikitixa, grupos de música euskaldun y personas vinculadas a la radio -como Juan Lekuona, Ignacio Arregui, José Ramón Beloki, José María Iriondo, Txaro Arteaga...-, que habían apostado por la radiodifusión en euskera, abriendo así el camino que ahora debía tomar Euskadi Irratia.

Su primer director, José Mari Otermin, confesaba entonces que se encontraban ante un tremendo desafío tanto para ellos como para los oyentes. Como ya comentamos, el emitir en euskera conllevaba enormes dificultades. En primer lugar, hacían falta locutores; en segundo lugar, era necesario encontrar interlocutores que supieran hablarlo; y, en tercer lugar, tampoco los oyentes estaban habituados a escuchar la radio en ese idioma. Sus dudas eran tantas que se pedía insistentemente a los oyentes que enviaran cartas para confirmar si la emisora tenía seguidores. Otermin reconocía que en castellano se utilizaban clichés, frase hechas, como "el delantero centro remató a puerta..." o "la audiencia nacional ha dictaminado..." usadas en todos los ámbitos informativos. El euskera, sin embargo, carecía de esa tradición y había que partir de cero. Eran muchas las trabas pero Euskadi Irratia nació para cumplir esa función eminentemente cultural y, principalmente, para propagar la utilización y el desarrollo del euskera[114].

Y nació deprisa y corriendo. El contrato firmado por Otermin le ponía en la calle si la emisora no salía a las ondas antes de finales de 1982. Lo dice el propio Otermin en su *Crónica de vuelo*. Mientras se terminaban las obras de instalación de la calle Andía, el escaso personal de aquellos primeros momentos se ponía manos a la obra. Todos hicieron de todo, desde arreglar la fonoteca hasta buscar ceniceros y papeleras; las labores eran muchas y el personal reducido. Y el tiempo apremiaba. Otermin, inteligentemente, reclutó a profesionales que habían trabajado en Radio Popular de Loiola y en Radio Popular de Donostia. De hecho, dos de los tres directores que ha tenido Euskadi Irratia, el mismo Otermin y Julián Beloki, fueron bautizados, radiofónicamente hablando, en esas emisoras. Arregui y Otermin tenían muy claro qué tipo de personas querían para formar el primer grupo de Euskadi Irratia. Buscaban gente joven, comprometida con el momento y los tiempos de cambio que estaba viviendo Euskadi, gente que conociera los ritmos y los pulsos de la sociedad vasca, gente que se desenvolviera tanto en castellano como en euskera, y que estuviera motivada para crear un medio de comunicación joven y moderno.

Jose Mari Otermin fue el capitán de todos ellos. Este amazketarra nacido a finales de los cuarenta, entró en Radio Popular de Loiola en 1973 en busca de prácticas. Era verano, José María Iriondo estaba de vacaciones y tuvo que sustituirle en los micrófonos. Entró y se quedó allí durante siete años, tras los cuales pasó, de la mano del padre Juan Lekuona, a Donostia-San Sebastián como coordinador de "Sei orduak euskaraz". En aquellos años Otermin adquirió una gran experiencia. Las emisoras de los jesuitas contaban con redacciones pequeñas pero en ellas el trabajo estaba muy bien organizado y los profesionales aprendían a lidiar con todos los géneros radiofónicos. La labor ejercida durante años por estas emisoras les había procurado el respeto y la consideración del conjunto de la sociedad vasca.

Su trayectoria al frente de "Sei orduak euskaraz" le reportó la invitación de Ramón Labaien para crear una emisora pública en su querido idioma. A comienzos de los ochenta, Otermin tenía claro que su objetivo era comunicar en euskera como algo natural y encaró el nuevo proyecto profesional como una respuesta necesaria a una reivindación social cada vez más sentida y requerida. En sus propias palabras "no podía dar la espalda a algo que siempre había propugnado como resultado lógico y no como ejercicio de militancia política"[115]. Algunas personas, incluso compañeros de trabajo, opinaban que la situación, ni desde el punto de vista político ni social, había madurado aún lo suficiente para abordar una tarea semejante. Pero el de Amazketa no lo dudó un momento y en la Semana Santa de 1982 se puso a las órdenes de Josu Zubiaur. Se implicó, y lo hizo decididamente. Él fue el creador y alma de Euskadi Irratia.

Nada más empezar, emprendió tres tareas: en primer lugar, el bosquejo de la estructura de los estudios y los controles de radio, así como la distribución del espacio disponible; en segundo lugar, el diseño de la programación; y en tercer lugar, la labor de formar el equipo humano que iba a materializar el proyecto de la radio pública euskaldun. Uno de los "alistados" en primera instancia fue Julián Beloki, procedente también de la escuela de "La Popu" donde había dirigido el programa "Lagun artean". Otermin lo llamó para que se incorporara inmediatamente al nuevo equipo. Había trabajado con él en "Sei orduak euskaraz" y sabía de su trabajo serio y su dominio del euskera. Beloki comenzó a trabajar en Euskadi Irratia como jefe de emisiones y supo transmitir a los profesionales de la emisora y a los colaboradores el oficio de contar historias en su idioma materno. Con ese fin se puso al frente del micrófono para conducir el programa más importante de las mañanas. Ideó nuevos desafíos, nuevos formatos... y puso todos sus conocimientos a disposición del equipo liderado por Otermin. Cuando en 1991 éste pasó a ser director del departamento de Programas de ETB, Julián Beloki pasó al mando de Euskadi Irratia. En 1999, Andoni Ortuzar, Director General de EITB, le encomendó la tarea de dirigir y coordinar todas las emisoras del Ente.

Entonces Odile Kruzeta le sustituyó al frente de Euskadi Irratia. Kruzeta era una joven eibartarra que cantaba en el grupo Izukaitz cuando Jose Mari Otermin la entrevistó en Radio Popular. Poco después la llamó para que pasara a engrosar el equipo de la nueva radio euskaldun pero Kruzeta rechazó la oferta argumentando que desconocía el mundo radiofónico. Había estudiado Física y trabajaba como profesora de matemáticas, aunque el mundo del periodismo y la cultura vasca no le resultaba del todo ajeno pues ya había colaborado escribiendo en euskera la crónica de Eibar en la revista *Zeruko Argia*. No pasó mucho tiempo y Otermin volvió a contactar con ella ofreciéndole ahora trabajar en informativos. Esta vez sí, colgó las matemáticas y se adentró en un proyecto al que todavía hoy está ligada. Su compromiso y buen hacer la convirtieron, al poco tiempo, en responsable de los servicios informativos y, posteriormente, en directora de Euskadi Irratia, en codirectora de Gaztea (junto con Jon Lamarka) y EITB Musika (con Iñigo Zeberio) y, actualmente, es directora de las radios del ente público vasco.

Beloki y Kruzeta fueron dos de las personas reclutadas por Jose Mari Otermin. El resto de los integrantes de la primera plantilla de Euskadi Irratia procedía bien, como ellos, de Radio Popular o de otros medios, o bien eran licenciados en Filología Vasca, gente carente de experiencia en medios de comunicación pero preparada para trabajar en euskera. Es decir, Otermin se rodeó, por un lado, de personas experimentadas en periodismo, sobre todo, en periodismo oral, y, por otro, de conocedores del principal instrumento de trabajo, el euskera. Para formar profesionales en labores de locución, ya dijimos que el Gobierno Vasco había organizado anteriormente unos cursos especiales dirigidos por Iñaki Behobide. El tercero de ellos había terminado en diciembre de 1981.

De las 20 personas que formaron la primera plantilla, 12 eran locutores. Algunos provenían de medios escritos (*Deia*) y otras radios (Radio Popular, SER San Sebastián), y otros se estrenaban en Euskadi Irratia. He aquí sus nombres: Antton Aranburu (subdirector), Nikolas Aldai (jefe de programas), Julián Beloki (jefe de emisiones), Jon Aizpurua, Izaskun Barriola, Iñaki Elortza, Jesús Mari Gabirondo, Arantxa Irastorza, Josetxo Lizartza, Martín Tejeria. El propio Jose Mari Otermin también ejerció labores de locución, conduciendo el programa "Klasikoaren tartea". En otras labores estaban Txomin Artola (responsable de fonoteca), Lutxi Barquín y Josune Azkue (técnicos de control y sonido que provenían de Radio Popular), Joselu Aranburu, Iñaki Olaziregi (técnicos de control y sonido), Xabier Laskibar (jefe técnico), Miren Zubizarreta (secretaria), Arantxa Garagorri e Inma Eizmendi (recepcionistas). En 1984 eran ya 32 las personas que conformaban la plantilla.

A lo largo de estos años, otras muchas personas han trabajado y siguen trabajando en Euskadi Irratia, demostrando que es posible hacer una radiodifusión digna íntegramente en euskera. Inicialmente lo hicieron en las instalaciones de la calle Andia de Donostia-San Sebastián, un sitio céntrico, con vistas al mar y a los jardines de Alderdi Eder, desde el que se podían sentir los latidos de la ciudad. Pero el aumento del personal provocó la necesidad de mayor espacio físico. Una de las labores de Julián Beloki, nada más iniciarse en la dirección de la emisora, fue buscar urgentemente otro local más amplio, que pudiera albergar al menos provisionalmente, las instalaciones y el personal de Euskadi Irratia. Ese local temporal se halló en la calle Larramendi. Allí estuvo la emisora hasta 1996, año en que se trasladó a la sede de Miramón.

Desde aquí, a finales de la década de los noventa, el equipo de Beloki abordó decididamente el proceso de digitalización de la producción y emisión de Euskadi Irratia, proceso continuado después por el resto de las emisoras del Grupo EITB. La empresa catalana Lexon, pionera en la gestión digital de audio, fue la elegida para instalar los primeros servidores y los adelantos técnicos ineludibles para competir en el futuro. A partir de esa pequeña revolución tecnológica, el material sonoro quedaba grabado y se podía reproducir a través de ordenadores que almacenaban en su disco duro hasta un total de cien horas. El resto de las grabaciones de archivo se guardaría en cintas magneto-ópticas y CDRoom, lo que permitía el acceso inmediato a todo ese material. Las innovaciones realizadas colocaban a Euskadi Irratia entre las emisoras más modernas de Europa. En junio de 1996 recibió el premio "Ricardo Arregi" en reconocimiento a la revolución tecnológica realizada. Poco antes, el programa "Goizean Behin" había puesto a disposición de sus oyentes una página web con la información sobre las emisoras y con sus programas, y con espacios para sugerencias, recomendaciones y opiniones.

¡Cuánto habían cambiado las cosas en apenas quince años, desde aquel final de 1982 en el que Euskadi Irratia nacía al universo de las ondas! Lo hizo entonces con cuatro repetidores. En 1985 ya se habían instalado once: en Jaizkibel (Donostia-Pasaia), Oiz (Durango), Ganeta (Bilbao), Zaldiaran (Vitoria-Gasteiz), Arrate (Eibar), Agerreburu (Azkoitia), Usurbe (Beasain), Ollaun (Tolosa), Herrerako Mendate (Samaniego), Txibiarte (Lezama) y Legarbea (Balmaseda).

Euskadi Irratia, como radio pública que es, ha estado financiada principalmente por el Gobierno Vasco. Sus fundadores no quisieron que fuera una emisora como Radio Nacional de España ni una radio comercial. Por eso, en principio, no emitieron publicidad. Bueno, por eso, y porque, como ya dijimos, las empresas eran reticentes a publicitarse en un idioma al que el oído radiofónico de la mayor parte de la población no estaba acostumbrado. Pero, a medida que se incrementaron las necesidades de la radio, los mandos de la emisora *hicieron un hueco* a la publicidad, y, paralelamente, según creció el número de oyentes, también los empresarios se fijaron en Euskadi Irratia. La publicidad pasaba a convertirse en fuente de ingresos.

Pasemos ahora a los contenidos. Las primeras emisiones de Euskadi Irratia fueron musicales. Pero la emisora había nacido con el objetivo de salir a diario y esos iniciales espacios se completaron luego con los programas "Klasikoak gaur" y "Kostaldeko trena", presentados por Pello Zabala y Martín Tejería, respectivamente. Desde el comienzo se buscó el equilibrio entre música y palabras. La programación era, por tanto, de onda corta pero se emitía en frecuencia modulada. Euskadi Irratia nació con esa contradicción. Otermin recuerda que, cuando manifestó a Luis Ángel de la Viuda, conocido profesional de la comunicación, los temores que había en Euskadi sobre la posibilidad de emitir en euskera, con la dificultad añadida de hacerlo en FM, de la Viuda le contestó: "Otermin, ni importa el canal de difusión, ni los soportes para hacer la radio; lo importante es lo que se haga en esa radio"[116]. Posteriormente, en octubre de 1989, tras un acuerdo entre el Ministerio español de Transportes, Turismo y Comunicación y el Gobierno Vasco, se empezó a emitir en onda media con dos frecuencias para cada territorio histórico.

Durante el curso 1983-84 ya eran treinta programas los que se emitían a lo largo de la semana. La programación se centró en esos primeros años en el mundo vasco, en la información de la zona, en la cultura vasca y en el euskera. Constaba de los siguientes espacios: de 9:00 a 12:00 horas, un magazine matinal que cada día se centraba en un tema principal, con un protagonista, música, etc, y cuyos locutores eran Josetxo Lizartza, Julián Beloki, Arantxa Irastorza y Jesús Mari Gabirondo; al magazine le seguía el programa "Eguneko Ospakizunak" (de 12:00 a 13:00 horas) en el que Nikolas Aldai daba cuenta de los actos culturales que se iban a celebrar a lo largo del día; de 13:00 a 13:30 horas el concurso "Aizu Aizu" dirigido por Jesús Mari Gabirondo premiaba a los oyentes; a las 13:30 comenzaba el informativo de mediodía conducido por Izaskun Barriola, Antton Aranburu y Jon Aizpurua, seguido de la actualidad deportiva de la mano de Iñaki Elortza. La música clásica tenía su hueco de 14:15 a 14:30. En ese pequeño espacio denominado "Klasikoen tartea" Jose Mari Otermin dejaba su despacho para no olvidar el arte de los micrófonos. A partir de las 16:00 y hasta las 20:00 horas se emitía sobre todo música, intercalando comentarios. En la primera hora el discjockey Iñaki Arkarazo ofrecía música comercial; en la segunda hora, en "Musika eta Hitzez", se emitía música de todo tipo y comentarios; la tercera hora era la de Martín Tejería y su "Kale Zaharreko kantak"; y en la cuarta hora, Jesús Mari Gabirondo conducía "Estereofonía", un espacio de música en estéreo. La actualidad socio-política tenía su segundo intervalo del día de 20:00 a 21:00 horas, de la mano de Izaskun Barriola. Iñaki Arkarazo cerraba la programación diaria de 21:00 a 22:00 con el programa "Rock Saioa".

En 1984 se amplió el horario, iniciándose la programación a las 7:00 de la mañana y concluyendo a las 23:00 horas. Los sábados y los domingos la programación empezaba a las 8:00. Se empezaron a cuidar más, sobre todo, los informativos, ofreciendo boletines cada hora e incrementando los espacios de este carácter: el de la mañana se llamaba "Goiz kronika", los de mediodía "Euskadi 13 ordu" y "Euskadi 2etan" y el de la noche "Arrastion Euskadi". Poco a poco, fueron naciendo otros programas como "Baratzako Pikuak", "Nere bordatxotik" conducido por Iñaki Eizmendi *Basarri*, "Sorgin afaria" con Joxerra Gartzia y Pello Zabala, "Gazte gara gazte", "Debaldeko festa"...

En octubre de 1986 Euskadi Irratia dio un paso adelante más cuando empezó a emitir 24 horas de programación diaria, íntegramente en euskera. A partir de las 11-12 de la noche no había oferta para la audiencia en este idioma. Era un nuevo gran reto, porque no sabían si los oyentes iban a responder a una emisión ininterrumpida en euskera.

También se introdujo una novedad en la programación: cursos de apoyo para aquellas personas que estuvieran aprendiendo esta lengua.

A lo largo de sus años de vida, han sido muchos y variados los programas de Euskadi Irratia. De entre todos ellos, por la importancia que han adquirido y porque son espacios que calaron hondo, podemos destacar el citado "Kostaldeko trena" -programa musical que Martín Tejeria presentó y dirigió más de 20 años)-, "Goizean behin" que nació en el curso 1988-1989 bajo la dirección de Jaime Otamendi y presentación de Arantxa Iturbe, "Salako Lehioa" con Jon Aizpurua y Mari Karmen Odriozola, "Bide batez" con Arantxa Arza y Asier Odriozola (al que más tarde sustituiría Jesús Artetxe), "Bejondeizuela" con Maider Oiarbide y Tere Beloki, "Mezularia" con Maite Artola, "Ipurtargia" con Katin Allende, "Lauretan Babel" con Susana Mujika y Nagore Telleria el programa infantil "Maritxu Berritxu", el noctámbulo "Atlántida" con Esther Aizpurua, el magazin de fin de semana "Amarauna" diseñado y presentado por Arantxa Kalzada, el deportivo "Hiru Erregeen Mahaia" con Txetxu Urbieta y Kepa Iribar, el magazine de tarde dirigido al público joven "Hiri Gorrian" con Maider Segurola y Xabi Larrazabal, y, especialmente, "Faktoria", ese gran contenedor de información y temas de actualidad que abarca el horario del *prime time* y por cuya conducción han pasado profesionales como Susana Mujika, Manu Etxezortu, Joxe Juan Ugalde o Maite Artola.

En 2009 bajo la dirección de Rosa Díez Urrestarazu Euskadi Irratia apostó fuertemente por un programa de humor,

"Oilategia", en el que participan conocidos actores y presentadores de ETB tales como Ilaski Serrano, Anjel Alkain y Mikel Pagadizabal. También pertenece a esta época la creación de un informativo local, "Gertukoak" conducido por Beatriz Zabaleta. En 2010 Felipe Juaristi sustituyó a Diez Urrestarazu en la dirección de la emisora e introdujo un programa especializado dedicado a la poesía denominado "Lizardiren Baratza" y que está dirigido y presentado por José Luis Padrón.

Hitos pueden considerarse también el campeonato interpueblos de bertsolaris en 1985, el espacio "Antzoki Iluna" con guiones escritos de Bernardo Atxaga en 1991, las conexiones que Euskadi Irratia realizó vía satélite con la primera expedición vasca al Everest ese mismo año -expedición que contó con la participación del periodista de la emisora Antton Iturriza-, o el concurso "Kantuz Goraintzi" organizado por la emisora en 1995. De 1991 a 1996 se emitieron varias radio novelas, entre otras "Txantxangorri kantaria", basada en el relato de Salvador Zapirain sobre su padre bertsolari, "15 egun ur-gainean" de José Antonio Loidi y "Maite, maite, maitea" de Arantxa Iturbe.

Euskadi Irratia ha mantenido, pues, una programación convencional, en la que destacan los espacios informativos, los relacionados con la cultura vasca y los de participación en general, concediendo asimismo un peso importante a la música. Al principio era una programación centrada en el País Vasco. Paulatinamente, sin dejar de lado su principal objetivo, se ha ido abriendo en cuanto a información y contenidos se refiere. Hoy en día, en un mundo tan globalizado como el nuestro, Euskadi Irratia pretende ser un ejemplo de "glocalidad", término utilizado por Odile Kruzeta para designar la unión de lo local y lo global. "Sin perder las raíces y sin olvidar al público al que hay que informar, entretener (...) pero también mirando al mundo"[117].

Respecto a la audiencia de Euskadi Irratia, la mayoría de los radioyentes de esta emisora ha sido tradicionalmente población radicada en Gipuzkoa, el territorio en el que más euskera se habla. Pero la programación ha querido potenciar la participación de oyentes de otros territorios históricos y también de Iparralde, mediante la mayor presencia de noticias de esas zonas. En la época de Beloki, se potenció esta idea y, siguiendo el ejemplo de Otermin, se trasladaron los micrófonos a las calles de numerosas localidades de Euskal Herria. Así, poco a poco, Euskadi Irratia ha ido sumando oyentes. En 1984 tenía 44.000; en 1989 alcanzó los 65.000; en 1995 los 77.000, en 2007 los 95.000 y actualmente cuenta con una audiencia que rebasa holgadamente la barrera de los 100.000 oyentes.

Respecto al perfil del oyente, según el Estudio General de Medios y el CIES, el oyente tipo que ha escuchado Euskadi Irratia a lo largo de sus 26 de vida y también actualmente es el de una persona joven -entre 25 y 45 años, más joven de lo habitual para tratarse de una radio generalista-, de clase social media o media alta, que vive mayoritariamente en pueblos, no en pueblos muy pequeños ni tampoco en capitales. El porcentaje entre sexos está muy igualado y un grupo importante de los oyentes tiene estudios superiores.

Radio Euskadi

Euskadi Irratia había nacido en noviembre de 1982. Pocos meses más tarde, en abril de 1983, nacía Radio Euskadi, segunda emisora de la actual EITB, que entonces se denominó segunda programación de Eusko Irratia. Sus instalaciones quedaron radicadas en el edificio del nº 85 de la Gran Vía bilbaína. Nació como emisora bilingüe y de carácter convencional pero la trayectoria que ha seguido Radio Euskadi ha sido muy diversa de unos períodos a otros. Todos las transformaciones experimentadas las analizaremos en un posterior apartado, dedicado íntegramente a esta fase de la historia de la emisora protagonista de este libro.

Radio Vitoria

La tercera emisora que pasó a formar parte del que luego sería grupo EITB fue Radio Vitoria. Pero no vayan a creer que se trataba de una radio recién estrenada. ¡Ni mucho menos! Radio Vitoria era la radio decana de las emisoras alavesas. Se trata nada más y nada menos que de aquella "EAJ-62 Radio Vitoria" nacida a la vez que "EAJ-6 Radio Navarra" y "EAJ-28 Radio Emisora Bilbaína", cuando en 1934 el gobierno republicano concedió licencias para la instalación de nuevas emisoras. Radio Vitoria emitió su primer programa el 30 de septiembre de 1934. A su mando estaba el médico vitoriano Francisco Hernández Peña, auspiciado en la parte técnica por Pepe Lebrancón. Las primeras instalaciones se ubicaron en la calle Prudencio María de Berastegi, en la casa que un amigo cedió a Hernández. La primera emisión de Radio Vitoria consistió en la retransmisión de un festival musical celebrado en el Teatro Principal de Vitoria-Gasteiz.

Iniciada la guerra civil, tanto Radio Vitoria, como la segunda emisora comercial existente en la zona sublevada, Radio Navarra, quedaron, lo recordarán, en manos de los militares. Durante la dictadura franquista, concretamente en el año 1947 Radio Vitoria fue comprada por la Caja de Ahorros Monte de Piedad de Vitoria -actualmente Vital Kutxa-, y en 1954 quedó ligada a la Sociedad Española de Radiodifusión (SER).

En 1981 el Gobierno Vasco compró la radio a la Caja de Ahorros pero hasta 1984 siguió asociada a la SER. En marzo de ese año, los responsables de la radio pública vasca negociaron con Eugenio Galdón, Director General de la SER, los términos en los que se materializaría la desvinculación entre la emisora española y la emisora local Radio Vitoria. Llegar a un acuerdo no fue fácil. Galdón no quería perder la cobertura de su cadena en el territorio histórico de Araba y pretendía mantener el acuerdo de asociación con los nuevos propietarios de Radio Vitoria, es decir, con el Gobierno Vasco, a no ser que éste les procurara una nueva frecuencia. Los representantes de la radio vasca, por el contrario, querían cortar lo antes posible todo vínculo anterior, reduciendo paulatinamente los programas producidos desde Madrid y emitidos en Radio Vitoria. Galdón sabía que los representantes del Gobierno Vasco tenían *la sartén por el mango* pero no quería abandonar la reunión sin al menos lograr que el ejecutivo vasco concediera una nueva frecuencia a su cadena. Una llamada telefónica realizada desde Ajuria Enea a Galdón le aseguraba la concesión de una frecuencia legal en el término de cien días.

Así empezaba la nueva etapa en la historia de Radio Vitoria. Posteriormente, otras dos emisoras alavesas firmaron convenios para emitir junto a Radio Euskadi: Radio Rioja Alavesa y Laudio Irratia, que más tarde consiguieron sus propios permisos para emitir como radios comerciales.

Pero volvamos a Radio Vitoria y a 1984. No era tarea fácil la que los nuevos propietarios de la emisora alavesa tenían ante sí. Debían ir retirando de su programación espacios que hasta este momento habían sido del agrado de los oyentes, programas consolidados conducidos por profesionales de renombre, y ello conllevaba un enorme riesgo. Pero el objetivo de la nueva gerencia estaba bien definido. Tenían que dejar a un lado las reminiscencias de la SER, configurar una nueva radio local, con estilo propio y con profesionales autóctonos que inyectaran un carácter distinto a la programación y a los contenidos. En las semanas siguientes a la reunión de marzo, espacios tan conocidos como "Cita a las cinco", "La saga de los Porretas", "Carrusel deportivo" u "Hora 25" dejaron de incluirse en las escaletas de Radio Vitoria. La finalidad era que lo local constituyera el rasgo distintivo de la emisora, que ésta fuera, sobre todo, una emisora cercana que penetrase en los hogares alaveses[118].

Entre los profesionales que completaron la plantilla podemos distinguir dos grupos. Los que provenían del personal de Radio Vitoria y los nuevos empleados de Eusko Irratia, que había ido formándose los últimos años. Entre los veteranos hemos de nombrar a María Ángeles Cobas, Judit Cobo, Mari del Val, José María Frutos y José María Sedano y entre los noveles a Iñaki Bizkarra, Pedro Gómez, Juan Antonio Korta, Iñaki Olasolo, Miguel Ángel Olea, Roberto Oñaderra y Araceli Viqueira. Posteriormente, otros nombres se han ido sumando al grupo. El primer director de Radio Vitoria fue Javier Cameno (durante 1983) y después José Ramón Díez Unzueta (desde febrero de 1984). Díez Unzueta, nacido en Durango el 22 de febrero de 1950, era licenciado en Geografía e Historia y en Periodismo y profesor del Colegio de los jesuitas en su pueblo natal. Tras sacar la oposición, fue jefe de emisión de Radio Euskadi, hasta que Arregui le requirió para la dirección de Radio Vitoria.

Hasta su adquisición por el Gobierno Vasco, Radio Vitoria había estado instalada en la calle Prudencio María Berastegi y posteriormente en la calle Olagibel, concretamente en el inmueble propiedad de la Caja de Ahorros y Monte de Piedad. Cuando pasó a depender del ente público vasco se ubicó en el Pasaje Postas/General Álava y, a partir de 2001, en un edificio de la calle Martínez de Aragón. En esta última sede quedó establecido el primer centro de producción digital de radio en España.

Radio Vitoria empezó a emitir en onda media y frecuencia modulada. De hecho, hasta 1989 fue la única de las tres emisoras que dispuso de OM. Ello le ha permitido tener dos programaciones, una en FM y otra en OM. En esta segunda onda, su programación ha sido y es de carácter convencional, generalista. A medida que se iban retirando de las escaletas los espacios confeccionados y grabados en

Madrid, Radio Vitoria fue ampliando la información más cercana. Empezó emitiendo durante 18 horas. Conectaba y conecta con Radio Euskadi para los servicios informativos y los boletines horarios durante las 24 horas del día, y siempre ha colaborado en la elaboración de dichos espacios cubriendo las noticias de Vitoria-Gasteiz y Araba. Pero, amén de estos servicios informativos, también cuenta con tres ediciones informativas propias denominadas "Araba Gaur" en las que se aborda la actualidad alavesa.

La mayor parte de las horas de emisión se ha cubierto con magazines. Peso importante tienen también los informativos y los espacios musicales. El resto de la parrilla se dedica a programas deportivos, infantiles y culturales-divulgativos. El porcentaje consagrado a los deportes se incrementa, lógicamente, los fines de semana.

A medida que el paso del tiempo hacía olvidar "La saga de los Porretas" y demás herencias de la etapa anterior, títulos como "Buenos días Álava", "Intxaur saltsa", "Araba gaur", "Club de Amigos", "Servicio Público", "El tranvía", "Tal como somos", "Tiempo de papel"... se fueron consolidando en las preferencias de los oyentes alaveses. "Buenos Días Álava" presentado por María Ángeles Cobas ha sido el magazine por excelencia de Radio Vitoria. Se estrenó el 10 de octubre de 1983 y se ha afianzado como espacio líder de la emisora durante muchísimos años. En él tenían cabida los temas de actualidad, el cine, cuestiones locales, temas educativos, gastronómicos... Por ejemplo, Javier Santxotena, del conocido restaurante "El Portalón" servía semanalmente sus conocimientos de cocina. En 1999 fue sustituido por otro programa denominado "Plaza Nueva", título hasta ese momento del programa de fin de semana conducido por Pedro Fernández de Retana, que pasaba ahora a emisión diaria. En su primera hora se abordaban temas del día buscando el posicionamiento de los oyentes; en la segunda hora se realizaba el concurso "Bájate tú, entro yo" basado en la circulación y el tráfico en Vitoria-Gasteiz; y la tercera y última hora se completaba con diferentes microespacios y una entrevista al personaje del día. El programa "A mi manera" pasó a cubrir las mañanas de los fines de semana. La presentadora de "Buenos días Álava" se encargó del programa "El mirador vitoriano" a partir de las doce del mediodía.

Desde el curso 2004-2005 dichos magazines casi "históricos" fueron sustituidos por nuevos espacios, el vespertino "Es lo que hay", un programa de actualidad, entrevistas, humor... conducido por Roberto Flores, Jeny Prieto y Pedro Espinosa, y por el programa de fin de semana "Hasta aquí hemos llegado" conducido por Miguel Ascenzo y Estíbaliz Mendia.

A partir de 2009 la dirección de la emisora pasa a manos de Lucas Irigoyen. En esta época se hizo una apuesta por atraer a la audiencia más joven al *prime time* de la emisora a través del programa "El Madrugador". Se trata de un magazine desenfadado en clave de humor y actualidad conducido en sus diferentes etapas por Miguel Ascenzo, Ivan Pascual y Roberto Flores.

La cercanía y el pulso de la información local han sido las claves de identidad de la emisora desde su mismo inicio. En línea con esas características, en el curso 2013-2014 se amplió la duración de los informativos "Araba Gaur 1" conducido por Maritxu Díez y "Araba Gaur 2", que se convierte en un magazine informativo, bajo la conducción de Ismael Díaz de Mendibil.

Hitos en la etapa de la historia de Radio Vitoria vinculada a EITB pueden considerarse el homenaje en Vitoria-Gasteiz a José María Sedano, con motivo del número mil de su programa de Radio Vitoria "Euskal Jaia", la emisión en directo de la bajada del Zeledón en 1985, y, sobre todo, la puesta en marcha de los premios "Populares del Deporte alavés", cuya primera edición se presentó en febrero de ese mismo año. Estos premios que se han otorgado en veinte ocasiones han servido para reconocer a los profesionales del deporte que, en las décadas de los 80 y 90, han paseado por el mundo el nombre de Araba. Los ganadores del premio eran elegidos por votación popular entre los oyentes. Los cinco primeros deportistas que recibieron el galardón fueron la atleta Blanca Lacambra, el futbolista Iñaki Bergara, el jugador de baloncesto Pablo Laso, el futbolista Juan Morgado y el también jugador de baloncesto Alberto Ortega. En posteriores ediciones, fueron reconocidos con este premio, entre otros, Martín Fiz, Juanito Oiarzabal, Joseba Beloki, Salvador Crespo, los hermanos González de Galdeano, Benito Durán, Konpa, Juan Fernández, Miguel Prieto, los hermanos Llanos, el atleta Iván Sánchez y Almudena Cid.

Entre los eventos compartidos con los oyentes y la sociedad alavesa, cabe mencionar la *Bizikletada* solidaria de 24 horas contra el cáncer, celebrada en octubre de 2014 en el parque de la Florida con motivo del 80 aniversario de la emisora.

En esta cita el aventurero y deportista Juan Carlos Nájera completó mil vueltas en bicicleta en el céntrico parque acompañado de autoridades, deportistas, artistas, colaboradores y anónimos oyentes solidarios.

Lo cierto es que, siguiendo las directrices iniciales que definían su carácter eminentemente local, Radio Vitoria siempre ha estado muy unida al deporte alavés, y sobre todo al baloncesto que tantos momentos de gloria ha proporcionado a los alaveses. En abril de 1993 la emisora puso en antena un programa de una hora de duración llamada "Triple de Oro" para que los seguidores del Baskonia pudieran hablar con sus ídolos Ramón Rivas y Pablo Laso. Cuando éste fichó por el Real Madrid se sumó al programa el internacional argentino Marcelo Nicola. Más tarde, otras figuras baskonistas desfilaron por los micrófonos de Radio Vitoria: Fran Murcia, Pepe Arcega, Jorge Garbajosa, Lucio Angulo y Jordi Millera. Junto a los nombres de estos jugadores, quedan inscritos también en la historia de Radio Vitoria la de aquellos periodistas que retransmitieron con intensidad los partidos de basket: Txus Brizuela, Txema Capetillo, Iñaki Garaialde, Rafa Muntión, Emilio Pascual, Txemi Oleaga...

La tarde del 3 de marzo de 1995, una multitud abarrotaba la Plaza de la Virgen Blanca para dispensar al Baskonia un recibimiento nunca antes visto en la capital alavesa. Los muchachos de Manel Comas habían conseguido el pase a la final de la Copa de Europa de Baloncesto. Radio Vitoria fue cómplice activo de esta "sorpresa" para los chicos de Comas. Durante toda la tarde lanzó mensajes de adhesión al homenaje y la respuesta de los ciudadanos de Vitoria-

Gasteiz demostró, una vez más, el poder de convocatoria de la emisora local, la número 1 de Araba.

Y es que, con este tipo de eventos y haciendo un trabajo serio y próximo, Radio Vitoria ha ido ganándose la confianza de los alaveses. A los cinco años, en 1988, tenía 25.000 oyentes; en 1995, 27.000; en 2007, 29.000. En los últimos años la audiencia se ha consolidado en torno a los 30.000 oyentes. Es indistintamente escuchada por hombre que por mujeres, principalmente mayores de 45 años. Asimismo, ha aumentado el número de oyentes que siguen la emisora en Internet.

Los oyentes del canal que utiliza la frecuencia modulada pertenecen, sin embargo, a sectores más jóvenes de la población. Se trata de FM Radio Gasteiz, un canal que mantiene una programación dirigida principalmente musical Ya había existido anteriormente una FM Radio Vitoria pero se había cerrado en abril de 1982. En julio de 1984, José Ramón Díez Unzueta, haciéndose eco de las quejas de los oyentes, decidió reabrir la emisora de FM de manera experimental. Sólo se emitían dos programas: de 22:00 a 24:00 horas "El sueño de una larga noche de verano" con Mario Hernández y Ana Borderas, y de 24:00 a 2:00 de la madrugada "El búho" con Manu Méndez. Esta experiencia resultó positiva y se decidió continuar con la emisión para FM. Pronto nacieron nuevos programas como "Arkupe Rock", "La calle del ritmo", "En clave de sol", "Disco Compacto", "En tránsito"... Asimismo, se ofrecen retransmisiones en directo y diferido de conciertos y actuaciones de grupos, orquestas y cantautores, tanto de

Euskadi como del Estado, entrevistas y concursos presentados de forma divertida.

Cuando se abrió el centro comercial Dendaraba, en 1988, la 96 FM pasó a emitirse desde una "burbuja" instalada allí. Fue la primera experiencia en la historia de la radio vasca en la que se ha realizado toda la programación de vista al público. Al nacer Gaztea, la programación de la FM de Radio Vitoria se incluyó en la nueva emisora.

Una acción que merece una mención especial es la puesta en marcha de un concurso de Radio-Teatro bajo el nombre de Carlos Pérez Uralde, concurso auspiciado por la emisora y por el festival internacional de teatro de Vitoria-Gasteiz, que en 2015 va por su tercera edición.

Entre una programación y otra, Radio Vitoria, la radio decana de las emisoras alavesas ha ido despuntando hasta convertirse en la emisora líder del territorio alavés. Según su director, José Ramón Díez Unzueta, el éxito de Radio Vitoria "radica en la perfecta simbiosis entre los intereses de los ciudadanos del Territorio Histórico de Araba y el trabajo de los profesionales que han entendido la especificidad de una emisora próxima y cercana. Es la número 1 de Araba y los oyentes la consideran suya"[119].

(Euskadi) Gaztea

Gracias al acuerdo firmado entre el Ministerio español de Transportes, Turismo y Comunicación y el Gobierno Vasco en 1989, éste último consiguió seis nuevas frecuencias que permitieron empezar a utilizar onda media en Euskadi

Irratia y Radio Euskadi[120]. Pero aún tenía más. Se acercaba el décimo aniversario de sus primeras radios y aprovechando la posibilidad de utilizar varias frecuencias, EITB puso en marcha en FM una radio-fórmula musical dirigida a los jóvenes. Una emisora joven, de música joven, hecha por y para jóvenes. No fue una apuesta fácil, porque los 40 Principales de la SER estaban muy enraizados entre los jóvenes vascos y era una oferta consolidada. Por tanto, Euskadi Gaztea tenía que ofrecer algo nuevo, distinto, atractivo, que le permitiera competir con aquella.

Los responsables de EITB pusieron al mando de Gaztea a una profesional con bagaje y experiencia dilatados. Edurne Ormazabal dirigiría este nuevo canal trabajando codo con codo con Odile Kruzeta. El equipo se fue conformando con una hornada de jóvenes locutores -entre los que se puede destacar a Claudio Landa y Joseina Etxeberria-, cuyas voces son ya clásicas entre los seguidores de la emisora musical.

Gaztea nació, como Radio Euskadi, con el propósito de ser bilingüe. Las emisiones comenzaron el 21 de marzo de 1990 en euskera, desde Donostia-San Sebastián, y en castellano, desde Bilbao. Ambas programaciones eran de 24 horas e incluían diferentes espacios siempre de tipo musical. En la emisión de castellano, participaron profesionales -como Iñigo Lejarza- que actualmente trabajan en Radio Euskadi. En la emisión en euskera destacan, por ejemplo, títulos como "22 Estudioa", programa conducido por Jon Sanz sobre las últimas novedades en el mundo del disco, "Hamaika aditzeko", "Ordu txikietan", "Hau bai musika", "Iturri Onetik", "Klasikoak Gaur", etc. En la emisión de castellano "Alguien te está escuchando", dirigido y realizado por Pablo Cabeza, o "Cuarto creciente". Algunos de estos programas se compartían con Euskadi Irratia y Radio Euskadi. Los sábados, de 11:00 a 15:00 horas, Joseina Etxeberria en euskera y Cristina Ardanza en castellano presentaban "Top Gaztea".

La fórmula bilingüe no tuvo demasiado éxito y en 1994 los responsables de la radio suprimieron las emisiones en castellano. Entonces Euzkadi Gaztea se convirtió en la única radio-fórmula musical joven y en euskera, y con ello, consiguió distinguirse de las demás y logró así el éxito esperado. El idioma y la cercanía eran los ingredientes que las demás listas Top no ofrecían, y ello atrajo a un grupo joven y euskaldun de edades comprendidas entre los 15 y los 25 años, consiguiendo conquistar también, merced a una programación sencilla, seguidores no euskaldunes. En 2007, la emisora contaba con 67.000 oyentes y en 2014 doblaba su audiencia alcanzando los 112.000 oyentes diarios.

La cadena joven sufrió otro cambio en septiembre de 1996, cuando pasó de ser exclusivamente radio-fórmula a introducir en su parrilla, respondiendo a los deseos de los oyentes, otro tipo de programas, programas ágiles guiados por locutores jóvenes. Entre los más conocidos "Hi bizi haiz", espacio participativo que otorga protagonismo a los jóvenes, guiado por Dani Arizala; "Prime Time" presentado por Claudio Landa; y un renovado "Top Gaztea". El curso 2004-2005 trajo aires frescos a Euskadi Gaztea: el programa matinal "Salgai" conducido por Edurne Garmendia, Itziar Alduntzin y Nagore Telleria y el programa "Are Gazteago", de canciones dedicadas, presentado por Mikel Apaolaza y Joseina Etxeberria.

La irrupción de Internet como canal de comunicación ha actuado como catalizador en la evolución del consumo y los planteamientos de programación de los medios tradicionales. Son las generaciones más jóvenes las que con más facilidad y rapidez incorporan Internet a sus hábitos de vida y consumo. En consecuencia, dentro del grupo de radios de EiTB es Euskadi Gaztea la emisora que con mayor rapidez evoluciona en este sentido. Los cambios han tenido su reflejo incluso en la transformación progresiva de la propia marca. En 2005, coincidiendo con el decimoquinto aniversario de la emisora, se estrenó la web www.egaztea.com. Unos meses más tarde, se inauguró el nuevo estudio multimedia de la emisora bajo el nombre de Egaztea. Durante unos convivieron ambas marcas. En el uso oral se sigue utilizando el término Euskadi Gaztea, mientras que en la rotulación y en los textos escritos aparece Egaztea. Pero ya desde 2007 la emisora pasó a llamarse definitivamente Gaztea. Ese cambio de marca conllevó un cambio de imágen, de logo y, lo que es más importante, un cambio de rumbo en la selección musical, más acorde con la evolución de los gustos musicales de los jóvenes euskaldunes, sin abandonar la atención preferente a la producción de los artistas vascos.

Hitos en la joven trayectoria de Gaztea pueden ser considerados: la celebración de su primera Fiesta-Concierto en julio de 1991 en el Polideportivo de Anoeta en la que actuaron los grupos *Piztiak*, *Hertzainak* y *Tahúres Zurdos*; en septiembre de 1991 lanzó la convocatoria del primer concurso de maquetas de Gaztea. En esa primera edición resultó vencedor *EH Sukarra*. En posteriores ediciones, han sido ganadores, entre otros, *Sorotan Bele*, *Pi L.T.*, *Zea Mays*, *El Columpio Asesino*, *Seiurte*, *Kerobia y Belako*...; en abril de 1994 el anuncio promocional de la emisora, filmado en las obras de construcción del edificio del Museo Guggenheim en Bilbao, fue premiado en el festival organizado por la Federación Española de Cine Publicitario. El año 2000 Gaztea celebró su décimo aniversario con un concierto del grupo *Pearl Jam* en el Polideportivo de Anoeta.

EITB Musika

Como ya comenté, en 1996 EITB inició su renovación tecnológica. Además de trasladar los estudios de Euskadi Irratia y Gaztea a Miramón, los tres centros de producción -los de Donostia-San Sebastián, Bilbao y Vitoria-Gasteiz- quedaron unidos mediante la red informática, a la vez que los ordenadores se convertían en instrumento de elaboración, gracias al sistema GDS de tecnología digital que mejoraba, además, la calidad de las emisiones. A través de Internet, además de tener todos los estudios conectados a bandas ISDN o ADSL -y, por tanto, además de poder enviar la información sonora de un lado a otro con gran calidad y de manera inmediata-, era muy fácil acceder, desde cualquier estudio, a los archivos grabados que se encontraban en un servidor central.

Asimismo, se logró automatizar toda la programación a través de la digitalización, y mejorar la gestión de la publicidad. Además, ese mismo año la radio pública apareció en Internet en la página-web www.eitb.com. Otro paso más se efectuó en 1999, cuando, desde Vitoria-Gasteiz y en principio experimentalmente, comenzaron a emitirse programaciones digitales a través del sistema DAB, un nuevo medio de trasmisión de sonido que, aunque más caro, reporta ventajas importantes, sobre todo en lo que a calidad de sonido se refiere.

Aprovechando las posibilidades que ofrecen las nuevas tecnologías y todos esos adelantos que se estaban experimentando en las emisoras de EITB, en verano de 2001, se puso en marcha otra nueva cadena, EITB Musika. Su director, el veterano Julián Beloki la definió como una radiofórmula cultural que se marcaba el objetivo concreto de ofrecer en directo en el País Vasco -y fundamentalmente en la CAPV- los acontecimientos culturales que tuvieran lugar durante el año, tales como los jazzaldis de Vitoria-Gasteiz, Getxo o Donostia-San Sebastián, el Zinemaldi de Donostia-San Sebastián, el campeonato de Bertsolaris, etc. En 2014 EiTB Musika mantuvo su cita anual con los conciertos clásicos de la Quincena Musical de San Sebastian y emitió programas especiales ligados a los acontecimientos o efemérides musicales, si bien el núcleo de la programación consiste actualmente en una selección musical variada y de calidad con pocas intervenciones habladas. En 2007, esta emisora alcanzó los 22.000 oyentes y dicha audiencia se ha mantenido hasta 2014 en torno a los 30.000 oyentes.

3. RADIO EUSKADI, LA RADIO QUE SE VE

En mayo de 1982 el Gobierno Vasco adquirió un edificio en la Gran Vía bilbaína, con el objeto de ubicar allí varias delegaciones del Gobierno Vasco en Bizkaia y los servicios de Radio Eukadi, la nueva programación de la radio pública vasca. Desde esos estudios de Bilbao, después de casi un año de obras y preparativos, concretamente el jueves 31 de marzo de 1983, se inauguró la emisora. Goio Torrontegi, jefe técnico de Radio Euskadi, nos ha explicado que fue ese día por expreso deseo de Ignacio Arregui, ya que era Jueves Santo, festividad de enorme significado para el jesuita. Abrir y cerrar. La emisora quedó inaugurada pero las emisiones no comenzaron hasta la vuelta de vacaciones de Semana Santa. Estos primeros programas, de ocho horas de duración, fueron transmisiones musicales que se efectuaron a modo de prueba en las frecuencias que el Departamento de Cultura había concedido para Bizkaia, Gipuzkoa y Araba. Una cuña grabada en magnetofón solicitaba a los oyentes referencias de escucha[121].

También en este caso, todo se hizo con mucha prisa. Cuando se llevaron a cabo estas emisiones, ni siquiera se había nombrado el director de la nueva emisora. Desde Lakua se repetía insistentemente que lo primordial era salir al aire, empezar a sonar cuanto antes. La consigna que recibían los técnicos, nos lo ha dicho uno de ellos, José María Urkidi, era "Comenzar a emitir. Poner las máquinas y empezar a transmitir"[122]. Había que aprovechar el momento y construir otro nuevo pilar del edificio de la radiotelevisión pública vasca.

3.1. Primeras instalaciones y medios

La instalación técnica de Radio Euskadi fue realizada por la empresa INESA. En los inicios únicamente contaban con un solo transmisor de la marca Eurotrónica. Se trataba de un transmisor de 1 kw. Los que se utilizan ahora son de 20 kw. También había un sólo estudio con una mesa de la marca

Link de seis canales, material más propio de "emisoras de barrio", pero era lo que había. Tenían dos platos, un cartuchero que reproducía las cuñas o las sintonías, dos magnetofones Rebox A77 y un micrófono. "Los altavoces -recuerda Torrontegi con una sonrisa- estaban en el suelo y el radio-enlace encima de uno de los altavoces"[123].

Respecto al material de oficina, Cristina Goikoetxea, una de las dos primeras telefonistas de Radio Euskadi, nos ha dicho entre risas que apenas había mobiliario, ni una recepción. "Teníamos un teléfono, en el suelo, que, de vez en cuando, sonaba. Nosotras contestábamos 'Euskadi Irratia' y la otra voz decía ¿Y eso?' 'Una emisora nueva' teníamos que aclarar". Empezaron a trabajar con una Olivetti, luego pasaron a la máquina de escribir electrónica. Goikoetxea nos ha explicado que utilizó mucho el "telex", una especie de fax, que era como una máquina de escribir muy grande. Para ella el fax fue la primera revolución; la 2ª el correo electrónico[124].

Los periodistas escribían también en máquinas, con el típex siempre preparado para evitar los típicos tachones. Blanca Díez Azkarate, periodista que se incorporó a Radio Euskadi en 1985, recuerda con humor como salían todos los teletipos seguidos y el aparato pitaba cuando había una noticia importante. "Cuando ibas a directo, los cortes entraban cuando podían porque todo iba en una bobina". Para esta periodista, el gran cambio habido en estos años ha sido que "todo lo físico ha desaparecido: los teletipos, la voz... todo se puede guardar en el ordenador". También destaca el papel que ha jugado la telefonía móvil. Ellos tenían que mandar crónicas a veces desde cabinas telefónicas, otras veces pedían el teléfono de su despacho al político de turno, o incluso entraban en comercios y pedían por favor que les dejaran utilizar el teléfono[125].

Al comienzo tampoco tenían unidades móviles. Marisa Palmero, la secretaria del director de Radio Euskadi recuerda que, a finales de 1983, se compraron dos coches blancos. La emisora no tenía ni departamento de promoción, ni de marketing, ni de publicidad... Fue la propia Marisa, que por aquel entonces vivía en Avenida de las Universidades, quien encargó, en un garaje cercano a su casa, que pintaran el logotipo en la carrocería de uno de los coches. El resultado gustó y se pintó también el segundo automóvil[126].

3.2. De Radio EuZkadi a Radio EuSkadi

El 10 de abril Mikel Lejarza había sido nombrado director de Radio Euskadi, convirtiéndose así, con 26 años, en el director de radio más joven de Europa. Ignacio Arregui se había puesto en contacto con él, poniéndole al corriente de los planes que tenía y ofreciéndole llevar el timón de la nueva *txalupa*. El bilbaíno Lejarza había estudiado Geografía e Historia en la Universidad de Deusto y escribía en *El Correo* pero su pasión por la música le había puesto en contacto con el mundo de la radio. Un día por semana presentaba el espacio "El sillón de terciopelo verde" en Radio Popular de Bilbao.

Cuando se convocaron oposiciones para formar parte del equipo de la nueva emisora, no dudó en presentarse. Quedó en el primer puesto y, de allí a una semana, le ofrecieron dirigir la emisora que estaba a punto de bautizarse. No había hecho más que aterrizar pero no se amilanó. Al contrario, los retos le apasionaban y poner en marcha una nueva emisora partiendo prácticamente de cero no era un reto cualquiera, sino un grandísimo desafío. Él mismo reconoció más tarde "que tuvo la osadía de los ignorantes al echar para adelante y arriesgarse en la puesta de largo de una emisora nacional de radio en Euskadi"[127].

Pocos días después de su nombramiento, el 29 de abril de 1983, tuvo lugar el acto oficial de inauguración de los estudios. Todo el mundo estaba nervioso y excitado. Una llamada telefónica desde Ajuria Enea no ayudó precisamente a calmar el ambiente. El lehendakari Carlos Garaiokoetxea se retrasaría treinta minutos respecto a la hora anunciada para el comienzo del acto, porque previamente había estado inaugurando el puente de Rontegi y las cosas se habían complicado. Además, lo haría acompañado de varios consejeros. Jon Etxebarri e Iñaki Berazategi, los encargados de retransmitir aquel acto en directo, en euskera y castellano respectivamente, repetían incesantemente la misma información -datos sobre las características del edificio y los servicios que albergaba la sede de Gran Vía, sobre la protesta que estaban llevando a cabo los vecinos de Txurdinaga, sobre las tres emisoras públicas vascas...- y anunciaban, una y otra vez -"a pesar de que podemos pecar de reiterativos" se disculpaba Berazategi-, que en cualquier momento contarían con la presencia del lehendakari, que en aquellos momentos estaba girando una visita por las instalaciones. Se utilizaron también varios intermedios musicales. ¡Había que llenar media hora de radio que no estaba calculada!

Desde los recién estrenados estudios centrales, otros tres periodistas más cubrieron el acto. Julen Sordo, Patxu Elejabarrieta y Jesús Etxezarraga. Por fin, éste último anunció: "Y en estos momentos entra Carlos Garaiokoetxea, nuestro lehendakari, y también el director del ente, así como los diversos directores de las diferentes emisoras; se acercan a los micrófonos. Une honetan Garaikoetxea lehendakariak hitz egingo du. Hasterakoan, Andoni Areizaga zuekin". El director general subrayó la importancia del nacimiento de Radio Euskadi, que se inscribía dentro de todo un plan global de medios de comunicación social, y agradeció su apoyo a los presentes y, principalmente, al lehendakari. Garaikoetxea, por su parte, presentó la sede, la nueva emisora y la memoria-informe de los tres años de gobierno. Además de Areizaga y del lehendakari, estuvieron presentes, entre otros, varios consejeros del Gobierno Vasco, el diputado general de Bizkaia José María Makua, Ignacio Arregui, Mikel Lejarza y José Mari Otermin[128].

En ese sencillo acto, en el que apenas participaron dos docenas de invitados quedó inaugurada una nueva etapa de Radio Euskadi, la primera sin z de EuZkadi, la primera en democracia, la primera en libertad. La nueva emisora nacía con un subrayado carácter de servicio público. De acuerdo con lo establecido en la Ley de Creación del Ente Público "Radiotelevisión Vasca" de 20 de mayo de 1982, la principal finalidad de la radio pública era atender las demandas de una sociedad plural, y Radio Euskadi nació con ese cometido. Ignacio Arregui repetía machaconamente que "la radio pública era una empresa de deberes, de grandes deberes para con la sociedad"[129]. En los primeros años fue, además, una radio bilingüe y, por tanto, con un claro objetivo de potenciar el euskera y las señas de identidad vascas. Ahora bien, a nadie se le oculta que la utilización de los dos idiomas fue también una forma de atraer a más público. El primer soporte del nuevo edificio había sido Euskadi Irratia. Con ella el Gobierno Vasco lograba lo que siempre había querido: una emisora única y exclusivamente en euskera. Esta emisora debía ser el pivote, el punto de arranque de un entramado mucho más complejo. Pero el porcentaje de ciudadanos vascos que hablaban ese idioma era minoritario y el objetivo era llegar a todos los territorios de la Comunidad Autónoma Vasca y alcanzar progresivamente un mayor número de oyentes. A ello respondieron tanto la adquisición de Radio Vitoria como la puesta en marcha de Radio Euskadi.

3.3. Capitanes y tripulantes

En esa puesta en marcha, su primer director, Mikel Lejarza (director de Radio Euskadi desde 1983 hasta 1987), contó con una docena de compañeros jóvenes como él, que se habían presentado a las pruebas externas de admisión y que afrontaban con enorme ilusión el reto de montar la nueva radio. Salvo en unos pocos casos, los trabajadores de Radio Euskadi no tenían la experiencia de los de Euskadi Irratia, que habían trabajado ya en Radio Popular de Donostia y en Radio Popular de Loiola, pero estaban completamente volcados en el proyecto.

Todo estaba por hacer: diseñar la programación, crear los programas, ponerlos en el aire, organizar una plantilla... Sin perder tiempo, Lejarza y Arregui se pusieron manos a la obra. Era el propio Arregui quien realizaba las entrevistas personales a los aspirantes a ocupar plaza. La primera plantilla de Radio Euskadi la integraron los siguientes nombres, que podríamos considerar "pioneros de la emisora" en esta última fase de su historia. En labores de redacción, trabajaron Bingen Amadoz, Herminia Arbide, Iñaki Berazategi, Mikel Camio, Mertxe Ezeiza, Jon Etxebarri, Jorge Cerrato, José Ramón Díez Unzueta, Patxu Elejabarrieta, Jesús Etxezarraga, Manu Narváez y Julen Sordo. En la parte técnica: Jon Etxebarria "Alkate", Goio Etxezarraga, Txus Gómez, José Ignacio Gutiérrez "El Guti", Eneko Sansinenea y Goio Torrontegi. En la administración y secretaría: Marian Letona y Marisa Palmero como secretarias de dirección de Arregui y Lejarza, respectivamente, y Mertxe Ciarrusta y Cristina Goiokoetxea como telefonistas. A los tres o cuatro meses se empezó a captar publicidad y para reforzar las labores administrativas entró Eli Erezuma. Itziar Mendia fue, desde los inicios, la encargada de fonoteca. Algunas de estas personas continúan en la actualidad trabajando en Radio Euskadi. Nos han comentado que fue una época muy feliz para todos ellos, "éramos como un familia, estábamos juntos de día, de noche, nos íbamos de cena...". "Esa gente no tenía horarios. Creyeron en el proyecto de una radio pública". La complicidad y la solidaridad era total. No eran conscientes, ni mucho menos, de que sus nombres pasarían a la historia de Radio Euskadi pero estaban muy ilusionados y "todos arrimábamos el hombro para todo"[130].

Esta primera plantilla fue creciendo progresivamente, a lo largo de los siguientes años, con la llegada de otros periodistas, algunos tan conocidos posteriormente como

Patxi Alonso, Almudena Cacho, Jose Ituarte, Félix Linares o Josu Loroño. Paralelamente, el cuerpo técnico también se fue ampliando.

Cuando parecía que todo estaba normalizándose y que Radio Euskadi ya empezaba a tomar forma, se produjo un cambio importante en el devenir de la nueva emisora vasca. La escisión del PNV en 1986 y los cambios políticos acaecidos como consecuencia de esa escisión, tuvieron también su reflejo en los medios de titularidad pública. La marcha de Garaikoetxea y la llegada de José Antonio Ardanza a Ajuria Enea provocaron cambios en las más altas instancias de EITB. Areizaga era sustituido en el cargo de Director General por un joven del PNV, José María Gorordo, miembro en aquel momento del Consejo de Administración del ente.

Por otro lado, Ignacio Arregui recibía una llamada del padre Juan Plazaola, provincial de Loiola, advirtiéndole de que era el momento de plegar alas y cerrar ese ciclo de su vida. Arregui se encontró ante la disyuntiva de dejar la condición jesuítica y defender sus planteamientos y su trabajo, o dejar el cargo al que había dedicado tres intensos años de su vida, tres importantes años organizando equipos, estructurando programaciones, realizando entrevistas, acudiendo a actos públicos... "Pero la verdad es que no era normal que un jesuita ocupara un puesto de este tipo. Aunque no fuera un cargo político, estaba relacionado con ese mundo y no era nada habitual". No fue fácil para él tomar una decisión porque habían sido tres años maravillosos y la relación con la administración del ente y con los directores de las tres emisoras no podía ser mejor, pero finalmente se inclinó por la segunda opción. Dos semanas después de dejar Radio Euskadi, el padre Plazaola encomendó a Arregui una nueva tarea y un nuevo destino. La tarea no le era extraña: fue nombrado vicedirector de programas de Radio Vaticano. Su nueva función iba a consistir en supervisar y diseñar los programas informativos internacionales de la emisora de la Compañía. El destino, no obstante, alejaba al oñatiarra del centro de gravedad en torno al cual había girado su vida en las últimas décadas[131].

La marcha de Garaikoetxea de Ajuria Enea conlllevó el fin de una etapa. Una nueva era se abría bajo la dirección general de José María Gorordo. Este joven plentziarra había trabajado anteriormente en la sociedad editora Iparraguirre S.A. -sociedad editora del diario nacionalista *Deia*- y, en el momento que las autoridades de su partido le requirieron para esta nueva labor, lo hacía en la Cámara de Comercio, Industria y Navegación de Bilbao.

Con Gorordo comenzó un período de transformaciones y alternativas distintas. El objetivo del nuevo director general era potenciar y dar relumbrón a EITB y para lograrlo estaba dispuesto a reestructurar el esquema organizativo y financiero y a revolucionar la técnica y la programación, a pesar de que ello supusiera un aumento de las inversiones. Una de las consecuencias de su política fue la creación de ETB2. Pero el "estilo Gorordo" afectó también a la radio. Dedicó gran parte de sus esfuerzos a insuflar renovado impulso a Euskadi Irratia y a Radio Vitoria, y, sobre todo, transformó de arriba a abajo el enfoque y el carácter de Radio Euskadi. Las audiencias de esta emisora no acababan de despegar y el principal objetivo de la dirección tomada por Gorordo fue precisamente ése: aumentar el número de oyentes aunque para ello hubiera que dar un vuelco de 180° a las pautas de trabajo, a la dinámica de producción y, de forma drástica, como después veremos, a la programación.

Los cambios tuvieron su reflejo también a nivel de personal. Fueron contratados nuevos profesionales fuera del procedimiento de oposición que había regido el sistema de contratos vigente, lo cual provocó el enojo de la plantilla previa. El equipo de Gorordo quería "estrellas" que favorecieran el aumento de la audiencia y procuraran una nueva dimensión a Radio Euskadi. Fichajes de esa época fueron, por ejemplo, Florenció Torrelledó y Agustín Herranz, y jóvenes periodistas como Ramón García y Patricia Gaztañaga, actualmente rostros muy conocidos de la pequeña pantalla. Muchos de ellos provenían de los "40 Principales". Llegaron también referentes históricos de TVE como Manuel Campo Vidal, Fernando García Tola, Alberto Oliveras, José María Íñigo... Coparon los micrófonos en las franjas horarias y en los programas de mayor audiencia. La situación de desagrado y crispación generado por este giro copernicano en planteamientos y sistema de trabajo en general lo explican Otermin y Díez Unzueta con la siguiente metáfora: "La situación creada era similar a la de un capitán de barco que quería ir en una dirección y, por su parte, los tripulantes no estaban nada ilusionados ni comprometidos con el nuevo rumbo, que inevitablemente no tuvo marcha atrás y permitió colocar a la radio en el mercado de los oyentes y de la publicidad"[132].

El objetivo marcado por Gorordo se cumplió. Pero él era ante todo animal político, y esta pasión le llevó a dejar la dirección general de EITB por la alcaldía de Bilbao no mucho tiempo después. Fue sustituido entonces por Josu Ortuondo, quien se instaló en el despacho del último piso del edificio de Iurreta el 14 de abril de 1987. Este bilbaíno de Deusto había ocupado hasta entonces puestos internos en su partido, el PNV, trabajaba en el Banco de Vizcaya y tenía fama de buen gestor y organizador. En su época se amplió el centro de Miramón y se modificaron las instalaciones de Radio Euskadi en Bilbao y Radio Vitoria en Vitoria-Gasteiz. Fue también quien implantó la preocupación por la venta y el marketing en la dinámica empresarial de EITB.

El cambio en la dirección general tuvo su correspondiente en la dirección de Radio Euskadi. Mikel Lejarza puso punto y final a su experiencia en la radio pública vasca cuando aceptó el cargo de director de programas de Euskal Telebista. "A nosotros nos tocó montar la Casa; no habitarla" ha dicho años después[133]. El cometido para el que se le requirió ya estaba cumplido. La estructura de Radio Euskadi ya se había establecido. Se había cerrado un ciclo.

José María Iriondo, profesional de enorme experiencia en los medios y gran conocedor de la cultura vasca y el euskera, fue el encargado de abrir el siguiente (director provisional de Radio Euskadi desde agosto de 1987 hasta junio de 1988). Durante un breve período de tiempo compaginó la dirección temporal de Radio Euskadi con la coordinación de las restantes emisoras del ente. En enero de 1988 fue nombrado director de la emisora Félix García Olano (director de Radio Euskadi desde enero de 1988 hasta septiembre de 1989), quien había dirigido *La Gaceta del Norte* y *Deia*, y había trabajado en Radio Popular de Bilbao. Pero también el nuevo director estuvo en este puesto muy poco tiempo, porque fue requerido por Juan María Uriarte para encargarse de la oficina de prensa de la diócesis de Bilbao, y, por tanto, Iriondo hubo de tomar, de nuevo, las riendas de Radio Euskadi (director de nuevo desde septiembre de 1989 hasta marzo de 1996).

En la dirección general, en marzo de 1991 Iñaki Zarraoa, hombre de dilatada trayectoria política, sustituyó en el cargo a Ortuondo, quien también había dejado la dirección general de EITB por la alcaldía de Bilbao. Al frente de Radio Euskadi, Iriondo fue suplido por otro experimentado periodista, José Félix Azurmendi (director de Radio Euskadi desde marzo de 1996 hasta septiembre de 1999). Antiguo director de *Egin* y trabajador de *Deia*, confirió un renovado empuje a la emisora, convirtiéndola en referente para los oyentes y para otros medios de comunicación.

En 1999 Andoni Ortuzar fue nombrado nuevo director general del ente. Hasta entonces Ortuzar había trabajado como redactor de *Deia* y había ostentado los cargos de responsable de comunicación y jefe de gabinete del consejero Juan Ramón Guevara, de secretario de Acción Exterior y, en el momento que fue requerido para dirigir EITB, responsable de Acción Exterior del Gobierno Vasco. Ortuzar será recordado por ser el primer director elegido por mayoría absoluta en un parlamento democrático, por su buena gestión y por ser el artífice de la macro sede digital de EITB en Bilbao. Ortuzar aportó al ente una visión empresarial, de conjunto, y tuvo el gran acierto de rodearse de un equipo cohesionado. Para estar al frente de las emisoras del Ente eligió a un viejo conocido de la radio vasca, Julián Beloki.

Otra de las personas clave en ese equipo fue Iñigo Camino, al frente de Radio Euskadi también desde 1999. Anteriormente había sido director de la Fundación Sabino Arana. Hombre de objetivos claros y trabajador incansable, Camino se planteó un reto de peso: convertir a Radio Euskadi en referente entre los medios radiofónicos vascos. Para lograr ese objetivo, además de invertir en aspectos técnicos y materiales, reforzó la plantilla desde una doble perspectiva. Por un lado, se buscaron buenos comunicadores, personas que fuesen capaces de atraer oyentes, por su propia capacidad de transmitir. Uno de estos profesionales que en la época de Camino se sumó al proyecto de Radio Euskadi fue Xabier Lapitz. Por otro lado, la dirección de la emisora siguió también la política de ir engrosando el equipo de profesionales con la incorporación de jóvenes formados en la emisora desde que eran estudiantes. Las becas de la UPV-EHU y de la Universidad de Navarra se convirtieron, más que nunca, en la mejor cantera para el equipo humano de Radio Euskadi.

Iñigo Camino renovó también el equipo directivo con profesionales jóvenes, pero experimentados, que se habían forjado en Radio Euskadi. Como jefa de informativos y después como responsable de *prime time* o coordinadora de contenidos, en esta etapa se incorporó a la emisora Sonia Hernando. Hernando procedía de Ser-Euskadi. Es una gran conocedora del medio y, como tal, constituyó uno de los pilares del equipo dirigido por Camino.

Una coyuntura positiva favoreció en esta fase la trayectoria de la emisora. La firma de un Contrato-Programa entre EITB y el Gobierno Vasco procuró un momento de bonanza financiera y Camino, sin duda, la supo aprovechar. Además, la etapa de Ortuzar y Camino fue también la etapa en la que se desarrollaron como nunca hasta entonces nuevas oportunidades de autofinanciación y generación de recursos propios, con la creación y venta de productos de la casa. Cuando a principios de 2008, el encartado dejó Radio Euskadi, la hasta entonces responsable de *prime time*, Estíbaliz Ortiz, se convirtió en la primera directora en la historia de Radio Euskadi. Ortiz es un claro ejemplo de profesional formado en la propia emisora. Entró en la radio como becaria y después de ocupar diversas responsabilidades, llegó a la dirección. El hecho de que dos de las directoras de las emisoras de EITB Irratia (Odile Kruzeta y Estíbaliz Ortiz) hayan sido mujeres también era signo inequívoco de las transformaciones y del paso del tiempo.

En 2009 tras ser designado Patxi Lopez como primer lehendakari socialista de Euskadi, la dirección general de EITB fue asumida por Alberto Surio. Javier Torróntegui fue nombrado director coordinador del grupo radio y Joseba Arruti de Radio Euskadi. En esta etapa, algunos de los principales conductores de la emisora se incorporaron a la emisora Onda Vasca. Fue una época de cambios en el panorama radiofónico que tuvo su reflejo en la audiencia.

A lo largo de esos años y bajo las diferentes direcciones y sus diversas y distintas concepciones de radio, la plantilla ha ido ampliándose y enriqueciéndose con la experiencia de los veteranos y la ilusión de las nuevas generaciones. Acompañándoles en el camino, decenas de colaboradores, administrativos, técnicos, especialistas, becarios, contertulios... y, cómo no, también oyentes, se han convertido, con su complicidad y aportaciones, en una voz más de Radio Euskadi.

3.4. Programación y audiencia

La primera emisión de Radio Euskadi se realizó el 31 de marzo de 1983. Desde esa fecha hasta el día de la inauguración oficial, el 29 de abril, las emisiones efectuadas fueron emisiones de ocho horas de duración, de corte musical, realizadas a modo de prueba en las frecuencias previamente adjudicadas. Como antaño habían hecho sus predecesores, los gestores de la nueva radio quisieron cerciorarse primero de que todo estaba a punto y que, técnicamente, la emisora funcionaba con normalidad. Ya se ha referido que se empezó con un solo estudio y una mesa de mezclas y que aún quedaban muchas cosas a medio preparar pero, a pesar de ciertas zonas de silencio que los técnicos ya preveían, la radio se oía en gran parte de la Comunidad Autónoma y con eso era suficiente. El personal, las instalaciones, la programación... estaban a medio elaborar pero la consigna proveniente de las más altas instancias era: "salid ya". Lo demás, se iría construyendo poco a poco.

Radio Euskadi nació como segunda programación de Eusko Irratia, una programación bilingüe que tendría su centro en Bilbao. A los rectores de la radio vasca les preocupaba seriamente la aplicación concreta del bilingüismo y el conocimiento del comportamiento del público radioyente ante la presencia de dicho bilingüismo. Las primeras emisiones de Radio Euskadi se realizaron desde las 7:00 de la mañana hasta la 22:00 de la noche. De marzo a septiembre la programación fue, sobre todo, musical. A partir de septiembre de 1983 se empiezan a poner en marcha varios programas: "Kalez kale" con Mikel Camio y Patxu Elejabarrieta y "Cristal" con Jesús Etxezarraga. Cuando en febrero de 1984 entra Félix Linares a Radio Euskadi, él y Patxu Elejabarrieta pasaron a presentar "Kalez kale" y Mikel Camio a dirigirlo. En esas mismas fechas comenzaron a trabajar en la emisora Enrique Martín y María José Villaverde. Ambos se hicieron cargo de "Cristal" y Jesús Etxezarraga fue nombrado jefe de programas[134].

A estos primeros programas se les unieron otros y, poco a poco, bajo la supervisión de Arregui, Lejarza y su equipo fueron conformando la primera parrilla de programación de Radio Euskadi. Se trataba de una programación convencional, generalista, que combinaba espacios informativos con programas culturales y sobre todo musicales. Eran en FM porque, al igual que sucedía con Euskadi Irratia, tampoco Radio Euskadi podía por aquel entonces utilizar Onda Media, la onda habitual para ese tipo de programación. Lo conseguirá a partir de octubre 1989. En 2014, debido a las medidas de austeridad, se susependieron las emisiones de Onda Media en todas las emisoras del grupo.

Desde el principio, se quiso que el programa principal de la mañana fuera de carácter social y que la tarde se dedicara más a programas culturales y de ocio. Esta filosofía de partida se ha mantenido a lo largo del tiempo. La música tenía un peso enorme en la programación. Principalmente fueron Pío Lindegaard y Carmelo Errekatxo quienes se ocuparon de los programas musicales.

Los informativos se emitían a las 8:00, a las 14:00 (presentado por Herminia Arbide) y a las 20:30 horas. Muy al inicio se empezó a ofrecer un resumen en euskera pero después se abandonó esta práctica. El informativo del mediodía estaba precedido por un espacio informativo local, denominado "Euskal Herriko Bailarak" bajo la dirección de Julen Sordo. Tras el informativo venía el "Kirolaldia", un espacio de media hora dedicado a los deportes, cuyo segunda edición se emitía a las 20:00 horas, antes del último informativo. Lo presentaban Jorge Cerrato y Patxi Alonso. Los espacios musicales eran "Eguerdi Folk" (programa musical íntegramente en euskera) a las 12:00 horas, un espacio para la música clásica a las 15:00 horas, "Alguien te está escuchando" con Pablo Cabeza a las 18:00 horas (que más tarde pasará a horario nocturno), y "Kirian-Kirian", a las 21:00. "Zazpiretako Fereka", conducido por Iñaki Eizmendi *Basarri* y Mertxe Ezeiza, a las 7:00 horas, el magazine "Kalez kale" presentado por Mikel Camio, de 9:00 a 12:00 horas, y el programa cultural "El Cristal" con Enrique Martín, de 16:00 a 18:00, completaban la programación.

Los sábados el horario de inicio se retrasaba una hora. Los informativos se emitían a las 9:00, a las 14:00 y a las 20:00 horas. Se mantenían el "Euskal Herriko Bailarak" y el "Kirolaldia" del mediodía. Mayoritarios eran, también los sábados, los programas musicales: "Eguerdi Folk", a las

11:00, "Tiempo de clásica" a las 15:00, "Pistuka-mistuka" a las 16:00 y "Puente musical" a las 20:30. El programa de apertura se llamaba "Zortziretako Fereka". A las 9:45 horas comenzaba el espacio dedicado semanalmente a las entrevista a micrófono abierto a un representante del Gobierno Vasco. A las 12:30 comenzaba la cita con la historia en "Historiarekin elkarrizketa" y a las 21:00, el programa de cierre "Aste honetan" repasaba los acontecimientos más importantes de la semana. La programación dominical era muy parecida. También empezaba a las 8:00 con "Zortziretako Fereka", los informativos eran a la misma hora que el sábado, pero lógicamente el peso de la jornada recaía en los espacios deportivos: a las ediciones de "Kirolaldia" de las 14:14 y de las 20:15, se añadía otra tercera, el carrusel deportivo que se inicaba a las 16:30 y concluía a las 19:00. Otros espacios del domingo eran "Igandeko soslaia" a las 10:00, y los espacios musicales "Puente Musical" a las 9:15, "Pistuka-Mistuka" a las 15:00, "Música de cine" a las 20:00 y "Jazz Ciudad" a las 22:00.

A lo largo de 1984 empezaron ya algunos cambios. Pero antes de entrar en ellos, es del todo necesario hacer un paréntesis en un acontecimiento desgraciadamente importantísimo en nuestra historia más reciente: las inundaciones de agosto de 1983, que dejaron asolada Euskadi. Durante aquellos terribles días de finales de agosto, cayeron 600 litros de agua por metro cuadrado. El balance humano fue de 34 fallecidos y cinco desaparecidos; las pérdidas económicas alcanzaron los 200.000 millones de pesetas. Muchos pensaron entonces que Euskadi no sería capaz de levantar cabeza. El entonces director de Eusko

Irratia, Ignacio Arregui, nos ha comentado que a él le sorprendió, sobre todo, la respuesta ciudadana. "Fue un gran ejemplo para todos". Radio Euskadi, lógicamente, dejó su programación de lado para dedicarse en cuerpo y alma al seguimiento de la catástrofe. La magnitud de la tragedia y la falta de experiencia ante un suceso de tanto calado dejó al descubierto ciertas limitaciones tanto técnicas como, sobre todo, de personal. "Julen Sordo se buscó la vida como pudo -nos ha dicho Marisa Palmero, secretaria del director de la emisora-. No había unidad móvil y tuve que alquilar yo misma una caravana que pusieron en El Arenal". Pero, a pesar de las limitaciones y tras los iniciales momentos de incertidumbre, la emisora cubrió puntualmente la información y colaboró con los organismos públicos, en particular, con la Junta de Coordinación del Gobierno Vasco, asistiendo a todas las ruedas de prensa, efectuando entrevistas y facilitando información a otros medios de comunicación. A partir del 4 de septiembre la programación se normalizó, aunque quedaron abiertos espacios que se dedicaban especialmente a tratar sobre las ayudas a damnificados (véase anexo 21)[135].

Hecho este ineludible paréntesis, volvamos con los cambios introducidos en la programación en 1984. El programa "Pistuka-Mistuka" fue sustituido por otro denominado "Local de ensayo"; nacen nuevos programas como "Clave de Sol", "Tratamiento de Schock", "Levando Anclas" (primero se denominó "Arriando Velas"), "Tiriki Walkie Talkie" conducido por Idoia Jauregi y dirigido por Jesús Etxezarraga, "Batería y contrabajo" y "Música sin lágrimas", espacios musicales presentados ambos por Pío Lindegaard los sábados de 12:00 a 14:00 el primero, y los sábados y domingos de 15:00 a 16:00 el segundo. Pero el cambio más importante fue la sustitución de los distintos espacios vespertinos por un único programa denominado "De par en par". Los tres informativos pasaron a denominarse "Egunez Egun". La audiencia se situaba en 30.000 oyentes. El 5 de abril de ese año el horario se amplió. Radio Euskadi comenzó emitir de 7:00 de la mañana a 24:00 de la noche.

De septiembre de 1985 a marzo de 1986, nacieron dos nuevos e importantes programas. Por la mañana, "Boulevard Euskadi" conducido por Gotzon Toral. Fue el mismo Toral quien inventó el nombre (calibrando incluso la posibilidad de atraer a más oyentes guipuzcoanos). Por la tarde, "El trébol de cuatro hojas", presentado por Félix Linares[136].

La programación se fue asentando pero las audiencias no llegaban a consolidarse. Se luchó duro por hacer un producto que conectara con los oyentes, por competir con otras cadenas como la COPE o la SER que llevaban muchos años en el aire, y por llenar muchas horas de emisión con escaso personal y poca ayuda publicitaria, pero las encuestas de la empresa Gallup -especializada en sondeos y análisis de mercado- indicaban, una y otra vez, que las audiencias no acababan de despegar. Y en esto llegó Gorordo a la dirección general de EITB. La revolución generada bajo sus órdenes en todos los ámbitos, afectó también a las radios del ente, especialmente, a Radio Euskadi. Esa segunda emisora pasó de tener una programación convencional a ser una radio-fórmula puramente comercial. Desaparecieron todos los programas y quedaron sólo los informativos y los espacios deportivos. Además, alejándose de los objetivos idiomáticos iniciales, el bilingüismo se abandonó.

El principal objetivo de Gorordo fue ampliar la audiencia. Había que ofertar algo que otras radios no ofrecieran a los oyentes, y se apostó por la radio-fórmula. El nuevo proyecto conllevaba transformaciones de base en estructura y organización, tanto a nivel de personal y funcionamiento de la emisora, como en la programación. La música se convirtió en el principal producto de la emisora. Ello se combinó con otras medidas como el fichaje de periodistas de relumbrón y la agilidad conferida a los programas, y el *cocktail* dio resultado. Cuando Gorordo dejó el despacho de Iurreta para presentarse a la alcaldía de Bilbao, los indicadores eran favorables. Radio Euskadi había logrado una cota mínima de audiencia que le permitía ocupar un espacio significativo en el mundo de la radio.

1986 fue, por tanto, año de cambios. El 5 de abril Radio Eukadi comenzó su emisión diaria de 24 horas, aunque algunos programas se repetían. Estrenó "El madrugador" de Florencio Torrelledó y los programas infantiles "Txorro, Morro, Piko, Taio, Ke" (con sus personajes el Profesor Txorizen, el Hombre de Negro, Pirula...), "La merienda" y "Los pequeños principales", todos ellos con Agustín Herranz. Uno de los fichajes "estrella" de aquella etapa, José María Iñigo, se hizo cargo, de 12:00 a 13:00 de la madrugada, del programa "A solas con...".

En 1987 comenzaba la etapa de Josu Ortuondo como director general. El de Deusto imprimió una nueva filosofía a los distintos cuerpos que integraban EITB. Ortuondo consideraba la sociedad vasca como un único conjunto social con dos idiomas distintos. Y como único que era, único debía ser también el cuerpo de contenidos que se le ofreciera, tanto en los distintos canales de televisión como en las radios vascas, y tanto en euskera como en castellano. Los mensajes debía ser similares, aunque el idioma difiriera. El modelo que entonces se estructuró, común para Radio Euskadi y Euskadi Irratia, se fue consolidando y es el que, prácticamente, se mantiene en la actualidad.

Una vez alcanzada la cuota mínima de audiencia y transcurrido un tiempo, se abandonó la radio-fórmula y se volvió a la programación tradicional. José Mari Iriondo decidió recuperar, poco a poco, los programas que se habían perdido en la época anterior. Se consideró más coherente con el carácter público y con los objetivos socioculturales con los que había nacido la radio vasca, hacer una radio convencional, pero, eso sí, reconvirtiendo la programación. La nueva programación resultaba más acorde con el concepto de servicio público y con la posibilidad de extenderse a capas cada vez más amplias de la sociedad vasca. Los esfuerzos más notables se invirtieron en la mejora y refuerzo de los espacios informativos, en los programas deportivos y en los culturales y educativos. Iriondo consolidó la marcha de Radio Euskadi por la senda de los resultados de audiencia positivos. Se inició entonces un crecimiento constante de los índices de audiencia de la emisora.

En esta etapa destaca la creación de un poderoso magazín matinal, "Menuda Mañana", codirigido y copresentado por

Patxu Elejabarrieta y Agustín Herranz, que pretendía ser marca de la casa y referencia de la radio en Euskadi. También nace, en octubre de 1987, la tertulia nocturna "Ganbara" -conducida entonces por Gotzon Toral, y, posteriormente, en diferentes etapas por Nicolás del Val, Idoia Jauregi, Enrique Martín, Natalia Serrano, Dani Álvarez y Xabier García Ramsden-. "Ganbara" es un una invitación a la reflexión sobre temas de actualidad, creado por Toral cuando prácticamente no había tertulias políticas nocturnas en las radios estatales.

Félix García Olano siguió recuperando programas y confirió nuevo impulso a los informativos, que pasaron a ser uno de los contenidos más importantes de la parrilla de programación. Ya durante los primeros años, los micrófonos de Radio Euskadi habían comenzado a salir a la calle y desde el lugar de los hechos ofrecían la información, en un intento de acercar los acontecimientos a la nueva realidad social. A partir de esta fase, contó con cuatro informativos generales, además de los avances informativos de cada hora durante las 24 horas del día, y de "Ganbara".

En la segunda etapa de Iriondo al frente de la emisora (septiembre de 1989-marzo de 1996), se trabajó con muy pocos medios, pues se redujo notablemente la entrada de dinero público. El equipo de Agustín Herraz fue abandonando la emisora. Desapareció "Menuda Mañana" y nació un nuevo magazine matinal presentado durante cuatro meses por Enrique Martín. Martín recuperó el nombre de "Boulevard Euskadi" creado por Toral. Luego pasó a llamarse simplemente "Boulevard" y fue presentado por Almudena Cacho. Asimismo, empezó a emitirse en horario nocturno (de 23:00 a 3:00 horas de la madrugada) "Los Amores de Ana", posteriormente "Las noches de Ana", conducido por Ana Ilarduya. El programa incluía un resumen de la información general del día y los deportes de la mano de los servicios informativos, los servicios de un psicólogo y una echadora de cartas, las intervenciones de Txetxu Ugalde con la predicción del tiempo del fin de semana y la información futbolística de la mano de Jose Ituarte.

Lógicamente, la vuelta a una programación convencional dejó un hueco importante en el segmento juvenil de la población vasca. Ese hueco fue cubierto con la puesta en marcha de Euskadi Gaztea (posteriormente Gaztea) en 1990.

En la etapa de José Félix Azurmendi se confirió un fuerte impulso a los servicios informativos a primera hora del día. Se creó "Crónica de Euskadi" a las 8:30 y "La segunda lectura" dentro del Boulevard. Este espacio y la posterior entrevista de las 9:30 alcanzaron gran popularidad. Azurmendi tiró por lo alto y se empezó a entrevistar, por ejemplo, a ministros, cosa que hasta entonces jamás se había hecho. Y todo ello con muy poquitos medios. También nació un nuevo programa de tarde, "Euskal Graffiti", conducido por Iñaki Berazategi, Jon Etxebarri y Roberto Moso[137].

Durante la dirección de Azurmendi tuvo lugar un hecho que merece ser destacado en estas páginas. El 26 de septiembre de 1996 se celebró la primera edición de los Premios Radio Euskadi de Comunicación. Los homenajeados no podían ser otros: José Joaquín Azurza y Jokin Intza, aquellos "pioneros" que desde Iparralde -el primero-, y desde Venezuela -ambos dos-, hicieron posible que Radio Euzkadi llegara a los hogares vascos. El acto estuvo presidido por Iñaki Zarraoa y José Félix Azurmendi. Posteriormente, han recibido este premio Bernardo Atxaga (1997), Kepa Junkera (1998), el Museo Guggenheim (2000), el Zinemaldi (2002) y la Cofradía de Arrantzales (2003).

En 1999 llega Iñigo Camino a la dirección. El nuevo equipo diseña una programación que trata de favorecer el proceso de paz que la sociedad vasca estaba viviendo con enorme esperanza. Una de las claves de la nueva parrilla fue la incorporación de un amplio y plural abanico de contertulios. Desgraciadamente, ETA rompía la tregua antes incluso de que esa programación se pusiera en marcha. Para todo el equipo de Radio Euskadi sería después un muy duro golpe el asesinato de dos colaboradores de la emisora, Fernando Buesa y Ernest Lluch.

Radio Euskadi intentó en las siguientes temporadas fomentar espacios plurales de opinión en los que tuvieran cabida todas las voces del espectro político y social vasco, al tiempo que desde Galicia, Catalunya, Madrid y otros puntos del Estado comenzaron a participar reconocidos líderes de opinión. En un momento en que la política del gobierno Aznar favorecía la polarización de la sociedad, esta pluralidad coadyuvó a que se convirtiera en una especie de "radio refugio" de muchos oyentes de alguna manera "lastimados" por opiniones vertidas en otras radios, y las audiencias crecieron notablemente. Los "tertulianos" fueron caricaturizadas en el "Cocidito madrileño", espacio que se convirtió en uno de los favoritos de la parrilla (véase anexo 23).

En segundo lugar, el equipo dirigido por Camino quiso también ampliar el marco de programación con mayor audiencia. En la etapa de Azurmendi se había conseguido reforzar los informativos y el *prime time* matutino. Ahora se pretendía dotar a la programación de un eminente carácter de servicio público y extender el *prime time*, mediante una sólida columna vertebral conformada por los siguientes platos fuertes: los informativos, los deportes, el matinal "Boulevard", "Graffiti", "Ganbara", "La casa de la Palabra" con Roge Blasco, y "Más que palabras" con su sección "El cocidito madrileño" conducido por Javier Vizcaíno. "Boulevard" estuvo presentado por Pedro García Larragán y Almudena Cacho y, posteriormente, Xabier Lapitz, que había dirigido "El Altavoz", se hizo cargo del programa.

Junto con informativos, magazines y programas de entretenimiento, el deporte fue -y es- otro de los platos fuertes de la emisora. Desde el comienzo, el nombre de los espacios deportivos que se emitían de lunes a viernes en distintos formatos y horarios fue "Kirolaldia". Durante media hora, de 14:30 a 15:00 horas, se abordaban, con un tratamiento claramente informativo, temas y noticias deportivos que iban surgiendo desde la emisión anterior y a lo largo de la mañana. El otro formato de "Kirolaldia" duraba también media hora, de 20:30 a 21:00 horas, y su nota característica era la inclusión de cinco apartados monográficos -uno por día de la semana- sobre las diversas actividades deportivas. Los lunes, en la sección "Plata y Bronce" se hablaba sobre el fútbol de las categorías inferiores; los martes, le tocaba el turno a "La Quiniela", espacio en el que un personaje famoso del cine, la literatura, la política... hacía su pronóstico; los miércoles eran los días del deporte rural, del remo y la pelota en "Gure Kirolak"; los jueves, en el espacio "Sobre ruedas" se trataban deportes de motor; y los viernes, en "Al rebote" el tema era el baloncesto.

Los fines de semana Radio Euskadi incrementaba de forma sensible su programación deportiva. El baloncesto tenía su lugar el sábado a partir de las 19:30 y hasta las 22:00. "Al rebote" incluía transmisiones en directo de los encuentros en que participaban los mejores equipos vascos. Por otro lado, mientras ETB retransmitía los partidos de fútbol, Radio Euskadi emitía simultáneamente en castellano. Los domingos de 12:00 a 14:00 se emitía el espacio denominado "A dos bandas", consistente en conexiones previas con los encuentros de la tarde, entremezcladas con abundante música. "Tribuna a gol", el espacio estrella de la semana, ofrecía a partir de las 16:30 conexiones en directo con los campos de fútbol donde jugaban los equipos vascos.

En 1985 nació "Cuatro en el área", tertulia futbolística con periodistas de prestigio, pionera en la época. En esa primera etapa estuvo conducida por Florencio Torrelledó. Los "cuatro" comentaristas deportivos eran Juan José Baños (*Deia*), Paco Crespo (*El Correo Español*), Juan Carlos Latxaga (*Egin*) y José María Múgica (*La Gaceta*). Estuvo en antena de 1985 a 1993. Otro programa deportivo importante ha sido "Fuera de juego". Aunque ha cambiado de horarios, incluso hubo alguna época en la que desapareció de la parrilla, este espacio se ha mantenido en el tiempo. Actualmente, se emite en horario nocturno (véase anexo 22).

Pero, más allá del fútbol, Radio Euskadi ha pretendido ser referencia básica también en ciclismo, remo, pelota... Se ha hecho un esfuerzo importante en ciclismo incluso antes de que Miguel Indurain ganara el primer Tour. Actualmente, se destinan dos horas y media diarias de programación a los deportes, más las retransmisiones de fin de semana. La redacción de deportes de Radio Euskadi ha sido, asimismo, cantera de presentadores de deportes como Jorge Cerrato (primer jefe de deportes de Radio Euskadi), Patxi Alonso, Jose Ituarte, Josu Loroño, Txema Montoya, Txetxu Ugalde o Agustín Benito.

El aderezo musical de esta programación la ha suministrado una oferta variada que incluye todo tipo de géneros musicales, desde viejas canciones a música de lo más actual, y desde grupos locales a conjuntos de cualquier país del mundo. Itziar Mendia, responsable de archivo y fonoteca desde que Radio Euskadi naciera, recopiló discos y CDs durante muchos años. Otro tanto ocurrió en la fonoteca de Euskadi Irratia de la mano de Iñigo Ceberio y en la de Radio Vitoria bajo la dirección de Mari Carmen Saez . En 2007 entre las tres emisoras disponían de una de las mayores, si no la mayor, discoteca musical del País Vasco. Se empezó con unos 500 LPs de vinilo y, a medida que los soportes fueron variando hacia el CD y posteriormente a los soportes digitales -como el MP2 o el MP3-, las respectivas fonotecas crecieron de manera exponencial. Respecto al tipo de música, Mendia nos ha comentado que desde el principio se quiso contar con música variada, principalmente música comercial, pop-rock, aunque también folk y música vasca. La mayor transformación ha venido dada por el cambio en los tipos de soporte. En un inicio todo se hacía con fichas.

Mendia, Ceberio, Saez y sus respectivos equipos fueron creando bases de datos de canciones (cerca de un millón) por autor, estado de ánimo, país, tipo de música... etc. Lo mismo se ha hecho con las voces. Los responsables de cada programa deciden las voces que hay que digitalizar y guardar para siempre, de manera que cualquier voz se puede localizar en un momento[138].

En 2013, una vez llevado a cabo el plan digitalización de sedes en todo el grupo EITB se produjo un cambio organizativo importante que afectó al servicio musical. Lo que antes eran tres fonotecas con funcionamiento independiente se reorganizaron con el fin de no triplicar esfuerzos. A su vez, este servicio unificado amplió su oferta al conjunto de EITB (radio, televisión y web).

No podemos cerrar el apartado sobre música sin referirnos a "La Jungla Sonora", uno de los clásicos de Radio Euskadi. Este programa musical que conduce Joseba Martín ha seguido encuentros musicales celebrados en todo el territorio vasco y ha ofrecido numerosos conciertos acústicos en directo, una selección de los cuales fue recogida en un CD. Dese el curso 2014-2015 se emite los sábados y domingos, de 15:00 a 16:00.

Magazines, informativos y deportes han constituido, pues, los puntos fuertes de la parrilla de programación de Radio Euskadi. Los programas de cultura y espectáculos, y los infantiles han completado el abanico general. A día de hoy, la parrilla de programación mantiene ese mismo esquema sin grandes variaciones. Los magazines "Boulevard", "Iflandia" y "Graffiti" destacan en la programación de entresemana. Otros platos fuertes de la programación de Radio Euskadi han sido la citada "La Jungla Sonora", "La Casa de la Palabra" de Roge Blasco (de 21:05 a 22:00) , y "La noche despierta" dirigido por Teresa Yusta y presentado por José Luis Fonseca e Iratxe Celis (de 1:05 a 6:00, hasta 2012-2013).

El peso de los informativos también es importante en la parrilla actual. El matinal "Boulevard. Crónica de Euskadi" (de 6:00 a 8:00) nos acerca, entre otras cosas, las primeras noticias del día, la información de tiempo y tráfico, y la revista de prensa. Destacado es el peso del informativo "Crónica de Euskadi II" en sus ediciones de las 13:00 y las 14:00 horas y de "Ganbara-Crónica de la tarde" que, desde 2014, se emite de 19:00 a 20:00 horas, e incluye información general, local, cultural y 20 minutos de deporte, que después son ampliados en "Ganbara" (de 22:00 a 00:00). A las horas en punto y a y media, se emiten boletines informativos, seguidos de información del tráfico. El carácter de servicio público se ha reforzado en los últimos tiempos con la continua información sobre tiempo y tráfico, sobre bolsa, y con espacios como "El teléfono del oyente" y los foros de Radio Euskadi.

Los deportes siguen teniendo varios espacios diarios: al mediodía, de 14:15 a 15:00 se emite la primera edición del veterano programa "Kirolaldia", y por la tarde, de 20:30 a 21:00, la segunda. También sigue en antena, de 00:00 a 1:00 de la madrugada, el programa "Fuera de Juego" con Eduardo García, Raúl Pando y César Pérez Gazolaz.

Los platos fuertes de la parrilla del fin de semana son "Más que palabras" con Almudena Cacho (que se emite los sábados y domingos de 09:05 a 14:00) y que incluye diversos espacios de temática variada, "La galería" con Idoia Lázaro y Begoña Yebra (de 15:05 a 20:00 y de 21:05 a 24:00 los sábados, y de 16:50 a 20:00 y de 20:30 a 21:00 los domingos) y "Levando anclas" con Roge Blasco (los domingos de 22:05 a 24:00). Lógicamente, el tiempo dedicado al deporte también se amplía. El "Kirolaldia" del fin de semana, conducido por Eduardo García y cuyo horario varía en función de los acontecimientos deportivos, ocupa gran parte de las tardes del sábado y del domingo. El programa matinal "Hágase la luz" (sábados y domingos de 06:05 a 08:00) -que inició su andadura con Itxaso Güemes y de 2010 a 2014 ha sido conducido por Teresa Yusta- y el espacio cultural "Pompas de Papel" con Félix Linares y Enrique Martín (madrugada de lunes 00:05 a 01:00) completan la programación de fin de semana.

Algunos de los programas citados son considerados "marcas registradas" de Radio Euskadi por los propios veteranos de la casa: el matinal "Boulevard", el magazine vespertino "Euskal Graffiti" (después "Graffiti"), conducido en diferentes etapas por Félix Linares, Natalia Serrano y Aintzane Bolinaga, "Levando Anclas", "La Jungla Sonora", el informativo nocturno "Ganbara", el programa cultural "Pompas de Papel" y el magazine de fin de semana "Más que palabras", creado y dirigido por Javier Vizcaíno.

Respecto a los índices de audiencia, ya quedó indicado que éstos habían experimentado un progresivo crecimiento hasta 2007. Así, en 1984, los oyentes de Radio Euskadi eran

30.000; en 1990, 90.000; en 1995, 117.000; en 2000, 175.000; y en 2007 se alcanzan los 240.000. De 2007 a 2009 el número de oyentes con que cuenta la emisora se asentó y consolidó, pero la dinámica de cambios citados anteriormente tuvo su reflejo en las audiencias. La programación se estabilizó cuando Almudena Cacho pasó a dirigir el magazine de fin de semana –"Más que palabras", MQP-, y Dani Álvarez se conviertió en el conductor del "Boulevard" tanto en su tramo informativo como de entretenimiento. Desde 2010 a 2014 las audiencias de Radio Euskadi han oscilado en una horquilla que va desde los 182.000 hasta los 204.000 oyentes diarios. En 2014, como consecuencia de las movilizaciones producidas por la aplicación de un expediente de regulación de empleo en Eusko Irratia -el primero que ha tenido lugar en la administración vasca-, la emisora sufrió un importante deterioro de marca y ello influyo negativamente en las audiencias.

A pesar de las diversas vicisitudes, lo que no ha variado en el tiempo ha sido el perfil de los oyentes de la emisora. Son tanto hombres como mujeres, de más de 35 años, de clase media, en su mayoría euskaldunes o conocedores del euskera, que viven preferentemente en poblaciones de menos de 50.000 habitantes.

Radio Euskadi ha recibido numerosos galardones a lo largo de su años de existencia.En 2007 Javier Vizcaíno recibió el Premio Ondas a la innovación radiofónica por el espacio el "Cocidito madrileño". En 2009 Joseba Martín, Premio Ondas a la trayectoria o labor profesional más destacada por el programa "La Jungla Sonora". Además, el programa "Pompas de Papel" de Félix Linares y Enrique Martín, con más de 25 años en antena, fue galardonado en 2010 con el premio al fomento de la lectura de la Federación de Gremios de Editores de España.

Por su parte, la Sociedad Geográfica Española reconoció en 2009 con su Premio de Comunicación, la larga trayectoria de Roge Blasco como periodista de viajes. En 2012 "La mecánica del caracol" de Eva Caballero recibió el Premio Tecnalia, y este año 2015, "Boulevard", dirigido por Dani Álvarez, ha recibido el Premio del Consejo Vasco del Movimiento Europeo, Eurobask.

4. UNA NUEVA ERA

En 1996 Euskadi Irratia y Gaztea inauguraban las nuevas instalaciones en Miramón y aprovechaban el traslado para abordar una pequeña revolución tecnológica. Las innovaciones realizadas colocaron a Euskadi Irratia entre las emisoras más modernas de Europa. La década de los noventa fue la del despegue, porque en esos años, las cuatro emisoras del grupo invirtieron en la mejora de sus instalaciones y se sumaron progresivamente al carro de la era digital, poniendo en marcha el sistema GDS de tecnología digital que reportaba una importante mejora en la calidad de las emisiones. Además, el conjunto de medios de EITB, abordó una auténtica revolución informática, que ha culminado con la conexión de todos sus centros, y con la automatización de las emisiones en radio y televisión. Las tecnologías digital y por cable abren una nueva era en la historia de la radio. Van a favorecer un espectacular incremento de la oferta y permiten, asimismo, ampliar la cobertura de las emisoras vascas.

Durante la primera década del siglo XXI, las emisoras de radio de EITB experimentaron una mejora continua desde el punto de vista de la programación y un creciente aumento de los índices de audiencia. Destacó, sobre todo, el incremento del número de oyentes de Radio Euskadi, que se produjo, además, sin menoscabo de Euskadi Irratia o Radio Vitoria. También Gaztea y la nacida con el siglo EITB Musika, lograron su espacio.

La construcción de la nueva sede de EITB en Bilbao fue el penúltimo paso en el proceso de digitalización. Según Goio Torrontegui -jefe técnico de Radio Euskadi desde sus inicios y uno de los artífices de esta gran cambio- desde el punto de vista técnico la sede proporciona ventajas en cuanto a número y capacidad de equipamiento. En lo que al número respecta, se ha pasado de tener seis estudios y dos cabinas en el edificio de Gran Vía a contar con ocho estudios, uno de ellos con dos locutorios y cuatro cabinas. En redacción, antes había 46 PCs y en la actualidad 87. Los suministros de energía y aire acondicionado se han asegurado, mejorando la calidad del servicio. La conectividad entre las distintas sedes se ha duplicado en unos casos y multiplicado por 10 en los enlaces informáticos. Ahora disponen de más de 60 canales de TV cuando en el antiguo centro sólo accedían a 17. Un enlace RDSI vía satélite permite hacer programas en cualquier parte del mundo.

En lo que capacidad se refiere, la matriz de conmutación, que es el elemento que conecta todos los estudios entre sí y también con el exterior, ha pasado de tener 64 entradas y 64 salidas a 1204 entradas y otras tantas salidas, lo que posibilita que pueda realizarse cualquier conexión de forma remota. Asimismo, las mesas digitales han sustituido las viejas mesas analógicas, lo que proporciona mayor número de entradas y salidas. También se ha multiplicado el número de conexiones telefónicas o RDSI y el número de editores de audio digital con los que cuentan en la redacción. Hay más canales de grabación de emisiones y se dispone ahora de un servidor musical y de un archivo de voces digitalizados. Los PCs de intercambio con ETB permiten trasladar al sistema de edición de Radio Euskadi cualquiera de los contenidos de ETB. En conclusión, muchos e importantes cambios que multiplican las posibilidades de la nueva Radio Euskadi.

La noche del 25 al 26 de julio de 2007 se hizo la definitiva desconexión en la antigua sede. El mismo día 25 el personal que, durante muchos años había trabajado en el edifico de la Gran Vía, se había trasladado a Capuchinos de Basurto. El nuevo edificio es una construcción grande, en la cual destacan la amplitud, la luz y la transparencia. Está conformada por espacios abiertos que favorecen esa imagen espaciosa. El 31 de diciembre de 2008, parte de los ventanales que proporcionan esa luminosidad y esa imagen tan característica ya, volaron por los aires cuando ETA hizo explotar una bomba colocada en uno de los laterales del edificio. Los enormes cristales se partieron en millones de pedacitos y hubo también averías técnicas, pero EITB siguió funcionando. En un comunicado, la dirección reafirmaba su compromiso ético y su intención de seguir informando a la sociedad vasca (véase anexo 24).

Informar a la sociedad vasca. Ese ha sido precisamente el objetivo de Radio Euskadi ya desde que, en 1936, la idea de crear una emisora propia del Gobierno vasco comenzara a tomar cuerpo. Desde entonces, no han sido pocas las veces en las que esa voz propia se ha tratado de acallar. Durante muchos años, las presiones provinieron desde el gobierno franquista, bien directamente o bien vía embajadas. La última embestida fue la de ETA. Pero la voz de Radio Euskadi se ha mantenido y seguirá manteniéndose en las ondas volcado firme en ese objetivo de informar a la sociedad.

Hoy, gracias a Internet, cualquier persona de cualquier punto del planeta que disponga de línea telefónica puede escuchar desde su casa Radio Euskadi o cualquiera de las emisoras del grupo. No se sabe, a ciencia cierta, cuál será el último paso, porque no sabemos qué deparará el futuro a la radio vasca. En una época en la que la interactividad llega a todos los rincones de nuestra vida, es difícil predecir qué papel van a jugar los medios de comunicación, y las radios en concreto, en dicho futuro. La sociedad vasca tiene ante sus ojos un enorme abanico de posibilidades. Lo que sí queda claro es que las emisoras vascas han de nadar en un escenario global y competitivo, sin perder de vista lo local. Los hombres y mujeres que hacen posible que, día a día, esas emisoras lleguen a los hogares vascos continuarán aprendiendo. Así lo han hecho siempre y así seguirán haciéndolo. Como dice Odile Kruzeta "Eso no acaba nunca. La vida siempre está cambiando, y con el trabajo pasa lo mismo: cuando das un paso ves hacia dónde tienes que dar los siguientes y haces otro esfuerzo para subir un pequeño escalón, y así, poco a poco"[139].

Los escalones del gran hall de la nueva sede de EITB son automáticos. Suavemente te conducen hacia ese nuevo espacio, hacia la "nueva era", donde los profesionales de EITB trabajan juntos, en una superficie simbólicamente amplia y abierta. El panorama que se divisa desde la entreplanta que rodea toda esa superficie conjuga, a través de la enorme cristalera, la imagen del nuevo centro con las vistas de Bilbao. Y a una, inconscientemente, se le dibuja una sonrisa en la cara porque no puede dejar de pensar que "si Rezola levantara la cabeza..."

VI

ANEXOS

Anexo 1: Fragmento del informe del Gabinete de Radio dirigido por Félix Tomás López Otamendi. 30/12/1936

En este corto informe no se proponen soluciones de carácter técnico, sino simples sugerencias que puedan contribuir al perfeccionamiento de las bases de la organización de los servicios de Radio afectos a la Presidencia del Gobierno de Euzkadi:

Los servicios de Radio de la Presidencia, pueden considerarse divididos en dos clases: de información y de radiocomunicación. La misión de los primeros, como es sabido, es la de informar a los distintos representantes del Gobierno de Euzkadi en el extranjero, y a todo el mundo en general, de cuantas noticias de interés puedan servir para destacar nuestra personalidad política, enterando a la opinión de la verdadera marcha de los acontecimientos.

La segunda clase de los servicios de radio, tiene un carácter netamente confidencial, lo contrario precisamente que los de información que deben tener la máxima publicidad. Los servicios confidenciales sirven para enlazar directamente las Delegaciones y Representaciones de nuestro Gobierno con la Presidencia, por medio de un servicio de radio completamente secreto.

La estación trasmisora dedicada a radiar el servicio de información, debe trabajar con una potencia bastante elevada, emitiendo con regularidad de onda y de horario, así como estará [sic] provista del correspondiente indicativo oficial.

Interesa sobremanera que la voz de nuestro Gobierno sea escuchada por todo el mundo, organizando la trasmisión de informaciones radiotelegráficas, al igual que se efectúa por las grandes estaciones dotadas de potencias suficientes para ser recibidas en cualquier parte del mundo, lo que se consigue con emisiones regulares de horario y onda.

Se precisa, pues, disponer de una estación dotada de una potencia mínima de medio kilówatio, que figure inscrita en el Bureau de l'Union Internationale des Telecomunications de Berna, con el indicativo oficial de llamada, frecuencia y horas de emisión, así como finalidad del servicio.

Una instalación de este tipo requiere un plazo de tiempo, desde la petición del material hasta la puesta en marcha, de unos dos meses, pudiéndose entretanto servirse del material y elementos disponibles en el momento.

La misma estación puede servir para dar los servicios confidenciales de la Presidencia del Gobierno, sirviéndose de esta instalación para comunicar con las estaciones emplazadas fuera de nuestra jurisdicción en territorio extranjero. Para llevar a buen fin este servicio se requiere la máxima discreción y reserva, especialmente en lo que se refiere al emplazamiento y demás condiciones que concurren en las estaciones corresponsales.

Anexo 2: Cartas escritas por Félix Tomás López Otamendi horas antes de su muerte y acta de defunción

Carta 1

Santoña Penal. 13- sep. 1937

Sra. Dª Emilia López Otamendi

Querida hermana: He llorado de alegría al recibir el paquete. No llegaron las notas pero vi que eras tú la que me lo mandabas. ¡Qué feliz soy al saber que estás cerca. Me alegro que la madre no sepa nada. Es mejor [roto] He sufrido mu[roto] soy dichoso [roto] Dime si Eul[roto] si Patro está tam[roto] No puedo ap[roto] de alegría. Hoy me han llegado unos renglones tuyos. Dices que todos estáis bien. ¡Qué consuelo!

Carezco de todo. Si puedes, mándame una colchoneta para no dormir sobre el suelo y una manta para taparme. No me mandes ropa ¡para qué!- Qué alegría al ponerme la muda limpia y sentir la caricia de la ropa limpia.

Mándame jabón, una tartera o plato que se pueda limpiar fácilmente, una cuchara, y un [roto]. No sé si [roto] creo que no lo [roto] y algo llegará. [roto] quiero saber.

Gracias, Memi, cuánto me quieres.
Ahora soy feliz
Tomás
(celda nº 57)

Anexos

Carta 2

[roto] Octubre de 1937
[roto] Patrocinio López Otamendi
[roto] Harina-Panadera
[roto] BILBAO
[roto] jos, tus desvelos para evitar mi muerte, no han [roto] servido para demostrarme el cariño de todo. Te es[roto] parando mi alma para la eternidad y te escribo a ti [roto]do lo comuniques a los hermanos y parientes y sobre [roto].

[roto] podéis estar orgullosos de mí. Siempre fui honrado, bue[roto] hice daño alguno y si involuntariamente y sin saberlo hi[roto] a alguien, que me perdone.

Muero por eso resignado y como cristiano, contento de ir a la presencia del Señor, de quien espero ser bien recibido. Y muero sin odios, sin rencores para nadie. Creo firmemente que no supe expresar con claridad mi inocencia, y el mal que me hacen, acaso sin desearlo, no pesa con odio sobre mi corazón. ¡Dios me perdone como yo les perdono!

De mis cosas, disponga Eulogia de ellas y si queréis y algo queda, que deseéis como recuerdo, ella os lo dará de buen grado.

Fuimos buenos hermanos todos y también esto contribuye a mi tranquilidad.

Adiós, madre, si alguna vez le di un disgusto, perdónamelo, y no se apure pues muero tranquilo y confortado por los

Sacramentos, y mejor es morir así que no de muerte repentina.

Félix, Edmundo, Emilín, mis hermanos, rezad por mí y quererme muerto como me quisisteis en vida.

Despedidme de todos, para todos tengo un recuerdo, tío y primos de casa de Achuri, de Sestao, de Retuerto, sobrinos y que recen por mí.

Y dile a Eulogia que su esposo muere sin remordimientos y contento de no haberle dado un disgusto serio en todos los años de nuestro [roto]despídeme de tu madre y de toda ty familia, Juan, Eugenín, Paco [roto] de todos en fín.

¡ADIOS A TODOS!

Tomás

[roto] os preguntase por mí, decidle que guarden [roto] todos y que el odio no entre jamás en [roto] ellos o con sus familiares.

Carta 3

Jueves, 14 Octubre

Última página: Me han dejado solo y después han traído a 6.

Van a fusilarnos mañana. ¡Dios los perdone! Moriré tranquilo, ya que a nadie hice el menor daño.

Eulo qué pena me das. ¡Qué rato te espera! Pero consuélate: tu marido fue siempre digno de ti y la justicia de Dios me concederá la Gloria.

Moriré con tu nombre en mi corazón y con el de mi madre y hermanos.

Besa a la tuya y a los tuyos.

....

Madre, Patro, Félix, Edmundo adiós. Estad tranquilos, siempre fui bueno y podéis estar orgullosos de mí. Adiós Memi Primi y sobrinos.

Besad a la tía y primos. A los de Achuri, Sestao, Retuerto y rezad por mí.

....

Adiós Eulogia, que Dios te guíe y te conceda la paz. Reza por mí a la virgen de Begoña.
¡Adiós!

Anexo 3: Fragmento de "Control de las emisoras de radio", [primeros de enero de 1937]

La Radio constituye hoy día una de las palancas más poderosas para la vida de los gobiernos y de los pueblos. En su consecuencia, hay que prestar a este resorte, cuya expansividad juega uno de los papeles más importantes en el desenvolvimiento de nuestro País, la máxima atención y el más cuidado celo. Su influencia se manifiesta principalmente en todo cuanto afecta a la difusión y propaganda de las ideas, ejerciendo también honda atracción en aquellos temas que se relacionan con la elevación cultural y artística de los pueblos.

La eficacia que se desprende de su actuación con ser tan importante en tiempos de paz, se acrecienta en los periodos de guerra, haciendo de su función un vehículo indispensable para la radiación de órdenes, partes e instrucciones, así como para expandir aquellas noticias de carácter informativo que convenga dar a conocer. Es más, en los actuales momentos, más bien resulta su función un complemento del ramo de guerra que un motivo de distracción popular, cualidad reservada, como ya indicamos, para épocas normales.

Pero en nuestro pueblo, en Euzkadi, aún alcanza mayor trascendenca el servicio radiativo, si tenemos en cuenta que acabamos de nacer, que nos enfrentamos con la política estatal y que nos desconocen en el ambiente internacional. Teniendo, pues, en cuenta el panorama que se presenta a la vista de nuestro pueblo, es lógico que nos preocupemos de realizar una labor concordante, con las líneas directrices que señale el Departamento de Defensa; pero, que responda también a las necesidades de orden espiritual, dando a conocer el pensamiento euzkadiano, expandiéndolo por todos los ámbitos de la tierra.

Razones fundamentales para la vida de nuestro pueblo obligar a llegar lo antes posible al reajuste o articulación de las distintas Estaciones emisoras que funcionan en territorio de Euzkadi, sometido al mandato de su Gobierno.

Anexo 4: Mensaje de la primera emisión de Radio Euzkadi (Iparralde). 21/12/1946.

Ya estamos aquí! Somos la voz de la democracia más vieja del mundo. La voz de la patria vasca, que amordazada hasta hoy, lanza a todos los vientos en este día su vibrante irrintzi de rebeldía.

Somos la voz de Euzkadi, que resurge potente desde la entraña misma de la tierra vasca. La voz de la patria esclavizada que desde hoy se elevará sobre el cielo de la tierra amada, y recorriendo en vuelo ingrávido de uno a otro confín el solar euzkadiano, llevará el cálido aliento de esperanza a los bravos hijos de la raza que luchan con fe, audaz, callada, heroicamente contra el oprobioso régimen franquista, vergüenza del mundo, que pretende, inútilmente, conseguir lo que ningún invasor en la historia del pueblo vasco ha logrado: ahogar por el terror, a sangre y fuego, el ansia innata de libertad que anida en los pechos euzkotarras.

Somos la voz de un pueblo sereno y equilibrado, que filosóficamente sentado a la sombra del venerado roble de Gernika, ha sabido dictar leyes tan sabias y humanas, que han procurado siglos de felicidad a sus ciudadanos. De un pueblo de civilización madura, que, consciente de sus derechos históricos y de su capacidad, sobradamente demostrada, para gobernarse libremente, se resiste a vivir al dictado de poderes extraños, cuya autoridad se mide por el número de bayonetas. De un pueblo, en fin, que se asfixia sin libertad, porque es natural elemento, y estalla en explosión de incontenible rebeldía ante el brutal atropello de la dignidad humana que tiene como norma política el régimen nazi-fascista del general Franco.

El vasco no ha nacido para vivir uncido a un yugo como bestia de carga. Su idiosincrasia le ha hecho altivo, y la topografía de su solar le ha habituado a dominar los espacios desde las atalayas de sus altos picachos, y a mirar cara a cara al peligro. Odia la tiranía por temperamento y prefiere la paz del sepulcro a la vida miserable de las galeras.

De este espíritu indómito y justiciero, nació el gudari, cuando el cuervo carnicero de los fascismos internacionales, remontando su vuelo sobre las montañas vascas, comenzó a pasear su trágica sombra sobre nuestra Euzkadi inerme.

Y en defensa de esa libertad que le es tan preciosa como la vida misma, ese vasco, siempre enemigo de la violencia, que se convirtió en gudari, supo escribir con su sangre generosa las páginas más gloriosas de la historia vasca.

El fascismo hispano, creyó un día haberlo aplastado para siempre con el peso abrumador de sus fuerzas mercenarias, y con él al espíritu indomable de su raza.

¡Pero se equivocó! Se equivocó porque mientras haya un vasco digno, hay un gudari dispuesto a dar su vida por su patria, y aun quedamos muchos vascos con dignidad en la tierra euzkara.

La voz del gudari, que es la voz de la patria, se apagó momentáneamente ahogada en sangre en la hecatombe que asoló a nuestro pueblo, pero ¡no murió! Su protesta sorda pero viril contra el atropello cometido con Euzkadi no cesó un instante, aún en medio de las represiones más sangrientas, y hoy no hay un solo pueblo de la patria que no sienta el estremecimiento de rebeldía que remueve los cimientos mismos de nuestro solar milenario.

Pero era preciso, urgente, que esa voz de la justicia conculcada, se alzara vibrante sobre el griterío ensordecedor de los verdugos de nuestra patria, que, con su verborrea embustera y ponzoñosa, tratan en todo momento de intoxicar el alma de la raza, de extraviar a su juventud por senderos de oprobio, y para ello surge esta Emisora.

Franco ha tenido y tiene en su mano cuantos resortes precisa para hacer y decir cuanto le venga en gana con objeto de afirmar una posición ganada por las bayonetas del totalitarismo. Y todos sabemos con que sádica maestría ha sabido utilizar hasta hoy las enormes ventajas de esta supremacía.

Los vascos, tenemos el no pequeño honor de ser el pueblo en que con más saña se ha cebado el régimen franquista.

Tenemos, pues, muchas calumnias que deshacer, muchas mentiras que descubrir. Tenemos que poner en evidencia ante propios y extraños todo el horror que encubre el manto hipócrita de un régimen que invocando la cruz de Cristo, se ha servido de ella como de maza para masacrar al pueblo más profunda y sinceramente cristiano del universo.

¡Vascos! La tribuna está levantada. Desde hoy, podremos hablar reciamente ante el mundo, deshacer los embustes de la falaz propaganda enemiga, hacer que resplandezca por fin la verdad.

Diariamente la voz de Euzkadi, la voz libre de la patria encadenada, entonará su milenario canto a la libertad, y su acento fervoroso y esperanzado penetrará sin trabas, sin la mordaza vergonzosa de la censura, en todos los hogares vascos. En la tenebrosa noche franquista, será como un destello del alborear ya inminente de la libertad. Y para el tirano y sus tristes servidores, el restallar del látigo de la justicia, también próxima, en el rostro de los culpables.

¡Ánimo, Euzkadi, arriba los corazones! ¡Ánimo, vosotros, valerosos compatriotas que en las inmundas mazmorras franquistas, sufrís ultrajes en vuestra dignidad y torturas en vuestra carne! ¡Ánimo, lagunes, que es esta otra cárcel más amplia que es la calle bajo el régimen de Franco, mináis lenta pero seguramente el bárbaro régimen que ya se desmorona!

¡Ánimo, valientes emakumes vascas, que no os amilanáis aunque la tiranía destruya vuestros hogares, encarcelando a vuestros maridos por rebelarse contra la esclavitud! Jaso bihotzak! ¡El día de la libertad está ya cercano!

Un saludo emocionado a todos desde estas mismas tierras de nuestra incomparable Euzkadi, e invitándoos a escucharnos diariamente, os decimos, a vosotros como un agur cariñoso y al tirano como un reto: Gora Euzkadi Askatuta!

Anexo 5: Interferencia en Radio San Sebastián (15/08/1948), Alderdi, agosto de 1948.

ÚLTIMA HORA
NUEVO GOLPE AUDAZ DE LA RESISTENCIA VASCA

El día 15 de agosto marca una de las hazañas más notables de la Resistencia Vasca. A las dos y cuarto de la tarde, cuando Radio San Sebastián difundía su programa habitual, la emisión fue bruscamente cortada.

Casi sin transición, se oyó una voz que repetía: 2¡Atención! ¡Atención, radioyentes!" Y seguidamente la misma voz inició un programa verdaderamente extraordinario, transmitiendo durante media hora comentarios y mensajes de la Resistencia Vasca. Después de un saludo a los radioyentes en euzkera y castellano, se oyeron las siguientes palabras:

"En este día de la Virgen, mientas Donostia, Bilbao y toda la población de Euzkadi en general, festeja la fecha de la mejor manera posible en los tristes días que nos toca vivir, vamos a suplantar por unos minutos al 'camarada' Molina y a los deslucidos 'speakers' de Radio San Sebastián, para transmitirles unos comentarios y mensajes de la Resistencia Vasca.

Sí, señores, somos la Resistencia Vasca, el pueblo vasco en marcha hacia su liberación, presente en la onda y espacio radial de la Emisora instalada en el Monte Igueldo. ¡Atención a todos los vascos!"

Y la voz continuó:

"Euzkaldun irratentzuleak: Ama Birgiñaren egun eder ontan, Euzkadi osoa apaindurik, jaietan blai agertzen dan egun ontatxe, ONA EMEN, gu, EUZKO BURRUKALARIOK, zuei, anai-arreba maiteak, eta gure etsaiei BIZI GARELA adierazi nairik. BIZI GERA ta beñere baño burrukarako gogo aundiagoarekin, gañera.

Entzun DONOSTIAR IRRATIKO irradaren bidez minutu batzuetan esango dizkizugutenak".

A continuación la emisora donostiarra difundió unos briosos comentarios contra el régimen, que podríamos titular por los temas tratados de la manera siguiente: "Respecto al alma vasca"; "El aislamiento del franquismo"; "Lengo ura"; "Las actividades vascas en el exterior"; "El franquismo se sirve de la Iglesia como pedestal de su despotismo"; "Gazte, etzera umea, izan zaite GIZON"; y "Hombres libres en Euzkadi libre".

La emisión estuvo entrecortada por gritos de "¡Abajo Franco! ¡Gora Euzkadi! ¡Viva la Resistencia Vasca!".

Los slogans sonaban vibrantes en euzkera y erdera:

"Euzkaldunak, ez etsi, euzko burrukalariok beti ernai gaude"

"¡Franco! ¡Franco! ¡Franco! Euzkadi te repudia. El Pueblo Vasco no descansará hasta tener su gobierno propio".

"Euzkaldunak, guziok batera BOTA DEZAGUN Franko".

"Frente a un sistema de gobierno de ineptitud y latrocinios, queremos el Gobierno de los vascos por los vascos".

"Franko ire ordua bazetorrek, ez aiz betikoa. I juango aiz ta GURE ERRIAK IRAUN egingo du".

Al cabo de media hora el "speaker" se despidió con una emocionante arenga, pidiendo a todos los vascos que se pusieran en pie, "EUZKALDUNAK ZUTIK", para escuchar el himno inmortal de la Raza, cuyos compases sonaron, en efecto, majestuosos, solemnes, impresionantes.

La emoción de las gentes fue indescriptible. Hay que señalar que dada la festividad del día y la hora de la sorpresa, todos los receptores de radio en casas particulares y establecimientos públicos -cafés, bares, restaurants- estaban funcionando.

La policía franquista ha iniciado sus pesquisas, molestando con sus interrogatorios a los técnicos de Radio San Sebastián, sin dar ninguna pista.

GORA EUZKADI ASKATUTA!

Anexos

Anexo 6: Slogans y proclamas solicitando la escucha de Radio Euzkadi (Iparralde)

¡Vascos! ¡Escuchad todos los días a Radio Euzkadi, la voz de la Resistencia Vasca!

¡Vascos! ¡Oíd y difundid las emisiones de Radio Euzkadi!

Euskaldunak, zuen eginbearretako bat, egunero Euzkadi Irratia entzutea dezute!

Vasco: Para combatir la mentira, para desenmascarar la hiprocresía, escucha todos los días: Radio Euzkadi!

¡¡Radioyentes!! Con más encarecimiento que en cualquier otra ocasión, os aconsejamos, os pedimos que prestéis atención a nuestras emisiones. Ya sabemos y ya sabéis que todas las posibilidades de represión del régimen se esgrimen contra Radio Euskadi.

Dolidos, impotentes de reaccionar con el lenguaje de la razón, nos han declarado la guerra de los ruidos, interfiriendo nuestra palabra, objetiva, serena, informadora.

La dictadura es incapaz de diálogo y ello acredita su esencia irracional y anti-humana.

Estos días nuestras emisiones van a ser particularmente interesantes. Recibimos constantemente datos sobre los preparativos de la gran farsa del próximo domingo.

¡¡Escuchad, trasmitid, informad de nuestros horarios y ondas de emisión, para que todos oigan a Radio Euzkadi!!

El triunfo es de los constantes. Nosotros no hemos de cejar y os rogamos que secundéis nuestra labor prestando atención a nuestras emisiones. Ya sabemos que la audición es incómoda, pero en compensación os enteraréis de la verdad, pues a ella rinde culto Radio Euzkadi.

¡¡Vascos, todos a la escucha de Radio Euzkadi!!

Anexos

Anexo 7: Fragmentos de noticiarios de Radio Euzkadi (Iparralde)

NOTICIAS DE EUSKADI: (02/07/1949)
DETENIDOS EN GUIPÚZCOA

DONOSTIA- El día 1 han sido detenidas 22 personas en Deva, entre ellas el exfutbolista Izaga, y 12 más en Zarauz. Se les acusa de actividades antifranquistas. En realidad las detenciones se deben al plan de las autoridades franquistas de atemorizar a la población con vistas al referéndum.

MÁS DE DOS MESES INCOMUNICADO

DONOSTIA: En la cárcel de Ondarreta continúan detenidos y totalmente incomunicados un centenar de vascos a la disposición del juez militar Moreno Morato, empeñado en montar un gran juicio contra la Resistencia vasca. En el proceso se quiere englobar a los detenidos de Fuenterrabia, Renteria, Bergara, Aretxabaleta, Donostia, etc. acusados unos de facilitar evasiones, otros de participar en la huelga de Mayo y otros de ser miembros de la Resistencia. La crueldad del juez Morato y su desprecio del flamante "Fuero de los españoles" se acreditan con su arbitraria orden de incomunicación tan rigurosa que no se deja pasar ni comida a los encarcelados, y tan desusada que el propio director de la cárcel está extrañado ante esta medida que dura desde hace más de dos meses.

De la población penal de Ondarreta que comprende a 597 presos, hay que señalar que son detenidos políticos, 300.

EL VI CONGRESO INTERNACIONAL DEL FOLK MUSIC COUNCIL EN PAMPLONA" (05 y 06/02/1953)

En las próximas fiestas de San Fermín va a tener lugar en esta ciudad un magno acontecimiento folklórico. Se trata del VI Congreso de Cantos y Danzas que organiza cada dos años la poderosa entidad internacional "Folk Music Council" de Londres. Este espectáculo es de resonancia mundial. En este Congreso de Pamplona van a tomar parte 20 naciones, con un total de 400 participantes y 200 congresistas. El presupuesto, por lo que respecta a los actos a celebrar en Pamplona, viene a ser de unas 600 mil pesetas, y se preveen dos estupendas exhibiciones en la Plaza de Toros, una a las once de la noche del día 10 de julio, y otra a las once de la mañana del día 11. De Francia y España tomarán parte a cada tres grupos, uno de éstos vasco [sic]. El espectáculo de la noche se preparará de forma que sea también un alarde artístico en cuanto a su dispositivo escénico e iluminación. Empezará con un desfile por las calles de la ciudad, ataviados con sus trajes típicos y al son de sus músicas respectivas. Las instalaciones en la Plaza se estudian con particular esmero, tanto para producir la máxima visualidad como para dejar en los espectadores una impresión de sensacional acontecimiento.

ACTIVIDADES DEL PRESIDENTE AGIRRE" (14/02/1948)

El día 2 de febrero regresaron a París el señor Agirre y el ex diputado y Secretario de la Liga Francesa de Amigos de los Vascos, señor Landaburu, después de haber asistido en Luxembubrgo a los trabajos del segundo Congreso de los "Nuevos Equipos Internacionales", entidad de inspiración cristiana y democrática que reúne representaciones muy destacadas de los países europeos. Asistieron al Congreso más de 80 delegados en representación de 18 pueblos adheridos a esta institución. La delegación vasca, especialmente invitada, la formaron el Presidente Agirre y el señor Landaburu, que es vocal en el Consejo Ejecutivo de dicha entidad. Nuestra Delegación fue objeto de calurosas manifestaciones de adhesión y de simpatía por parte de todos los delegados y de las autoridades luxemburguesas. La Delegación vasca intervino en los debates del Congreso y en el banquete de despedida, el Presidente Agirre pronunció un importante discurso que fue acogido con grandes expresiones de entusiasmo y afecto, especialmente al evocar la lucha del Pueblo vasco por las libertades humanas y nacionales contra un poder tiránico que abusa del título de católico y somete la religión al servicio del totalitarismo y de la violencia.

REUNIÓN DEL GOBIERNO VASCO" (30/07/1953)

Bayona.- El Gobierno Vasco celebró reunión en esta ciudad. Asistieron, bajo la presidencia de don José Antonio de Agirre, la totalidad de los Consejeros que lo componen, ocupándose ampliamente de la situación política.

Con este motivo, fue analizada la política persecutoria del Gobierno franquista en los momentos actuales contra toda supuesta actividad política o simplemente sindical en Euzkadi, en la que se ha puesto en marcha el aparato de represión, tanto para que sean objeto de condena los pretendidos culpables de los hechos ocurridos en Euzkadi con motivo de las huelgas populares de 1947 y 1951, como por haber "descubierto" ahora en Guipúzcoa el hecho manifiesto de que toda la masa obrera se halla espiritualmente contra el franquismo y pretende, como sucede en los países civilizados, defender sus peculiares derechos de tipo social y sindical.

El Gobierno, recordando que justamente en los momentos actuales está patente ante el mundo la legitimidad de tales derechos, puestos de manifiesto por las protestas obreras de los países satélites del otro lado del telón de acero, acordó dirigir su acción hacia los organismos internacionales, al objeto de reivindicar los derechos de manifestación, propaganda, asociación, huelga pacífica y elecciones libres, inherentes a todo grupo humano, lo cual no implica que por el Gobierno se deje ninguna de las reivindicaciones que su ser político propio son inherentes.

Anexo 8: Fragmentos de comentarios de Radio Euzkadi (Iparralde)

FRAGMENTO DE "EL ACONTECIMIENTO DE MÁXIMO INTERÉS" POR EL DOCTOR JUAN DE ARANDI (MANUEL IRUJO)

El acontecimiento que hoy cautiva la atención universal en grado mayor, es la desaparición del escenario político mundial del dictador ruso Stalin" (...) "¿Qué juicio nos formaremos de Stalin? Lo primero que se precisa para contestar a esta pregunta es tener un criterio para juzgar. En principio, a un hombre no se puede juzgar más que por sus obras. Pero ¿qué obras? Para muchos, lo único que importa es la grandeza del Estado o de la Patria, según ellos dicen de mejor gana, con concepto erróneo de Patria. Juzgado con este criterio, Stalin es verdaderamente grande. Geográficamente hablando, no sólo recuperó las antiguas fronteras de Rusia en el período de su mayor grandeza, sino que las extendió aún más allá después de su triunfo en la Segunda Guerra Mundial. Y, si nos fijamos en el poderío militar conseguido, baste decir que el mundo entero tiembla hoy ante el Ejército ruso, sin que nadie, fuera de Estados Unidos, sea capaz de hacerle frente.

Pero este criterio es totalmente ajeno al espíritu cristiano. Lo que importa a la luz de la doctrina salvadora de Nuestro Señor no es la extensión geográfica lograda, ni la fuerza con que imponerse a los otros, sino el bienestar de cuantos componen el organismo jurídico que se llama el Estado, permitiendo a todos desenvolver plenamente sus facultades. Desde este punto de vista, los grandes dictadores, los conquistadores y dominadores de numerosos pueblos, no merecen otro calificativo que el de grandes malhechores de la Humanidad. Pueden tener grandeza, como la puede tener, también, un ladrón en su habilidad siniestra. Pero es grandeza para el mal.

FRAGMENTO DE "EL PROCESO DE VITORIA POR LAS HUELGAS DEL 51" CRÓNICA DEL CORRESPONSAL EN VITORIA (29/03/1954)

Todo Vitoria y toda la opinión vasca están pendientes del resultado de este proceso. La publicidad de RADIO EUZKADI y las Radios extranjeras, especialmente la BBC, que en todas sus emisiones ha dado amplios detalles de este juicio, se han impuesto a la consigna de silencio observada en general por la prensa y las emisoras oficiales.

Hay división de pareceres en cuanto al resultado de este proceso.

Algunos, fundándose en una evolución que han creído observar en la atmósfera del proceso y atribuyéndola a órdenes de la superioridad, piensan que las penas serán leves y que no impedirán la puesta en libertad de los inculpados.

Otros se fundan en los precedentes que existen sobre esta clase de juicios y en la petición fiscal, que unánimemente se aprecia como absurda. Tal petición no puede deducirse de las circunstancias del caso y sólo puede obedecer a una presión exterior.

FRAGMENTO DE "¡DIGA, DIGA!. CRÓNICA DEL CORRESPONSAL DE BIZKAIA"

Porque es perfectamente falso que el Euzkera no pueda subsistir en la vida moderna; y es totalmente injusto cargar a la vida moderna con la responsabilidad de la muerte de nuestra lengua nacional. Con lo que resulta incompatible la vida del Euzkera es, sencillamente, con la dominación española; y, hoy más que nunca, con la dominación falangista.

No sería difícil, sino muy fácil, vivificar el Euzkera (...) El Euzkera sería fácil y rápidamente vivificado si los que controlan, en dueños absolutos, la vida de nuestro país quisieran vivificarlo. En sus manos está organizar la enseñanza en Euzkera, desde las primeras letras, para todos los niños euzkeldunes, que son todavía muchos millares entre los que acuden a las Escuelas de Barriada y aún a otras Escuelas de aldeas, villas y capitales. ¡En sus manos está el organizar el aprendizaje del Euzkera, en esos mismos centros y en otros, para los que no lo hablan. En sus manos está, en resumen, el establecer el bilingüismo en la enseñanza y en la vida administrativa del país, dando co-oficialidad al idioma natural del mismo. Como en sus manos está el protegerlo contra la nefasta influencia del cine, de la radio, de todos los espectáculos y enemigos que pueden presentársele en la vida social. Si el Poder español hiciese por el Euzkera en nuestro pueblo solamente lo que hace por el idioma de los marroquíes en Marruecos, no haría poco por vivificarlo...

Anexo 9: Fragmentos de comentarios en euskera. Radio Euzkadi (Iparralde)

FRAGMENTO DE "IRAKURTZEN DIRAN GAUZAK. LA RAZA VASCUENCE" DE IRAKURZALEK

Orain arte ludiko jakintsubak ezin ixan dabe esan euzkotarrak nundik datozan. Baten batzuk iberotarrak dirala esan dabe. Besteren batzuk Afrikatik etorri zirala. Besteren batzuk Asiatik eta abar eta abar. Eztabaida gogorrak ixan dira ia euzkotarrak europeos, indoeuropeos, arios edo prearios ete diran. Baña eztabaida orrek ezetan geratu dira. Nundik norakuak diran iñok eztaki.

Egiz dakiguna da euzkotarrak eztabela ez aidetasunik, ez senidetasunik, ez belauntasunik, ez urkotasunik orain ezauten diran edonungo abendakin. Eta orregatik, euzko-abendeari "raza-isla" esaten dautsae, ta bere eliari "lengua-isla".

Baña naiz paradisuan, naiz African, naiz Asian, naiz Europan jayo izan zirala, danok esan dabe au: Guk ezautzen dogun ludi onetako biztanleak dirala.

Orain, baña, Adamski deritzon jakintsu amerikar batek igarri dau euzkotarrak Venus izarran bixi dirala. Esta gure ludi au ikusten, alako "platillo volante" baten etorri dirala, ia emen zer jazoten dan ikusten.

Adamski ixartarijak Washingtoneko izparlari bateri esan dautso, eta onek Madrideko "Pueblo" deritxon izparringiari. Izparringi onek diñosku, ba, jakintsu amerikar orrek "platillo volante" baten etozanakin itz egin daula, telepatiaz, eta ganeratzen dau:

"Su lengua se parecía extrañamente al vascuence, y más tarde, al examinar las huellas que dejaban los zapatos, marcadas en la tierra blanda, pude ver signos cabalísticos exactamente iguales a los que los arqueólogos han encontrado en los primitivos monumentos vascuences".

Venusetik etorririko platillo volante ori, bigarrenez ba egazegin ei eban eta alako baten odi edo tutu bat ei eban, eta odi barruban idazki bat aurkitu ei eban. Eta jakintsu orrek diñon lez: "Era simplemente un tubo en el que se encerraba un mensaje escrito en una lengua desconocida. He hecho venir a varios expertos en la lengua vascuence, y también aquí las semejanzas son asombrosas. Creo poder afirmar, con el mayor rigor científico, que los tripulantes de los platillos volantes pertenecen a una familia de la raza vasca".

Ikarragarriya, ezta?

Eztakigu izkirimiri ori nok asmatu ete daun, amerikar jakintsubak, Washingtoneko izparlarijak edo "Pueblo" izparringijak berak, txantxetan olgetan.

FRAGMENTO DE "LUZEAR JOAN ZAIGU" POR BASURDE (AGOSTO 1949)

Bildur bildurrik geunden iru ilabete auetan; merikuek etzioten bizi luzeagorik ematen. Erdi erditik asmatu dute, zorigaitzez. Ba dijoaz gure gizonak, eta mingarriago dena, ba dijoa euskera, puskaka, puskaka. Urtearen lenetik, aldegin ziguten Solano ta Eizagirre, euskaldun jatorrak. Euskera zuten beti agoan, hainbeste euskaldun epeli erakutsia emateko. Joan zaigu Luzear. Zer puska galdu dun euskerak: Itzegin ez ezen, idatzi ere goxo goxo egiten zun. Iru ilabete auetan, ezagutu duzute, euskera baztartzen ari dugula irratizkin ontan. Luzaro gabe, beste iru ilabete gabe, euskera ausaz, oso itzaliko da etxe ontan. Il zan ARGIA Donostiakoa. Zenbat irakurleari atsegin ematen zion, Luzear aren xaltxak! Il zaigu bera, eta esan diteke euskerazko mintzaldiak il zaizkigula irratizkin ontan. Amaika lan eta burruka, eginik joan da, euskeraren eta Euskalerriaren alde!

FRAGMENTO DE "KOREAKO GERRAREN GELDIKETA" POR ARRUABARRENA (30/07/1953)

Korean gudaketa gelditu dute. Ez dakigu oraindik gelditze au betirako izango ote dan, ala laxter berriz ekingo dioten. Nola nai ere prisioneroak askatzen bereala asiko dira, ta au bada zerbait.

Gure gerran ori bera egin izandu bazuten, pozik izango giñan batzun batzuek, baño Franco bere mendeko prisioneruak espetxean sartu zitun, eraill etzitunak. Gudaketa ontan beste gauza bat egokia egingo dute. Bere errietara juan nai ez duenari, ango jaurlaritzpean bizi nai ez dutelako, beste lurralde baten aukera eman diote.

Bestalde, guda geldi dagon bitartean ez dira ez ill ez zauriturik izango ta au ere bada zerbait. Gudarien artean bakarrik eta alde bietakoak zenbatzen ba dira, milloi terdi gizaseme erori bai dira Koreako gudaketan.

Anexo 10: Primer Mensaje de Navidad del lehendakari José Antonio Agirre en Radio Euzkadi (Iparralde). 24/12/1946 (parte en euskera)

EUSKALDUNAK,

Igaz, Ameriketatik egin nizuen Gabon-deia artean andik, azkenekoa ixango zala pentsatzen neban. Ta ona gaur, ez orduan Juangoikuari [sic] eskatu nion bezala gure ildakoak dauden lurraldean, baña Euzkadin behintzat, nere aurtengo Gabon-agurra diskotan ipintzen, zuei, gero, gure mendietatik radio bidez etxeratzeko.

Euzkadi'ren azkatasun aldez bizia galdutako anai aien oroipena bizi-bizi dodala asten naiz izketan. Azkatasuna iya lortuan gerala. Eztago, gaur, iñola ta iñork gure erria azkatasun bidean gelditzerik. Ta, dakizute zergatik? Usteldu ta iya illean azaltzen den jauntxokeri nardargarriaren aurrean, gure erria bat eginda dagoelako.

Batasun orrek indartuta, Euzkadi'ko Gobernua, urteak juan ta urteak etorri, egiñalean saiatu da gaur begiaurrean daukaguna gertutzen. Ta badakigu laster, erriari bere gogoa azaltzeko eskubidea biurtzen zaionean, gureak bere azkatasun gogoa ago batez azalduko dabela.

Gure erria esatean, Naparroa ere barruan sartzen dot. Napar erria beste euskaldun erriakin bategin nai biziz dago. Eta napar alderdi guziak era ori artu dabez. Euzkal erri guzia agertzen da gaur.

Auxe da, euzkaldunak, gure gaurko agindua: guzion arteko BATASUNA, BATASUNA, BATASUNA. Eginbearra argi dago, eztegu bidez aldatu bearrik. Azkeneko agiñaldietan gera. Ta mundu guzian azkatasunaren ikur edo sinbolo bezela esagutua den Gernika ikurrin degula, aurrera guaz euzkaldunak bategiñik. Eztago besterik. Gernika'rekin ala Gernika'ren aurka; gure legezarrekin ala legezarren aurka; euzkaldun izena txukun ta garbi zaitu dutenakin ala zikindu ta loiturik gaurko godo berrien ankapean utzi dutenakin.

Or daukazube gure etsaiak, begira. Nazi ta patxistak juan ziren. Franco'k ezin burua jasorik. Etzeukan barrengo kontuak bakarrik moldatzerik. Eta orain ONU'ko erabakiekin ERIOTZ EPAIA eman diote.

Onegatik, euzkaldun anaiak, etzaiozute gaurko zikinkeri ta lardesketari geiegi begiratu, ori bai-baidijua. Aurrera begiratu, datorrenari, gure erriak laster izango dun azkatasunari. Azkatasun orrek eman bear dizkigun lanak egiteko, gertu guziok.

Ontan dago zuen Gobernua, euzkaldunak. Gernika'ko zugaitz pian zin edo juramento bat egin gendun. Zin ori zutunik dago. Emandako itzean gaude. Zuek esango dozube laster, ondo ala gaiski kokatu degun, ta aurrerako bidea zein dan.

Euzkaldunak, azkeneko ekiñaldira. GORA EUZKADI AZKATUTA.

Anexo 11: Alocución del lehendakari Leizaola en el primer programa oficial de Radio Euzkadi (Venezuela). 13/09/1965

Euskotarrak:

Berriro badator zuengana Euzkadiren Abotsa irrati bidetatik.

Zuen arteko lagun sutsu batzuek egin dituzte bear zirenak ontara irixteko. Oyei zor diyezue arnaz-artze osasungarri au. Gure erriak bear izango duan arte iraun dezala, Euzkadi bere eskuko, bere jabe izango den artaraño.

Aurretik, bada, gure esker aundiyena lan ortan asi eta aurrera eraman duten guziyei, laguntza eman dutenei eta aurrerantzean lanean ari izango diranei.

Irratiya bide dala, Euzkadiren Abotsa jarraitu dadilla bizirik eta bizkor nekatu gabe.

Zuek emendik entzungo dituzutenak euzkotar zintzoak barrenen daukatena da. Eta ez iñoren mende jartzeko zabalduak.

Euzkadiko Jaurlaritzan zuen mende gaude, zuen mende nago ni Lendakari bezela. Artu gure agur beroena.

Compatriotas:

Al saludaros desde esta emisora y tras dar las gracias a cuantos han puesto sus manos en la ardua tarea de crearla, cúmpleme saludaros a los vascos todos que sentís la causa de la libertad, la que el Gobierno Vasco y yo, como su Presidente, representamos.

Desde nuestros puestos os contemplamos a vosotros y a Euzkadi entera como un cuerpo vivo, con una realidad de vida que es difícil de abarcar desde otro observatorio. Un cuerpo vivo, lleno de actividades múltiples y diversas, formando una comunidad natural, un pueblo lleno de vigor.

Vemos la vida económica vascas en un tarea ingente, poderosa, resistiendo a la acción de unos poderes públicos ilegítimos y mostrándose creciente y adelantada sobre todo cuanto le rodea, superando los estragos de la guerra provocados para establecer esos poderes ilegítimos, las de su indolencia, las de sus decisiones contra el monopolio de la prensa, la radio, la televisión, el cine, la edición y de todos los medios de difusión del pensamiento, contra la censura del gobierno franquista de Madrid; la vida sindical vasca, clandestina y llevada, sin embargo, por centrales sindicales libres unidas en una alianza sindical; la vida política y de acción de la resistencia, que movilizan unas y otras a grandes masas populares vascas.

Vemos también esas otras manifestaciones como pueblo que se producen donde quiera, con grandes concentraciones, limitadas tan sólo por las posibilidades de desplazarse a ellas.

Sabemos que contamos con todos para actuar con aquella unánime voluntad que un día, no lejano ya, habrá de manifestarse como la voluntad política de los vascos, exigiendo libertad para Euzkadi, libertad no exclusiva ni contraria a los derechos de otros.

La aparición de esta emisora es una de esas manifestaciones de esa resistencia colectiva. Os saludo, pues, desde ella para marcar nuestra presencia en el momento de una nueva y trascendental etapa de la marcha hacia delante del pueblo vasco. GORA EUZKADI!

Anexo 12: "Nuestra segunda etapa". Texto de Joseba Rezola emitido en el primer programa oficial de Radio Euzkadi (Venezuela). 15/09/1965

No puede Radio Euzkadi presumir de la veteranía de las emisoras sostenidas con abundantes recursos económicos y amparadas por un poder estatal de hecho, pero tampoco es una recién nacida y si se tienen en cuenta las dificultades propias de su condición clandestina puede presentar una hoja de servicios nada desdeñable.

RADIO EUZKADI no sale ahora por primera vez al espacio. Allá por el año 1946 surgió entre las ondas para informar a nuestro pueblo [de] las realidades que ocultaban los medios franquistas de información y para exponerle los puntos de vista de la Resistencia Vasca en su lucha por la liberación del País.

Durante siete años, día por día y varias veces cada día estuvo nuestra voz en las antenas para remediar la falta de información y evitar la deformación de la opinión pública vasca, especialmente la de las nuevas generaciones que no nos habían conocido en nuestra actuación. Eran aquellos días negros, más negros todavía que los actuales y una prueba de lo que decimos es que entonces el euskera estaba completamente eliminado de la prensa y de la radio y que éramos nosotros los únicos que lo utilizábamos en nuestras tareas de telecomunicación y de propaganda escrita.

Con legítimo orgullo transmitió RADIO EUZKADI, en aquella primera fase [los mensajes que] le enviaba nuestro primer Lendakari [sic] Don José Antonio de Agirre, así como las decisiones de la Junta de Resistencia y Consejo Delegado del Gobierno Vasco y los trabajos de nuestros colaboradores que esperamos que nos sigan favoreciendo en sus envíos. Por razones obvias no podemos dar sus nombres y lo lamentamos profundamente, pero no podemos resistir al deseo de mencionar aquí algunos de los que fallecieron, tales como Arzeluz, Orixe y Landaburu, que frecuente y periódicamente nos ofrecieron lo mejor de su reconocido talento.

En aquel entonces, además de las informaciones y comentarios de actualidad, tuvimos la preocupación de reavivar acontecimientos históricos y entre las fechas que por su evidente y densa significación que destacamos, hubo dos que nunca pasaron desapercibidas a nuestros oyentes, la de la PASCUA de Resurrección, a la que estaba vinculado nuestro Aberri Eguna y la del 1º de Mayo que simboliza nuestro anhelo de justicia social.

Son muchos todavía los que recuerdan todavía aquellos cortes en Radio San Sebastián para suplantar la voz de su "speaker" por la del nuestro con el consiguiente asombro de los oyentes de la emisora donostiarra de todas las tendencias. Aquellos cortes coincidentes con las conmemoraciones de "Aberri Eguna" en años sucesivos revelaron que el "Día de la Patria" continuaba vivo en el corazón de los resistentes vascos.

Y parecidos efectos produjeron la cadena de huelgas que se desarrollaron en nuestro País, entre las que destacaron la del 1º de Mayo de 1947, que con sus cien mil parados conmovió a la opinión mundial, por ser la primera de esta envergadura en un Estado totalitario, y la del año de 1951, que alcanzó la cifra de trescientos mil parados y abarcó en su extensión toda la geografía de la Euzkadi peninsular, es decir, Vizcaya, Guipúzcoa, Alava y Navarra.

De aquella semilla brotaron los Aberri Egunas de Gernika y Bergara y las manifestaciones de 1º de Mayo de los años 1964 y 1965.

RADIO EUZKADI reanuda ahora las tareas que por fuerza mayor hubo de interrumpir en el año 53 [lo pone así pero fue en el 54] y seguirá como entonces al servicio de la Junta de Resistencia y del Consejo Delegado del Gobierno Vasco.

Hoy como ayer defenderemos incondicionalmente la causa de nuestra Resistencia y la de nuestro Gobierno que son la causa del pueblo vasco. Actuaremos por los cauces de la democracia porque es el régimen democrático vasco el que mejor se acomoda al modo de ser de nuestro pueblo y porque lo democrático vasco es la característica común de todas las fuerzas que apoyan a las organizaciones vascas.

Orientaremos nuestra actuación hacia la consecución de la libertad de Euzkadi, que es la razón mayor de nuestra lucha y porque constituye la condición básica de nuestro desarrollo político, social y cultural.

Y como garantía máxima del logro de esa libertad y de la realización de esa democracia dedicaremos nuestros mayores esfuerzos a la conservación y ampliación de esa unión de partidos y organizaciones que culminan en la Resistencia Vasca y en el Gobierno de Euzkadi.

Afortunadamente el área fundamental del Gobierno abarca ya el campo estudiantil y en lo que por razón de su ministerio resulta posible la de los sacerdotes y religiosos vascos.

La unión de los vascos es para nosotros un concepto clave que significa para nosotros algo más que unas firmas o unas declaraciones. Significa eso y también la sangre de los gudaris que lucharon por ella; la de los que cayeron en los campos de batalla o fueron fusilados en las cárceles; y los sufrimientos de la represión y del exilio. Con todo eso está hecha nuestra unión, que es además la garantía máxima de nuestra libertad próxima. Y ese valor que nosotros le damos se lo dan también nuestros enemigos que hacen todo lo que pueden por quebrantarla.

Porque la desunión de los vascos ha sido con la destrucción de nuestra lengua y de nuestra cultura las armas que nuestros opresores han empleado para debilitarnos y conseguir que perdiéramos hasta la conciencia de nuestro ser. Hoy reanudamos pues nuestras tareas con la bandera de Euzkadi desplegada, con la convicción plena de que estamos muy próximos a nuestra meta y con el sentido de responsabilidad que se deriva de esa convicción y que nos obliga a precipitar este final y a prepararnos para los que ha de venir.

GORA EUSKO BURRUKALARIAK!
GORA EUSKO JAURLARITZA!
GORA EUZKADI ASKATUTA!

Anexo 13: Slogans y consignas de Radio Euzkadi (Venezuela)

Vasco: Radio Euzkadi es el producto del esfuerzo y el riesgo de un nutrido equipo de patriotas. Vasco: Radio Euzkadi te pide sólo una cosa: difunde nuestras noticias, difunde nuestro horario, difunde nuestra existencia y serás, un eficaz colaborador

Vasco: Radio Euzkadi es un irrintzi de libertad. Vasco: de ti depende el que ese irrintzi suene en cada hogar de Euzkadi. Vasco: entre tus familiares, en el taller, en la fábrica, en el trabajo, entre tus amigos, difunde esta consigna: OID RADIO EUZKADI todos los días a las 9:30 de la noche en 13.250 kilociclos, banda de 23 metros

Vasco: Radio Euzkadi es una victoria sobre la opresión que la Resistencia gana día a día. Vasco: tú también puedes combatir en esa batalla con sólo difundir nuestra voz. Vasco que oyes Radio Euzkadi: haz que todos tus conocidos, tus amigos y familiares la sintonicen todos los días a las 9:30 de la noche en 13.250 kilociclos, banda de 23 metros

Las cartas de nuestros oyentes, sean de encomio o de crítica, son siempre muy apreciadas por nosotros, pues contribuyen, sin duda, a mejorar nuestros programas. La correspondencia deberá ser dirigida al Radio Euzkadi. Apartado 59, París 16, Francia, Repetimos: Radio Euzkadi...

Gure entzuleen idaztiak eta berriak beti onarturak izango dira. Iritzi onak ala iritzi txarrak edo kritikak izan, zuen eskutitzen bidez gure lana obeki egin ahal izango degu.

Idatzi guri, beraz, zuzenbide onetara: Boite Postale 59, Poste Centrale, París 16, Frantzia. Milla esker gure entzuleeri"

A eso viene Radio Euzkadi... a mostrarnos la realidad, tal cual es, a enjuiciar los hechos con serena rectitud... a invitaros a una acción que sea realista y audaz!

Radio Euzkadi es un irrintzi de libertad que resuena en toda Europa. Los muchos informes de escucha que diariamente se reciben animándonos en esta lucha de las ondas contra la interferencia franquista, cierta dificultad de audición y el caballo de Troya que es la televisión.

Sin embargo, todos los días estamos en el aire con nuestro mensaje informativo y de libertad.

Nada nos detiene.

Por eso, vasco que nos escuchas. Sintoniza diariamente Radio Euzkadi, la Voz de la Resistencia Vasca.

RADIO EUZKADI ES UN IRRINTZI DE COMBATE:

Oírla es una obligación moral, un deber. VASCO: anima a los jóvenes gudaris de Radio Euzkadi enviando informes de recepción a la siguiente dirección. BOITE POSTAL 59, PARIS 16, FRANCIA.

Contra la provocación: serenidad
contra la represión: firmeza
contra la duda: obedecer las consignas
contra los rumores: Radio Euzkadi

La verdad del pueblo vasco en las ondas de Radio Euzkadi

RADIO EUZKADI, EUZKADI IRRATIA

Testimonio cotidiano de la legitimidad de la lucha del pueblo vasco.

Rasga los aires todas las noches en ondas cortas a las 8'30, 9'30 y 10'30.

Escuchar Radio Euzkadi es un acto de afirmación patriótica. Difundir su mensaje es contribuir a la libertad de Euzkadi.

Entzun eta zabaldu bere berriak.

Ixilpean hemeretzi urte. Egunero entzun ahal izan da, gure herriaren eskubidearen alde, 13.250 eta 12.080 kz.etan

Un hombre que no tiene información, no tiene opinión. Si quieres tener opinión OYE RADIO EUZKADI: 21'30, 22'30 y 23'30 en onda corta 19 y 23 metros.

Cada día que sale Radio Euzkadi es una batalla que se gana al franquismo.

Radio Euzkadi está ampliando asombrosamente el campo de sus oyentes en el mundo entero. Se nos oye en toda Europa, se nos oye en Australia, se nos oye en África, se nos oye hasta en el Ártico. Radio Euzkadi está llevando a todos los rincones de la tierra, el irrintzi vibrante de la lucha por la libertad. Pero Radio Euzkadi significa un esfuerzo permanente, una vigilancia constante, un equipo de jóvenes que luchan noche y día, que trabajan sin descanso, que se arriesgan.

Vasco: colabora tú también con Radio Euzkadi difundiendo nuestras consignas, haciendo que se nos oiga en todos los hogares, comprometiendo moralmente a quienes no nos escuchan.

Vasco: ayuda a Radio Euzkadi y serás un resistente activo.

Contra el silencio y la censura, contra la deformación de los hechos, contra el lavado de cerebro colectivo, oír RADIO EUZKADI, LA VOZ DE LA RESISTENCIA VASCA.

Oír Radio Euzkadi es un deber de todo patriota. Transmitir sus noticias, sus frecuencias, su horario, es una obligación moral. Que el esfuerzo de nuestros equipos no se pierda. Que las emisoras de interferencia no triunfen sobre nuestra voluntad. Que nuestra voz, que llega a todos los rincones del mundo, no sea una voz en el desierto. Radio Euzkadi es un irrintzi de libertad. Vasco: colabora con nuestra emisora clandestina. Corre la voz de nuestra existencia, de nuestra lucha, entre tus familiares, en el taller, en la oficina, en el bar, entre tus amigos.

Mujer vasca: tú también puedes ayudar al equipo de hombres y mujeres que hacen posible la existencia de Radio Euzkadi. Mujer vasca: en tu familia, entre tus amistades, transmite nuestro horario, nuestras frecuencias, escribe a nuestro apartado de París; haz acto de presencia en esta labor que es Radio Euzkadi. Nosotros te lo agradeceremos. Euzkadi necesita tu ayuda. Mujer vasca: colabora!

Seguidamente escuchen un mensaje de la Resistencia: "Ya hay flores en el Txindoki" Repetimos: "Ya hay flores en el Txindoki" (01/07/1968)

Escuchen a continuación un mensaje de la Resistencia Vasca. "Queda aplazada la boda hasta que el novio se cure" "Queda aplazada la boda hasta que el novio se cure" "Queda aplazada la boda hasta que el novio se cure" (15/06/1968)

Seguidamente, escuchen un mensaje de la Resistencia Vasca, que amplía el lanzado el sábado: "Hasta que el novio se recupere, los invitados deben esperar, dispuestos a asistir a la ceremonia" "Hasta que el novio se recupere, los invitados deben esperar, dispuestos a asistir a la ceremonia" (16 y 17/06/1968)

Escuchen seguidamente un mensaje de la Resistencia Vasca: "Las hogueras de San Juan están ya listas. Las hogueras de San Juan están ya listas. Los egitarras tienen fuego en el corazón. Los egitarras tienen fuego en el corazón. Todos preparados. Todos preparados" (23 y 24/06/1968)

Seguidamente, escuchen un mensaje de la Resistencia Vasca: "Vimos siete hombres grises al salir del caserío". Repetimos: "Vimos siete hombres grises al salir del caserío" (25/06/1968)

Anexos

Seguidamente, escuchen un mensaje de la Resistencia Vasca: "La hilera de árboles plantados suma 105. La hilera de árboles plantados suma 105. Rogamos a los gudaris los cuenten uno por uno. Repetimos: el total de los árboles suma 105" (27/06/1968)

Atención, atención, seguidamente un mensaje de la Resistencia Vasca: "Las ventanas de la casa no estaban rotas cuando llegamos". Repetimos: "Las ventanas de la casa no estaban rotas cuando llegamos" (29/06/1968)

Atención, atención, seguidamente un mensaje de la Resistencia Vasca: "Muñatones, todas las palomas mensajeras llegaron a su destino. Repetimos: Muñatones, todas las palomas mensajeras llegaron a su destino. Rogamos sigas en tu misión" (02/07/1968)

Atención, atención, escuchen un mensaje de la Resistencia Vasca: "Los del observatorio preveen tiempo adecuado para el día Equis". Repetimos: "Los del observatorio preveen tiempo adecuado para el día Equis" (05/07/1968)

Escuchen un importante mensaje de la Resistencia Vasca: "Los derechos del hombre son más que 13. Repetimos: Los Derechos del Hombre son más que trece" (10/07/1968)

Atención, atención, seguidamente un mensaje de la Resistencia Vasca: "La Rosa Roja tenía 14 pétalos. La Rosa Roja tenía 14 pétalos. La Rosa Roja tenía 14 pétalos" (13/07/1968)

Escuchen seguidamente, un mensaje de la Resistencia Vasca: "Aunque no haya nadie en el caserío, los gudaris deben quedarse allí y esperar". Repetimos: "Aunque no haya nadie en el caserío, los gudaris deben quedarse allí y esperar" (11 y 12/08/1968)

Atención, atención, seguidamente, un mensaje de la Resistencia Vasca: "Esperamos con impaciencia a las palomas mensajeras". Repetimos: "Esperamos con impaciencia a las palomas mensajeras" (13/08/1968)

Anexos

Anexo 14: Fragmentos de noticiarios. Radio Euzkadi (Venezuela)

21/05/1968:

"Madrid: Centenares de estudiantes de Madrid chocaron con la policía después de asistir a un concierto dado por Raimón en idioma catalán. Los jóvenes marcharon desde la Facultad de Ciencias Políticas arrojando ladrillos, adoquines y pedazos de madera a su paso y bloqueando el denso tráfico del fin de semana. Policías armados de porra, con cascos, provistos además de autobombas con agua coloreada dispersaron a los manifestantes. Fueron detenidos unos 20 estudiantes.

Madrid: La princesa Sofía de Grecia que iba en un coche fue interceptada por los manifestantes que apedrearon el automóvil, sin que éste sufriera grandes daños"

21/05/1968:

"París: El periódico L'Equipe, en su edición del día 10 publica amplios detalles sobre la operación llevada a cabo por un comando de Eusko-Gaztedi (EGI) durante la vuelta a España. Como se sabe, mediante una carga de dinamita, EGI logró detener la mencionada prueba y suspender la etapa quinceava de Vitoria a Pamplona. L'Equipe atribuye el hecho a la organización "Eguzki" a juzgar por las octavillas lanzadas por los autores. Sin duda, el redactor que realizó el reportaje, el redactor deportivo parisino Fernard Albaret, no conoce nuestro idioma ni rudimentariamente. Donde dice "Eguzki" quiere decir "Eusko-Gaztedi", que era quien firmaba las octavillas que han sido leída anteriormente por Radio Euzkadi".

09/12/1970:

"Burgos: En este momento la suerte de seis nacionalistas vascos depende del Capitán General de la 6ª Región Militar, general García Rebull. Se sabe que García Rebull está actuando a regañadientes y obligado por Franco. García Rebull que se portó duramente como Comandante militar de la Plaza de Madrid hasta hace un año, es un duro del franco-falangismo y se tienen pocas esperanzas de que la clemencia cuente para él como una virtud humana.

La suerte de seis condenados a muerte depende de García Rebull. Si él lo quiere, los vascos juzgados en Burgos podrían ser ejecutados por la vía rápida.

Radio Euzkadi seguirá manteniendo sus equipos móviles en Burgos, desde donde informará de los acontecimientos".

28/12/1970:

"Burgos: Última hora: A las 4 y 20 minutos de la tarde la Agencia France Presse ha informado desde Burgos que seis de los acusados nacionalistas vascos juzgados en Consejo de Guerra han sido efectivamente condenados a muerte. Tres de ellos con doble condena de muerte. Es decir, en total han sido dictadas NUEVE condenas a muerte para seis ciudadanos vascos.

París.- La Radiodifusión Francesa en sus programas ha interrumpido las transmisiones musicales a las 4 y 27 minutos de la tarde para informar que seis vascos han sido condenados a muerte. Posteriormente, a las 4 y 32 minutos han vuelto a interrumpir el programa para confirmar la noticia, añadiendo que tres de los condenados han recibido doble pena de muerte.

Bilbao.- Ha producido gran consternación la noticia de las seis condenas a muerte entre los nacionalistas vascos. Solamente un gesto de clemencia de Franco puede ahora salvar de la ejecución a seis ciudadanos vascos, hombres jóvenes, que en la flor de la edad dedican sus vidas por la liberación nacional y social de Euzkadi".

(s/f pero posiblemente primeros 1970):

"Manifestación de amas de casa en Bilbao". Bilbao.- La prensa franquista publicó el 19 de mayo un despacho de la agencia Cifra que decía así: "Para expresar su disconformidad con la subida de los precios de algunos productos alimenticios, unas trescientas amas de casa se manifestaron ayer por la mañana por diversas calles de Bilbao. A las doce del mediodía la calma era absoluta y todas las mujeres se habían dispersado.

Iguales manifestaciones y por el mismo motivo han tenido lugar en Sestao y en Portugalete".

30/04/1967:

"San Sebastián: En el campo de Atocha se celebrara el partido de copa Real Sociedad-Sabadell como homenaje al Club que acaba de subir a primera división de liga. EUZKO-GAZTEDI (EGI) decidió sumarse al homenaje de la forma que EGI sabe hacerlo, es decir, espectacular y clandestinamente. El campo estaba completamente lleno de público. En la primera mitad, al igual que en la Plaza del Castillo el día del Aberri-Eguna, subieron al cielo dos cohetes de los que se desprendieron dos grandes ikurriñas que cayeron sobre el centro del campo de Atocha. La reacción del público que llenaba el campo fue completamente favorable. Esta acción de EUSKO GAZTEI (EGI) era, además, un homenaje a los catalanes. Como se sabe, estos días pasados, en pleno centro de Barcelona, una manifestación formada por estudiantes catalanes gritaba la consigna de EUZKADI-EUZKADI para protestar contra las detenciones de estudiantes en Bilbao.

Cuando las ikurriñas aparecieron sobre el centro del Campo de Atocha, los grises saltaron al campo y fueron abucheados, organizándose una tremenda bronca. Se produjeron cinco detenciones y se sabe que Valencia Remón dio orden de disparar si fuera preciso".

08/06/1968:

París: El Presidente del Gobierno Vasco, Jesús María de Leizaola, hizo saber su pesar por la muerte del senador Robert Kennedy mediante un mensaje de condolencia.

Bilbao: La noticia de la muerte del senador Robert Kennedy ha producido profundo duelo en el País Vasco. Los vascos

Anexos

teníamos siempre la esperanza de que, de llegar a la presidencia, el hermano del Presidente John Fitzgerald Kennedy hubiera cambiado el rumbo de la política norteamericana. Precisamente no hace mucho se anunció la posibilidad de un viaje de Robert Kennedy a Bilbao, para dar una serie de conferencias en la Universidad de Deusto.

Anexo 15: Fragmentos de comentarios. Radio Euzkadi (Venezuela)

"La televisión española y el euskera" (02/04/1968)

"Don Antonio Valverde, miembro de la Academia de la Lengua Vasca, publica en Diario Vasco de Donostia y Pensamiento Navarro de Iruña, una carta dirigida a Don Alfredo Ameztoy, de la Televisión Española, de la que forman parte los párrafos que vamos a leer:

"Acabo de ver en TVE la emisión "Nosotros" del 23 de Marzo. En ella hemos escuchado canciones en las diversas lenguas de Iberia, catalán, portugués, vasco, gallego y castellano.
(...)

En cuanto a la elección de los cantantes para esa emisión... le diré que hoy contamos con cantantes vascos de buena calidad, mejores, desde luego, que la Nuria catalana, y mejores también que los salerosos representantes ocasionales de nuestra canción en TVE. Tenemos a María Lourdes Iriondo, a Benito Lerchundi y a bastantes más, pero tenemos sobre todo a Don Miguel Laboa, quien recoge viejas canciones de la región vasco-francesa de Zuberoa, las adapta y moderniza para cantarlas después admirablemente. Hay pocos hoy en día que se le acerquen. Yo le oí cantar en la plaza de un pueblo guipuzcoano, acompañado de la guitarra, y quedé admirado.

En fin, al estilo de nuestra tierra, le pido perdón por si algo injusto he dicho. Gaizki esanak barkatu"

Acaban ustedes de escuchar la lectura del texto de la carta dirigida por Don Antonio Valverde, de la Academia de la Lengua Vasca, a Don Alfredo Amestoy, de la Televisión Española, carta que publican dos diarios de Donostia y de Iruña y en la cual el Sr. Valverde le da una buena lección al Sr. Ameztoy.

Fragmento de "Costa vasca no nuclear" (s/f) por Joseba de Ekaitz

"Extraordinaria resultó la manifestación popular que se organizara en la villa de Plentzia (Bizkaia) para expresar el repudio de la población a la construcción de la central nuclear en la embocadura de Basordas (Lemoniz-Arminza), a solamente tres kilómetros de este centro veraniego.

En un consenso general, participando asociaciones de barriada, centros culturales, deportivos, profesionales y toda la gama de entidades que actúan en la vida pública bizkaina, y en número que sobrepasó de ochenta agrupaciones, lograron una concentración evaluada en más de treinta mil personas.

Abrían la marcha dos preciosas y hermosas ikurriñas, estandarte de la personalidad y nacionalidad vasca, amén de una serie de pancartas, en euzkera y castellano, donde se marcaba el NO terminante del pueblo vasco a la construcción de dichas centrales.

Radio Euzkadi mantuvo en distintas oportunidades una firme campaña en contra de esta atrocidad que suponía la puesta en marcha de los intereses mezquinos de Iberduero, ahíta de aumentar sus millonarias arcas, no importándole un ardite que se jugase con el futuro y la salud de los pobladores de las zonas limítrofes a tales peligrosos lugares".

15/05/1969:

"Escuchan seguidamente nuestra charla titulada "Los ayuntamientos franquistas". Antonio Álvarez Solís escribe en "La Vanguardia" de Barcelona sobre los sucesos de Vigo: La detención de un teniente de alcalde de Vigo y la inspección que se está llevando a cabo en aquel Ayuntamiento han obtenido un amplio eco en toda España y un innegable éxito de público. Un lector muy amable ha llegado a decirnos que él se siente reconfortado al ver que un concejal -al que, por otra parte, él y nosotros respetamos personalmente-, resulta una persona que puede ser tratada como todas las demás. "Usted no sabe lo que anima esta comprobación" nos dijo.

Lo subyugante del caso radica, además, en que este discreto barullo -modesto, al fin y al cabo- lo han promovido otros miembros de la corporación, lo que indica cómo en el seno de la Administración empiezan a darse, al menos en cierto sentido y con un alcance determinado, posiciones diversas de cara al público. La verdad es, sin embargo, que esta variedad posicional resulta por ahora muy humilde"

Fragmentos del programa dedicado a Robert Kennedy (08/06/1968)

Anexos

Hoy vamos a dedicar nuestro programa a la memoria de Robert Kennedy, goyan bego. Lo hacemos con un breve reportaje de actualidad sobre el dolor de todo un pueblo desfilando ante la capilla ardiente, en la catedral de San Patricio de Nueva York. En nuestro boletín de noticias ofreceremos las últimas noticias sobre el entierro del senador Robert Kennedy, realizado esta tarde en el cementerio nacional de Arlington, Washigton.
(...)

A Robert Kennedy lo lloran todos los pueblos del mundo. Lo llora su propio pueblo, el pueblo de Washington, el pueblo de Jefferson, el pueblo de Lincoln, el pueblo de Roosvelt, el pueblo de John Kennedy.

Lo llora el pueblo negro de los Estados Unidos, el pueblo de lo ghettos de Alabama y de Georgia, el pueblo de los discriminados y de los marginados por el odio racial.

Lo lloran los pueblos latinos de América, que veían en él una clara esperanza de ayuda sin dominación, de colaboración sin coacciones, de alianza sin intereses sórdidos.
(...)

Le lloramos los vascos que compartíamos con él la esperanza de un mundo mejor en el que cada hombre fuera un hombre libre -cualquiera fuera el color de su piel- y en que cada pueblo ocupara el lugar que le corresponde en el concierto de las naciones.

Euskadi llora a un intrépido gudari de la libertad.

Anexo 16: Código diseñado para el Aberri Eguna celebrado en Vitoria-Gasteiz en 1966. Radio Euzkadi (Venezuela)

Mucha policía en carreteras – POLIRUT
Vehículos detenidos en las carreteras – VAGORUT
Prohibición de extender billetes en estaciones – BILLETREN
Impiden tomar autobús con destino a Gasteiz a la gente – BUSTOP
Recogen documentos de identidad en los puestos de control – IDENTOP
Detenidos algunos (menos de 50 personas) – PRIVATAK
Detenidos por centenas – PRIVABOR
Ningún detenido que se sepa – PRIVANOT
Nota publicadas por los gobernadores incitando a no asistir – PRENSATIK
Octavillas de despiste del régimen a última hora – NOTARAKA
La policía dio mal trato a los manifestantes – POLIATAK
Las carreteras quedaron abiertas. Se llegó fácil a Gasteiz – ERRAZBIDE
La policía pareció estar desbordada – POLINEKA
Muchos lograron llegar a Gasteiz a pesar del bloqueo – POPULO
La mayoría llegaron de víspera – VESPEREZ
La mayoría entraron a pie dejando los vehículos – OÑEZKO
Manifestación populosa y en silencio en Gasteiz – DANOKEY
Menos de 5.000 – GUTIGUTI
De 5 a 10.000 – GUTIEZ
De 10 a 20.000 – ASKOTXO
De 20 a 40.000 – ASKOASKO
Más de 40.000 – ASKOBETI

Anexos

Manifestación tumultuosa, carga de policías, desórdenes – ZIRRINDA

Manifestantes provienen también de allende el Pirineo – ARUNTIK

Se celebra el A.E. sobre las carreteras, donde están los bloqueos – ERROMERI

Alegría de los manifestantes es grande y notable – POZIKAN

Cunde la decepción en algunos grupos por no poder alcanzar – GAINBERA

Contramanifestación de elementos provocadores afectos al régimen – ZARATARI

Celebración de Irún-Hendaya resta público notoriamente a Gasteiz – IRÚN-HENDAIA-INGURU

Gasteiz – GUREA

Tenemos fotografías que os enviaremos en seguida – FOTOPAK

No se pudieron obtener buenas fotos – FOTOEZIN

La policía decomisó rollo de fotos – FOTOKIYA

Sigue carta aérea – IDAZLANA

Mañana a la misma hora otro cable – BIARARTE".

Anexo 17: Textos del último programa de Radio Euzkadi (Venezuela). 30/04/1977

Nº 1:

"Radio Euzkadi inicia este programa de hoy con un agur eta gero arte, que repetiremos al final del programa. Por tercera vez Radio Euzkadi deja de estar en el aire en los últimos cuarenta años. Desde Radio Euzkadi en Bilbao el presidente Agirre denunció al mundo la atrocidad y el genocidio de Gernika. Radio Euzkadi enmudeció ese mismo año de 1937 cuando Franco logró dar cumplimiento a la amenaza que su compañero de armas y de maldad, general Mola, lanzó sobre Bizkaia: Vascos, rendios o de lo contrario arrasaré Bizkaia.

Quince años después, reponiéndose de tanto castigo, salimos al aire en Radio Euzkadi para dar fe de nuestra terca decisión de querer seguir viviendo como hombres y como vascos. La persecución española nos alcanzó en tierras ajenas y tuvimos que volver a callar nuestro voz de resistencia. Euskadi entró en la larga y penosa lucha de la rehabilitación de la convalecencia y de la preparación para la misma batalla de la libertad.

Hace once años plantamos la bandera de Radio Euzkadi en los aires del mundo y hemos dado fe, día adía, años tras años, de nuestra voluntad de vivir libres el pueblo vasco y su tierra.

Hoy dejamos de salir al aire porque hemos de preparar nuestra aparición en nuestra tierra con la libertad. Desde

Anexos

Radio Euzkadi enviamos con el calor de nuestros corazones y el eco de nuestras inmensas esperanzas un recuerdo para los vascos que han caído en la lucha por Euzkadi, para los que han sufrido por su causa, para los vascos y todos los demás ciudadanos del mundo que nos han acompañado con su paciencia de escucha.

No podrán despedirlos nuestros compañeros de equipo que entregaron su labor y su alma: Txomin, Mikel, Atxa, Rezola, Mendi. Sí estamos presentes aunque dispersos por el mundo los Alberto, Jokin, José Joaquín, Ixaka, Félix, Gernika, José Luis, Iñaki Elgue, Félix, Julián, Ugalde, Ricardo, Iñaki Aretxa, Iñaki Erko, Iñaki, Patxi, Guillermo, José Ekaitz, Azkon, Orreaga, Arrizabalaga, Manuel, Pello, Felixín, Garbiñe, Maite, Jesús, Iñaki Gazti, Maite Gari, Mirentxu, Otamendi, Luis José, Kepa, Jon Mikel, Juan Mari, Iñaki Landa, Miguel, Andoni, Domeka, Paulín, Josu, Paul, Bingen, Tommy, Joseba, Zugarra, Julián Atxur, Jongo, Txomin Bizca, Santi, Iturralde, Juantxo, Elizalde, José Ignacio, Iñaki Zubi. Estos y otros son los nombres de los vascos que viven y sienten el pálpito del alma vasca en su eterna lucha por un ideal humano, el de la libertad.
Aquí Radio Euzkadi. Hemen Euzkadi Irratia"

Nº 2:

"Eusko Irratiak dakarki gaur bere entzuleentzako agur luze bat eta gero arte labur bat. Hirugarren aldiz Eusko Irratiak ixiltzen du bere abotza. Lehen, guda denboran, orain dala hogeitamar irte ixildu ginan euskotarrak bakardadean geudelarik. Eusko lurra arerioen menpean gelditu zan osorik eta gure herria eta aberria hil zorian. Geroago arnasa hartu eta berriz aurrera jo genduan Eusko Irratiarekin. Hainbeste arerioek, Espainiakoak bai kanpokoak, lortu zuten gu berriz ixiltzea. Hirugarrenez, orain dala hamar bat urte, egian esan hamaika urte, hasi ginan berriz Eusko Irratitik gure herriari, Euskal Herriari, Euskadiri, eta mundu zabalari agur luze eta maitakorra ematen. Hamaika urte iraun ditugu gure abotsa egunero oihutuaz. Munduak badaki gure izakera. Aldizkarietan eta teknikoen haremanetan agertu gera, behin eta berriz, beti zutik eta erne, Euskaldun Herria bezela. Euskaldun izate nahiaren ikurriña aztindu degu egunero Eusko Irratian, egunero eta urtez urte. Gure gazteekin ibili gera ikurriña elizdorrean edo mendi gainean jartzen, edo kale erdian ere bai; gure gazteekin ibili gera mendietan bihotz alaiez aberriari kantatzen; gure gazteekin ibili gera kale barrenean askatasuna eskatzen, gobernuaren aurka eta herriaren alde; gure gazteekin ibili gera txapel oker eta txakurrak madarikatzen.

Euskadi Irratian egon gera gure emakumeekin negarrak ixurtzen, amaren, arrebaren, emaztearen eta andregaiaren negarrak. Min hartu degu Euskal Irratian gure euskaldun sendiaren sufrimenduarekin. Bainan txoriñoak bezala ibili gera herriz herri: Bilbon, Lekeition, Gernikan, Bermion, Gasteizen, Estellan, Iruñan, Tolosan, Donostian, Donibanen eta Maulen.

Itxaropenez beteak primaberako edo udaberriko haizeak onartuz negu gogorraren illunak eta hotzak urruinatuaz. Zenbat eta zenbat itxoin egin izan behar dugu agure zahar madarikatu horren alde egiteagatik. Gazteekin abeztu degu

"Nola, nola, laister eroriko dan". Eta azkenean Franco erori da baita ere berarekin eraman deabruaren gaiztakeriak.

Gaur Euskadi Irratiak ixiltzen du bere abotsa, Erresistentziko Deia. Izkutuan bizi izandu gera hamaika urte luze hauetan txoria bezela ehiztariaren eskopetaren urruti. Nahiko neke, lan, bildur pasatu ditugu Euskadigatik. Bainan ez degu galdu behin ere itxaropekin. Gaur hasiko gera asmatzen eta antolatzen Euskadi Irratia askatasunezko giroan entzuteko. Zor zaigu askatasunean bizitzea, askatasunean pentsatu eta hitz egitea.

Euskaldun lagunok, askatasun eguzkia basotik urten da, bere argia edonun arin zabaltzen da. Itxartu zaiz euskotarra. Noizian behin abestu degu irrati honetan euskal probintzietako alkartasunaren kantua. Hor dijoa berriz ahaztu ez dezagun beharrezkoa den alkartasuna:

Zazpi Euskal Herriek bat egin dezagun, guziok beti beti gaunden gu euskaldun. Agur eta ohore Euskal Herriari, Lapurdi, Baxe-Nabar, Zibero gainari, Bizkai, Gipuzko, Napar eta Arabari. Zazpiak bat besarka lot beitez elgarri, zazpiak bat besarka lot beitez elgarri.

Euskadi Irratiak esaten dio mundu zabalari: Agur eta gero arte. Aquí Radio Euzkadi. Hemen Euzkadi Irratia"

Nº 3:

NOTA: Éste es el texto que finalmente se emitió:

"Radio Euzkadi, la Voz de la Resistencia Vasca surgió al mundo libre de las ondas hertzianas, con un mensaje que ha estado vigente a lo largo de toda su proyección.

Con la verdad de los hechos, acusando directamente a los autores responsables de los padecimientos de nuestro pueblo. Ha sido un largo camino el recorrido.

Respaldadas por la Gran Verdad de nuestro lema, Radio Euzkadi, la Voz de la Resistencia Vasca, se ha mantenido en diaria sintonía. Hoy, cuando los momentos que discurren están señalando una perspectiva distinta a la de estos cuarenta años hacemos un alto en el camino. No arriamos ninguna bandera, máxime cuando la ikurriña, el pabellón nacional vasco, ondea a todo viento en el territorio de Euskadi.

Radio Euzkadi, la Voz de la Resistencia Vasca, se retira del aire con todos los honores en alto y esgrimiendo el estandarte del lema 'EUSKOTARREN ABERRIA EUSKADI DA. EUSKADI ES LA PATRIA DE LOS VASCOS".

NOTA: Éste es el texto íntegro:

"RADIO EUZKADI – LA VOZ DE LA RESISTENCIA VASCA, nació para cubrir una necesidad imperiosa en la problemática existente.

La represión brutal al pueblo vasco, por parte del poder centralista español, encarnado en la figura del dictador Franco y sus satélites, ameritaba la exposición al mundo entero, de la verdad de cuanto acontecía en el llamado imperio hispano.

La ocupación del territorio vasco y las medidas de persecución que se tornaban cada día más férreas, había que denunciarlas, para que se supiera a los cuatro vientos la realidad de los hechos, transfigurados por una prensa y medios de comunicación sometidos a censura y dictador personal.

Fueron muchas las circunstancias difíciles porque hubimos de atravesar hasta llegar a consolidar lo que había sido un sueño en primeras exposiciones, pero que analizándolas serenamente se vio que era una imperiosa necesidad de realizarlas.

RADIO EUZKADI – LA VOZ DE LA RESISTENCIA VASCA surgió al mundo libre de las ondas hertzianas, con un mensaje que ha estado vigente a lo largo de toda su proyección.

Con la verdad de los hechos, acusando directamente a los autores responsables de los padecimientos de nuestro pueblo, resaltando la serie ininterrumpida de vejaciones y crímenes que venían sosteniendo, denunciando al mundo libre y civilizado la transgresión a todos los Derechos Humanos, etc.

Ha sido un largo camino el recorrido dentro de las naturales vicisitudes y problemáticas de la clandestinidad.

Todas fueron superadas ya que por encima de pesares e inconvenientes, estaba la realidad palpable de que había que proseguir la lucha contra el invasor de la patria vasca.

Nuestras emisiones se fueron conociendo en todos los rincones de la tierra. Recibimos los primeros controles de escucha, que a la medida de los años han ido sumando miles y miles de tarjetas, a todas las cuales hemos sabido corresponder y agradecer. El historial de los radioescuchas de nuestras emisiones es riquísimo; en todos los idiomas y tópicos, en las más dispares latitudes del orbe. Y todo ello era un aliciente más a proseguir en nuestro afán.

La propagación de la Gran Verdad de RADIO EUZKADI – LA VOZ DE LA RESISTENCIA VASCA fue profundizándose en forma tal que ya constituía un peso negativo para la promoción falseada del sistema imperante en España.

Trataron a diversos niveles y medios de silenciarnos. Instalaron equipos de intercepción para que nuestras emisiones fueran anuladas, al menos en la propia Euskadi. Ha sido un acoso diario, que hemos sostenido por años.

Respaldados por la Gran Verdad de nuestro lema hemos seguido adelante, no importándonos sacrificios ni peligros. Y así RADIO EUZKADI – LA VOZ DE LA RESISTENCIA VASCA se ha mantenido en diaria sintonía.

Hoy, cuando los momentos que discurren están señalando una proyección y perspectiva distinta a la de estos cuarenta años transcurridos, llenos de oprobio y persecución, consideramos que ha llegado el momento de que RADIO EUZKADI – LA VOZ DE LA RESISTENCIA VASCA, aporte su granito en este despertar de un día nuevo, de una esperanza firme, de una realidad palpable.

Y hacemos un alto en nuestro camino. En esta fecha, 30 de abril de 1977, silenciamos nuestras emisiones diarias.

No arriamos ninguna bandera, máxime cuando ahora la ikurriña, el pabellón nacional vasco ondea a todo viento en el territorio de Euskadi.

Únicamente nos plegamos a la trayectoria actual, a la invitación a la concordia y fraternidad, a enfrentarnos en una perspectiva de respeto, de consideración y de reconocimiento de los Derechos Inalienables que como vascos exigimos.

Si las circunstancias nos llevan al camino de la hermosa realidad que todos anhelamos, saldremos al aire en nuestra propia Patria, pública y oficialmente.

Pero si esta nueva fase que se abre, resulta fallida y resurge de nuevo la persecución y violencia contra el Pueblo Vasco, pondremos en marcha nuestros transmisores y de nuevo saldremos a expandir la gran verdad de cuanto acontezca.

Guardamos una actitud de espera, con la esperanza de que se cumplan los ofrecimientos. De que todo se deslice por un camino de verdadera transición humana: de Respeto y de Diálogo, con una meta de Comprensión.

Y es en estos momentos en que nos disponemos a cerrar nuestras emisiones, que queremos enviar un cariñoso saludo a todos lo que años tras años, tanto en los confines de la Patria, como en el orbe entero, nos han venido sintonizando y comunicándose con nosotros, animándonos a seguir en la tarea.

A todos, nuestro Eskerrik asko – Muchas gracias.

RADIO EUZKADI – LA VOZ DE LA RESISTENCIA VASCA se retira del aire con todos los honores en alto y esgrimiendo el estandarte del lema EUSKOTARREN ABERRIA EUZKADI DA – EUZKADI ES LA PATRIA DE LOS VASCOS.

Anexos

Anexo 18: Introducción de "Notas para un estudio sobre Radio Euskadi (26 de diciembre de 1982)". Euskadi Irratia. Eusko Jaurlaritza. Kultura Saila

"Introducción:

a) Al finalizar el año 1982 Radio Euskadi es más un proyecto que una realidad. Falta la Emisora de Bilbao, en tanto que la de Vitoria está en fase de reajuste interno y sin incorporarse a la Sociedad Eusko Irratia. Por su parte, la emisora de San Sebastián, debido a razones de orden técnico y al difícil rodaje que necesita un personal no muy profesionalizado y con las consiguientes dificultades para realizar todas sus emisiones en euskera, se limita a emitir durante ciertas horas del día unos programas musicales y algunos breves noticiarios.

b) Hay un presupuesto que, en las condiciones actuales, debe ser considerado apto solamente para una primera etapa de montaje e instalación pero no de funcionamiento normal.

c) Las previsiones efectuadas sobre personal de plantilla deben considerarse sujetas a modificaciones en la medida en que el funcionamiento y desarrollo de la Sociedad lo exijan.

d) Es necesaria una amplia consulta, al más alto nivel, sobre la importancia, magnitud y funciones que se puedan atribuir a Radio Euskadi y los medios de que se le quiera dotar conforme a un proyecto real.

e) Radio Euskadi está llamada a desempeñar una función muy peculiar debido a las características socioculturales, geográficas y políticas del País. Ya "a priori" puede afirmarse que su desarrollo no coincidirá ni con las grandes Emisoras nacionales-estatales ni con las regionales-locales. Por ello, habrá que efectuar una profunda y constante reflexión sobre la naturaleza, personalidad y desarrollo de este medio que, sin duda, puede ser de la máxima importancia para la vida pública del País Vasco.

f) En este sentido, parece necesario establecer ciertos períodos que, gradualmente, permitan desarrollar un plan escalonado partiendo inicialmente de una posible incertidumbre pero avanzando luego por etapas bien medidas y precisas hacia un objetivo claro.

g) Insistiendo en este planteamiento hay que admitir, ya ahora, la conveniencia de que la actual etapa sea considerada como provisional a todos los efectos, incluido el del presupuesto, y tomar en cambio muy en serio una labor de consulta, estudio tanto al más alto nivel, en los cuadros directivos, como en el personal mismo de cada centro de producción de programas".

Anexo 19: Informe titulado "Eusko Irratia". Durango, 29/07/1983. (pp. 1-3 de 10)

"EUSKO IRRATIA (29 julio 1983)

El plan general de Eusko Irratia-Radiodifusión Vasca no ha sido desarrollado en su totalidad a lo largo de los meses transcurridos desde la inauguración de sus emisiones en San Sebastián el 10 de noviembre de 1982, y en Bilbao el 31 de marzo de 1983. Pero la experiencia adquirida en estos meses permite diseñar con bastante precisión el futuro de cada uno de los centros de producción de programas (Bilbao, Vitoria, San Sebastián) con su diferente personalidad y con sus posibilidades de colaboración mutua.

Con el trascurso del tiempo se agudiza la necesidad de iniciar con paso firme una nueva etapa con nuevos objetivos bien definidos, con mayores recursos y con una presentación de carácter público ante la opinión pública que le permita darse a conocer y ganarse el interés de una audiencia más extensa.

Durante el año 1983, Eusko Irratia ha celebrado tres concursos públicos (el primero los días 17 y 19 de enero, el segundo los días 21 y 22 de marzo, y el tercero el 26 de julio) que le han permitido completar sus plantillas de 25 personas para cada uno de los centros de producción y emisión.

El equipamiento técnico de los estudios de San Sebastián puede considerarse ya terminado, mientras que en Vitoria y

Bilbao se están ultimando las instalaciones que faltaban o que debían mejorarse. Se ha hecho un examen detallado de otras necesidades técnicas no previstas en el primer presupuesto y que serán cubiertas en breve plazo.

Los directivos de Eusko Irratia mantienen reuniones con periodicidad semanal, y se han celebrado reuniones más amplias con la participación de los responsables de los diferentes departamentos de las Emisoras.

ESTRUCTURA TÉCNICA

Para entender la complejidad y las posibilidades de Eusko Irratia es preciso recordar que el plan general comprende dos redes completas (en FM y Estéreo) que, con una cobertura prácticamente total en la Comunidad Autónoma Vasca ofrece dos programas diferentes, más un centro de emisión y producción de difusión local y provincial para Vitoria y Álava.

La red está prácticamente terminada a falta de la puesta en marcha del repetidor de Arrate (prevista para la próxima semana) y de la ubicación definitiva del repetidor del Puerto de la Herrera situado actualmente en una caseta provisional.

No se ha efectuado todavía una comprobación precisa y completa sobre el alcance, volumen y calidad de señal en todo el territorio. Es posible que haya que ampliar la red de repetidores situando alguno más en cierta zona de sombra que, al parecer, se ha detectado en la costa vizcaína.

Anexos

En algunos puntos, y en particular en Bilbao y San Sebastián, la señal de Radio Euskadi es inferior, en volumen, a la de otras Emisoras. Pero ello no debe atribuirse tanto a una deficiencia de nuestra red y equipamiento cuanto a una abusiva utilización de potencias superiores a las autorizadas que, en los últimos años, se ha ido produciendo en las Emisoras privadas.

Según informes facilitados por algunos expertos a los que se ha acudido no parece viable ni útil un aumento de la potencia de Radio Vitoria en Onda Media a causa de las particulares características del Canal de Baja Frecuencia en que actualmente emite. La única solución realmente satisfactoria consistiría en instalar una nueva Emisora con otra frecuencia y con la potencia que permitiera abarcar toda la Comunidad Autónoma Vasca. El carácter institucional público de Radio Euskadi, las posibilidades que ofrece la actual distribución de frecuencias y potencias, la tolerancia que se ha observado con determinadas Emisoras, y la inadmisible reducción del alcance de Radio Vitoria a las limitaciones del Canal de Baja Frecuencia en 1979, parecen constituir argumentos sólidos para una decidida actuación ante el Gobierno Central de Madrid en orden a obtener para la Comunidad Autónoma Vasca una potente Emisora de Onda Media. Tal logro redundaría, además, en un desarrollo más claro y técnicamente más compelto del plan general de emisoras y programas de Eusko Irratia.

Anexo 20: Esquema de programación. Informe sin título sobre programación de Eusko Irratia (s/l, s/f)

ESQUEMA DE PROGRAMACIÓN (Lunes a viernes)

7'00-9'00	Informativo matinal	Inform.
9'00-9'30	Radio Euskadi hoy	"
9'30-11'30	Variedades	Heterog.
11'30-12'00	Intérpretes famosos	Musical
12'00-12'30	Comunicados. Actos del día	Heterog.
12'30-13'00	Concurso	"
13'00-13'30	Kirolak – Deportes	Inform.
13'30-14'00	Informativos	"
14'00-14'30	Concierto	Mus. cult.
14'30-15'30	Actualidad musical	Musical
15'30-16'30	Literario musical	Cultural
16'30-18'30	Panorámica de la música ligera	Musical
18'30-19'00	La música de Euskadi	Mus. cult.
19'00-20'00	"Arratsalde on"	Cult.
20'00-20'30	Informativo	Inform.
20'30-21'00	"Tertulia giroan"	Cult.
21'00-21'30	"Hitzez hitz"	Cult.
21'30-22'00	Kirolak – Deportes	Inform.
22'00-22'30	"Los clásicos"	Mus. cult.
22'30-23'30	"Rock musika"	Musical

Boletines informativos: 10'00, 11'00 y 16'00.

ESQUEMA DE PROGRAMACIÓN (Sábado)

8'00-9'00	Informativo matinal	Inform.
9'00-9'30	Radio Euskadi hoy	Inform.

9'30-10'00	Musical	Musical
10'00-11'00	Infantil	Cult.
11'00-12'00	Variedades	Heter.
12'00-13'00	Fin de semana	Inform.
13'00-14'00	Informativo	"
14'00-15'00	Kirolak – Deportes	"
15'00-16'00	Jazz	Mus. cult.
16'00-19'00	Tiempo libre	Heter.
19'00-22'00	Música actual vasca	Musical
22'00-22'15	Informativo	Inform.
22'15-23'00	Kirolak - Deportes	"

ESQUEMA DE PROGRAMACIÓN (Domingo)

8'00-10'00	Hoy domingo	Inform.
10'00-11'00	Retransmisión de la misa	Relig.
11'00-14'00	Domingo en directo	Heter.
14'00-14'15	Informativo	Inform.
14'15-14'30	Kirolak - Deportes	"
14'30-15'30	Trikitixa	Musical
15'30-16'30	Concierto	Mus. cult.
16'30-19'00	Deportes I	nform.
19'00-20'30	Música	Musical
20'30-21'00	Literario	Cult.
21'00-21'15	Informativo	Inform.
21'15-22'00	Kirolak - Deportes	"
22'00-23'00	Musical	Musical

Anexo 21: Informe titulado "Actuación Radio Euskadi Bilbao Semana 26 Agosto – 4 Setiembre"

El viernes 26 de Agosto, RADIO EUSKADI en Bilbao obtuvo las primeras noticias en torno a las inundaciones a lo largo de la mañana. No eran noticias concretas en cuanto al volumen de la tragedia y además tenían a Guipúzcoa como zona de procedencia. En Vizcaya, en donde llevaba lloviendo desde hacía una semana incesantemente, era día festivo, por lo cual en la emisora se encontraban únicamente las personas "de guardia".

Hacia las 5.00 de la tarde, se habían venido anunciando e informando con profusión las riadas guipuzcoanas. A las 7.00 de la tarde el edificio en el que se encuentra enclavado RADIO EUSKADI en Bilbao se queda sin luz y con los teléfonos en mal estado. Desde ese momento y disponiendo únicamente de un teléfono en perfecto funcionamiento, se emite a través del programa de RADIO EUSKADI en Donostia en base a las informaciones que por otro teléfono -en mal estado- se obtienen de CRUZ ROJA, BOMBEROS, ERTZAINA [sic] y GOBIERNO CIVIL. A las 21.00 horas RADIO EUSKADI en Bilbao se queda sin teléfono, por lo cual se opta por acudir al Gobierno Civil y desde allí informar al programa de Radio Euskadi en Donosti; a tal efecto dos personas de la plantilla permanecieron desde ese momento y hasta las 3.30 del sábado en conexión continua con Donosti desde el Gobierno Civil. RADIO EUSKADI permaneció, pese a cortar sus emisiones a dicha hora, en el Gobierno Civil, con motivo de la llegada del Lehendakari.

El sábado 27, el edificio sede de la emisora carecía de luz y teléfono y del que se disponía en el Gobierno Civil deja de funcionar, al igual que el resto de teléfonos de dicho Gobierno Civil, a excepción de uno que era de uso obligado para todas las autoridades allí presentes. Pese a ello, el programa de San Sebastián -emitiendo ya en castellano- contó con unas cinco o seis intervenciones de la redacción bilbaína a través del teléfono, con datos obtenidos en el Gobierno Civil. A las 19.30 horas con energía cedida por el Hotel Villa Bilbao y sin teléfono, se vuelve a emitir. A partir de entonces se trabaja en base a dos redactores situados en el Gobierno Civil, otros dos en la Unidad Móvil, recorriendo desde el Valle de Asúa hasta Galdácano, y un locutor en estudios que va suministrando continuamente información y avisos. RADIO EUSKADI emitió a lo largo de toda la noche, con tema monográfico y siendo la única emisora en funcionamiento.

El domingo 28 de Agosto, se racionaliza el esquema, aún continuando con las fuentes informativas del Gobierno Civil y Unidad Móvil. El tema inundaciones fue el único tratado, con avisos e informaciones de forma más organizada que la que pudiera dar el orden de su llegada. A las 15.30, ante la falta de gas-oil en Ganeta, RADIO EUSKADI en Bilbao se queda sin emisión pasando su redacción a trabajar para el programa euskaldun hasta las 12 de la noche, hora en que la información se ralentizaba hasta el punto de desaparecer y considerando que la mayor parte del escaso personal se encontraba sin haber descansado desde el jueves.

El lunes 29, Bilbao no podía emitir y lo siguió haciendo a través del programa de RADIO EUSKADI en Donostia. A las 15.00 horas se restaura la emisión pero con tan solo 100 watios, con lo cual la zona de escucha en ningún caso sería superior al Gran Bilbao. Hasta el 4 de Setiembre RADIO EUSKADI en Bilbao mantuvo una programación desde las 7.00 hasta las 24.00 horas íntegramente dedicada al tema de las inundaciones. Sus informativos horarios, se veían ampliados con programas informativos especiales a las 8.00 de la mañana, 14.00, 20.00, 22.00 y 23.00 horas. El espíritu que animaba tales emisiones era el de dar cauce a toda la información que las instituciones querían hacer llegar a la población, huyendo de alardes "publicitarios" para la emisora.

RADIO EUSKADI a lo largo de toda esa semana transmitió en directo las ruedas de prensa diarios que miembros del Gobierno Vasco concedían en sus instalaciones de Gran Vía, y minuto a minuto fue transmitiendo toda la información que hasta la redacción llegaba.

A partir del 4 de Setiembre, la programación se normaliza, aunque se abrieron espacios que se dedicaban especialmente a tratar "las ayudas a damnificados", "avisos y notas de interés", al tiempo que en los informativos y programas de variedades, los temas tratados giraban una y otra vez sobre las inundaciones.

Anexos

Anexo 22: Anuncio de "El cocidito madriñelo" y "Más que palabras" (2007)

Anexo 23: Comunicado de la dirección de EITB

EITBko Zuzendaritzak gaitzespen gogorrena erakutsi nahi du bere emanaldiak isildu arazi nahirik Bilboko egoitza nagusiaren kontra bonba-auto bidez burutu den erasoa dela eta.

EITBko Zuzendaritzak elkartasuna adierazi nahi die egoitza berean lan egiten duten beste enpresa guztiei leherketak eragindako kalte materialak direla eta. Horrez gain, bat egiten du garraioaren etenaldiak eragindako kaltea jasan behar izan duten herritar guztiekin.

EITB-k konpromezu etikoa du askatasunarekin, pluraltasunarekin eta giza-eskubideekin, batik bat giza-bizitzaren defentsarekin eta honebestez, konpromezu horri eutsiz jarraituko du aurrerantzean ere euskal gizartea informatzen.

La Dirección de EiTB quiere hacer pública su más firme condena ante el atentado mediante coche bomba perpetrado contra la sede de Bilbao, con el fin de silenciar nuetsras emisiones.

La Dirección de EITB muestra su solidaridad hacia todas aquellas empresas con las que comparte el edificio de Bilbao y que han sufrido grandes daños materiales como consecuencia de la explosión. Así mismo se solidariza con todos los ciudadanos que han padecido las consecuencias de este atentado en el transporte público y privado.

EITB se reafirma en su compromiso ético con los derechos humanos, especialmente el derecho a la vida, con las libertades, el derecho a la información y con la pluralidad existente en nuestra sociedad, compromiso que mantendrá en el futuro en su labor de informar a la sociedad vasca.

FUENTES Y BIBLIOGRAFÍA

Fuentes

En el Archivo Histórico del Nacionalismo Vasco de la Fundación Sabino Arana se han consultado los siguientes fondos: Fondo EBB (Euzkadi Buru Batzar), Fondo GE (Gobierno de Euzkadi), Fondo EgiVenezuela, Fondo Rezola y Fondo Irujo.

Bibliografía

ANASAGASTI, Iñaki, "Ajuriaguerra y Garaikoetxea en Macuto", en http://ianasagasti.blogs.com/mi_blog/2008/03/ajuriaguerra-y.html.
ARRIETA, Leyre; RODRÍGUEZ RANZ, José Antonio, *Radio Euskadi, la Voz de la Libertad*, Fundación Sabino Arana, Bilbao, 1998.
BELOKI, Julián, "Irratia", en *Euskal Herri Enblematikoa. Prentsa, Irrati eta Telebista*. Etor-Ostoa, Bilbao, 2003, pp. 88-151.
BUJANDA, Gerardo, *"Jon de Igeldo". Corresponsal clandestino de Radio Euzkadi*, Fundación Sabino Arana, Bilbao, 2003.
DÍAZ NOCI, Javier, *Historia del periodismo vasco (1600-2010)*, Mediatika. Cuadernos de medios de comunicación, Donostia, 2012.

GOIGANA MENDIGUREN, Iñaki, "La radiodifusión vasca durante la guerra civil", 2006.

GUTIERREZ, Arantza, *Euskal Irratigintzaren historia*, Udako Euskal Unibertsitatea, Bilbo, 2002.

INZA, Jokin, *Hombre libre sin patria libre. Memorias desde la Resistencia vasca (1936-1980)*, Fundación Sabino Arana, Bilbao, 2006.

OTERMIN, José Mari; DÍEZ UNZUETA, José Ramón, *Crónica de vuelo. EITB 1982-2007*, EITB, Bilbao, 2007.

PEÑAFIEL SÁIZ, Carmen, *Las radios autonómicas y transformaciones de la radio entre 1980-1990*, tesis doctoral, Euskal Herriko Unibertsitatea, 1994.

SANTOS DÍEZ, María Teresa, *La radio vasca (1978-1998)*, Euskal Herriko Unibertsitatea, 1999.

VVAA, *Espetxean. Semilla de Libertad*, Fundación Sabino Arana, Bilbao, 1998.

ÍNDICE ONOMÁSTICO

Abad, Primitivo, 55, 56, 63, 76, 91, 92, 174
Abando, Julen, 174, 182
Abando, Kepa, 88
Abasolo, José, 165, 173
Agesta, Ramón, 89
Agirre, Jose Antonio, 30, 31, 35, 42, 46, 47, 49, 61, 62, 73, 76, 79, 88, 90, 100, 113, 115, 120, 121, 122, 123, 126, 133, 134, 135, 179, 201, 209, 210, 352, 353, 361, 366
Agirre, Paul, 165, 194
Aguirre de Cárcer, Roberto, 79
Aizpurua, Esther, 277
Aizpurua, Jon, 272, 275, 277
Ajuria, Peru, 20, 165, 175, 193, 195
Ajuriaguerra, Juan, 89, 155, 163, 210, 411
Álava, Luis, 55
Albeniz, José, 39
Albizu, Patxi, 165
Aldai, Nikolas, 272, 275

Aldamin, José, 89
Aldasoro, Ramón María, 30, 89
Alduntzin, Itziar, 291
Alkain, Anjel, 278
Alonso, Patxi, 302, 311, 322
Alonso, Pepito, 196
Altube, Seberi, 118
Álvarez. Antonio, 384
Álvarez. Dani, 317, 326, 327
Amadoz, Bingen, 301
Ametzaga, Arantzazu, 14, 20
Ametzaga, Bingen, 165
Amezkua, Julián, 165
Amilibia, Juan, 173
Amilibia, Luis, 196
Amunarriz, Xabier, 83
Añabeitia, Benito, 63, 65, 67, 75, 82, 83
Anasagasti, Iñaki, 20, 21, 126, 156, 163, 165, 166, 169, 170, 176, 193, 210
Andonegi, Itziar, 23

Andonegi, Tommy, 191
Angulo, Lucio, 287
Apaolaza, Mikel, 291
Apuleyo Mendoza, Plinio, 168
Arana, Sabino, 18, 106, 131, 142, 177, 202, 205, 209, 307, 411
Aranburu, Antton, 272, 275
Aranburu, Joselu, 272
Aranguren, Feliciano, 165
Aranzabal, Luis, 89
Arbide, Herminia, 301, 311
Arcega, Pepe, 287
Arcusa, Ramón, 196
Ardanza, Cristina, 291
Ardanza, José Antonio, 302
Areizaga, Andoni, 252, 259, 299, 302
Aretxabaleta, Iñaki, 165, 194, 197, 210
Aretxabaleta, Lucio, 159, 178
Argoitia, Andoni, 196
Arias Navarro, Carlos, 241
Arizala, Dani, 291
Arkarazo, Iñaki, 276
Arocena, E., 41
Arozena, Pruden, 159

Arregi, Ricardo, 273
Arregui, Ignacio, 20, 251, 252, 253, 254, 258, 267, 268, 283, 295, 297, 299, 300, 301, 302, 303, 310, 313
Arriaga, Joseba, 146, 165
Arrizabalaga, Kepa, 173, 389
Arrizabalaga, Perico, 173
Arronategui, Eusebio, 44
Arruti, Joseba, 308
Arteaga, Txaro, 267
Artetxe, Jesús, 277
Artetxe, José, 173
Artola, Maite, 277
Artola, Txomin, 272
Arzelus, Ander, 66, 83, 84, 116, 119, 359, 360
Ascenzo, Miguel, 285
Astigarrabia, Juan, 30
Astigarraga, Andoni, 37
Astilarra. See
  Astigarraga, Andoni
Atutxa, Ixaka, 14, 145, 160, 163, 165, 166, 171, 177, 178, 206
Atxa, Isaías, 146, 165, 389
Atxa, José Luis, 165

Índice onomástico

Atxaga, Bernardo, 278, 319
Atxondo, Ramón, 89, 142, 177
Atxurra, Julián, 165, 172
Azkue, Josune, 272
Azkue, Ramón, 37
Aznar, Santiago, 30, 319
Azpiazu, Iñaki, 173
Azurmendi, José Félix, 306, 318, 319, 320
Azurza, Joaquín, 70, 80, 82, 84, 141, 142, 143, 144, 147, 149, 150, 153, 155, 156, 159, 165, 166, 167, 169, 175, 180, 182, 252, 318
Azurza, Koldo, 159, 160
Azurza, Ramón, 174
Baños, Juan José, 321
Barandiaran, José Miguel, 118
Barquín, Lutxi, 272
Barrena, Sabin, 132, 133, 134, 179
Barrenetxea, José María, 174, 182
Barriola, Balbino, 66, 83, 91, 92
Barriola, Izaskun, 272, 275, 276
Basaldua, Pedro, 173

Behobide, Iñaki, 272
Beitia, Pedro, 173
Belausteguigoitia, Francisco, 40, 41
Beldarrain, Padre, 173
Beloki, José Ramón, 256, 267
Beloki, Joseba, 286
Beloki, Julián, 20, 268, 270, 271, 272, 273, 275, 279, 294, 307
Beloki, Tere, 277
Berazategi, Iñaki, 298, 301, 318
Bergara, Iñaki, 286
Bernabei, Ettore, 138, 139
Berriozabal, Felix, 165
Betancourt, Romulo, 132
Betelu, Imanol, 83
Biagi, Federico, 138
Bidault, George, 58, 61, 79
Biskarret, Txomin, 165
Bizkarra, Iñaki, 283
Blasco, Roge, 320, 324, 325, 327
Bolinaga, Aintzane, 325
Borderas, Ana, 288
Borthaire, Jean, 196
Briceño, Miguel, 146, 165
Brizuela, Txus, 287

Brouard, Santiago, 244
Buesa, Fernando, 319
Bujanda, Gerardo, 173, 174, 193, 195
Caballero, Eva, 20, 327
Cabeza, Pablo, 291, 311
Cacho, Almudena, 302, 317, 320, 325, 326
Caldera, Rafael, 163
Callén, Juan, 33, 35, 40
Cameno, Javier, 283
Camino, Iñigo, 17, 20, 307, 308, 319, 320
Camio, Mikel, 301, 310, 311
Campo Vidal, Manuel, 304
Capetillo, Txema, 287
Carranza, Carlos P., 173
Carrasco, León, 26
Caruso, Enrico, 64
Castañero, Jontxu, 165, 172
Castilla, Manu, 20
Castro, Fidel, 158
Ceberio, Iñigo, 322, 323
Cerrato, Jorge, 301, 311, 322
Cervera, Vicente, 165
Chico, Ventura, 165
Ciarrusta, Mertxe, 301
Ciaurriz, Doroteo, 84
Cid, Almudena, 286

Cobas, María Ángeles, 283, 284
Cobo, Judit, 283
Comas, Manuel, 287
Companys, Lluis, 209
Consalvi, Alberto, 158, 159
Crespo, Paco, 321
Crespo, Salvador, 286
de la Torre, Eliodoro, 30, 47
de la Viuda, Luis Angel, 274, 275
de los Toyos, Juan, 30, 31, 35, 46, 49
del Val, Mari, 283
del Val, Nicolás, 317
Diez Urrestarazu, Rosa, 277, 278
Díez, Blanca, 20, 296
Díez, Jose Ramón, 288
Díez, José Ramón, 250, 253, 283, 289, 301, 304
Díez, Maritxu, 286
Durán, Benito, 286
Durañona, Iñaki, 20, 61, 66, 83, 85, 92, 93
Durañona, José Antonio, 60, 62
Echegaray, Bonifacio, 44
Echeverria Novoa, José, 26
Egiluz, Andima, 63, 83

Índice onomástico

Eizmendi, Iñaki, 33, 276, 311
Eizmendi, Inma, 20, 272
Eleizalde, Iñaki, 89
Eleizalde, José, 165, 172, 178
Elejabarrieta, Patxu, 299, 301, 310, 317
Elguezabal, Iñaki, 141, 143, 144, 146, 147, 149, 150, 153, 165, 166, 167
Elorriaga, Maite, 21
Elortza, Iñaki, 272, 275
Elosegi, Alberto, 137, 140, 144, 146, 147, 149, 150, 151, 158, 159, 164, 165, 166, 167, 168, 169, 171, 175, 185, 188, 190, 191, 193, 199, 201, 208
Erdozaicy-Etchart, Jean, 89
Ereña de Oregui, Joseba Andoni, 175, 182
Erezuma, Eli, 301
Erkoreka, Endika, 134
Erkoreka, Iñaki, 165
Errasti, Karmele, 88, 118
Errekatxo, Carmelo, 311

Espinosa, Alfredo, 30, 45
Espinosa, Pedro, 285
Estitxu, 196
Etxabe, José, 89
Etxaburu, Mikel, 161
Etxearte, Domeka, 165
Etxebarri, Jon, 298, 301, 318
Etxebarria, Jon, 301
Etxeberria, Elias, 86
Etxeberria, Josefina, 290, 291
Etxezarraga, Goio, 301
Etxezarraga, Jesús, 21, 299, 301, 310, 313
Etxezarreta, José María, 130
Etxezortu, Manu, 277
Ezeiza, Mertxe, 301, 311
Fagoaga, Carlos, 196
Fernández de Retana, Pedro, 285
Fernández, Juan, 286
Fiz, Martín, 286
Flores, Roberto, 285
Franco, Francisco, 51, 53, 54, 57, 58, 59, 69, 72, 73, 88, 100, 105, 113, 114, 118, 120, 123, 127, 136, 137, 150, 157, 159, 198, 208, 209, 239, 241,

[417]

242, 245, 343, 344,
  345, 347, 360, 362,
  378, 379, 388, 391, 392
Frutos, José María, 283
Gabirondo, Jesús Mari,
  272, 275, 276
Galdón, Eugenio, 281
Galíndez, Jesús, 88,
  109, 209, 210
Gallastegi, Jesús María,
  165, 197
Gandhi, Mahadma, 202
Garagorri, Arantxa, 272
Garai, Rebeka, 21
Garaialde, Iñaki, 287
Garaigordobil, Jon, 165
Garaikoetxea, Carlos,
  163, 209, 243, 244,
  245, 248, 249, 253,
  255, 299, 302, 303, 411
Garate, José María, 130
Garay, José Luis, 196
Garbajosa, Jorge, 287
Garbisu, Ambrosio, 89
García Larragán,
  Pedro, 320
García Márquez,
  Gabriel, 168
García Olano, Felix,
  305, 317
García Tola, Fernando,
  304
García, Eduardo, 324,
  325

García, Luis Jose, 143
García, Luis José, 143,
  165
García, Ramón, 304
Garitaonaindia, Maite,
  165
Garmendia, Edurne,
  291
Garrido, Profesor, 63,
  65, 68, 82
Gartzia, Joserra, 276
Gaztañaga, Patricia,
  304
Gianelli, Remo, 139
Giltzu, Paul, 117
Gogor, 196
Goikoetxea, Cristina,
  296
Goiogana, Iñaki, 427
Gómez, Jon, 20, 153,
  160, 163, 165, 170, 182
Gómez, Pedro, 283
Gómez, Txus, 301
Gondra, Angel, 89
Gonsálvez, Alberto,
  137
González de Galdeano,
  Alvaro e Igor, 286
González, Felipe, 244
González, Gregorio, 89
Gorordo, José María,
  302, 303, 304, 314, 315
Gorostarzu, R.A., 89
Gorriti, Imanol, 89

Índice onomástico

Gracia, Juan, 30
Güemes, Itxaso, 325
Guridi, Iñaki, 266
Gurrutxaga, Ildefonso, 173
Guruzeaga, Santiago, 165
Gutiérrez, José Ignacio, 301
Hardion, Bernard, 78, 80
Hearts, Patricia, 161
Hernández Peña, Francisco, 280
Hernández, Mario, 288
Hernando, Sonia, 307
Herranz, Agustín, 304, 315, 317
Ibarra Enziondo, Luis, 173
Ibarruri, Dolores, 54
Ibinagabeitia, Andima, 88
Iglesias, Juan, 89, 173
Ilarduya, Ana, 318
Iñigo, José María, 315
Iñurrieta, Xabier, 89
Inza, Jokin, 126, 129, 130, 131, 132, 133, 134, 135, 136, 141, 142, 143, 150, 158, 164, 165, 166, 167, 170, 171, 175, 176, 178, 179, 187
Irala, Anton, 62
Irastorza, Arantxa, 272, 275
Irazabal, Jesús, 165
Iribar, Kepa, 277
Iribe, Martín, 89
Irigoyen, Lucas, 285
Iriondo, José Mari, 316, 317
Iriondo, José María, 267, 269, 305, 306
Iriondo, Lurdes, 196, 382
Irizar, Peli, 89, 118, 134
Irujo, Manuel, 15, 26, 43, 45, 47, 86, 87, 89, 113, 114, 162, 163, 164, 173, 174, 411, 427
Irujo, Pello, 11, 14, 20, 165, 169
Irujo, Xabier, 14, 16
Isasi, Mikel, 140, 146, 149, 151, 156, 159, 174, 175, 182, 183, 193, 195
Ituarte, Jose, 302, 318, 322
Iturbe, Arantxa, 277, 278
Iturralde, Angel, 55
Iturralde, Joseba, 165, 197
Iturriza, Antton, 278
Iturriza, Xabier, 118

Jauregi, Idoia, 21, 313, 317
Jemein, Keperin, 88
Juan Carlos, Juan Carlos I, 241
Juaristi Aspiazu, Manuel, 173
Juaristi, Felipe, 278
Junkera, Kepa, 319
Kalzada, Arantxa, 277
Kamiruaga, Larraitz, 21
Kennedy, Robert, 209, 380, 381, 384, 385
Korta, Juan Antonio, 283
Kruzeta, Odile, 15, 16, 266, 270, 271, 279, 290, 308, 330
Labaien, Ramón, 249, 250, 251, 253, 254, 269
Labauria, José, 44
Labeguerie, Michel, 196
Laboa, Mikel, 196, 382
Lacambra, Blanca, 286
Lamarka, Jon, 271
Landa, Claudio, 290, 291
Landa, Iñaki, 165, 389
Landaburu, Francisco Javier, 60, 88, 109, 352, 353, 367
Lapitz, Xabier, 307, 320
Larrañaga, Eladi, 89
Larrañaga, Jon, 173
Larrazabal, Xabi, 277
Las Heras, Luis, 151
Lasarte, José María, 26, 62, 71, 76, 81, 87, 88, 90, 100, 427
Laskibar, Xabier, 272
Laso, Pablo, 286, 287
Latxaga, Juan Carlos, 321
Lauaxeta. See Urkiaga, Esteban
Lázaro, Idoia, 325
Lazkano, Lino, 55
Lebrancón, Pepe, 280
Leizaola, Jesús María, 30, 44, 89, 118, 133, 134, 140, 143, 151, 162, 173, 178, 179, 183, 207, 363, 380
Leizaola, Jon, 165
Leizaola, Maite, 137, 165
Leizaola, Xabier, 137, 146, 150, 158, 165, 166, 167, 169, 173, 185, 188, 190, 193, 206, 210
Lejarza, Iñigo, 290
Lejarza, Mikel, 253, 297, 299, 300, 301, 305, 310
Lekue, Kepa, 165, 166, 197
Lekuona, Juan, 267, 269
Lemona, Iñaki, 173

Índice onomástico

Lemona, Jon, 173
León, Pedro, 165
Lertxundi, Benito, 196
Letamendia, Patxi, 160
Lete, Xabier, 196
Letona, Marian, 21, 301
Líbano, Ricardo, 165, 210
Linares, Felix, 302, 310, 314, 325, 326
Lindegaard, Pio, 311, 313
Lizartza, Josetxo, 272, 275
Llanos, Hermanos, 197, 286
Llanos, Txomin, 165, 197
Lluch, Ernest, 319
Loidi, Jose Antonio, 278
Lopategi, Jon, 173
López Eizagirre, Juan Mari, 165, 167
López Otamendi, Felix Tomás, 35, 36, 334, 336, 337
López, Angel, 21
Loroño, Josu, 302, 322
Luzear. *See* Arzeluz, Ander
Maiz, Ramón, 33
Makua, José María, 299
Markaida, Felipe, 37

Markiegi, Florencio, 27, 37
Martín Artajo, Alberto, 80
Martín, Enrique, 21, 310, 311, 317, 325, 326
Martín, Joseba, 323, 326
Massiel, Massiel, 196
Mateo, Julián, 76
Mauriac, François, 123
Meir, Golda, 170
Méndes-France, Pierre, 59, 123
Méndez, Manu, 288
Mendia, Estíbaliz, 285
Mendia, Itziar, 21, 301, 322, 323
Mendieta, Julián, 89
Mendiguren, Bruno, 38, 41, 75, 427
Mendiluze, Antonio, 165, 197
Mendiola, Jose Miguel, 63, 65, 82, 83
Mendizabal, Rafael, 165
Millera, Jordi, 287
Mirande, Jon, 117, 118
Mitterrand, François, 123
Mitxelena, Tomás, 165
Moch, Jules, 78
Mola, Emilio, 25, 56, 388

Montoya, Txema, 322
Monzón, Telesforo, 30, 44, 60
Mora, Reinaldo Leandro, 137, 163
Morgado, Juan, 286
Moso, Roberto, 318
Mugarra, Silvino, 165
Múgica, José María, 321
Mujika, Regino, 63, 82
Mujika, Rufina, 83
Mujika, Susana, 277
Munguía, Carlos, 196
Muniain, Felipe, 83, 89, 92
Muntión, Rafa, 287
Murcia, Fran, 287
Murrieta, Jon, 89
Nájera, Juan Carlos, 287
Nardiz, Gonzalo, 30, 118
Narváez, Manu, 301
Negro, Alberto, 21
Neguri, Emilio P., 173
Nicola, Marcelo, 287
Odriozola, Asier, 277
Odriozola, M. Karmen, 277
Oiarbide, Maider, 277
Oiarzabal, Juanito, 286
Olabarri, Andoni, 165
Olabarri, Francisco, 83

Olabarrieta, Eukeni, 165
Olabarrieta, Jon Mikel, 157, 165, 166, 197
Olabarrieta, Joseba, 165
Olabeaga, Jon, 165
Olariaga, María Angeles, 196
Olasagasti, Mikel, 165
Olasolo, Iñaki, 283
Olaziregi, Iñaki, 272
Olea, Miguel Angel, 283
Oleaga, Txemi, 287
Olivares Larronde, José, 89, 173
Oliveras, Alberto, 304
Onaindia, Alberto, 44, 173, 203
Ordoki, Pedro, 63
Orendain, Iñaki, 173
Orixe. See Ormaetxea, Nicolás
Ormaetxea, Nicolás, 84, 88, 119, 201, 367
Ormazabal, Edurne, 290
Ortega, Alberto, 286
Ortiz, Estíbaliz, 308
Ortiz, Juan, 165, 172
Ortuondo, Josu, 305, 306, 315, 316
Ortuzar, Andoni, 270, 306, 308

Orue, Ixaka, 165
Osa, Jon, 21
Ostariz, Jesús, 151
Otamendi, Jaime, 277
Otaño, Carlos, 151
Otermin, Jose Mari, 250, 252, 267, 268, 269, 270, 271, 272, 274, 275, 279, 299, 304
Otxote, Itxaso, 196
Padrón, Jose Luis, 278
Pagadizabal, Mikel, 278
Palmero, Marisa, 21, 297, 301, 313
Pando, Raúl, 324
Pascual, Emilio, 287
Pascual, Iván, 285
Pasionaria. See Ibarruri, Dolores
Pastor, Faustino, 89
Pérez Uralde, Carlos, 289
Pistelli, Nicola, 139
Plazaola, Juan, 302, 303
Prieto, Jeny, 285
Prieto, Miguel, 286
Pujana, jesús, 63
Quintana, Lander, 165
Raimon,, 196
Ramos, Guillermo, 165, 168, 194, 197
Ravel, Maurice, 64
Respalditza, Imanol, 173

Rezola, Joseba, 16, 17, 57, 59, 60, 61, 62, 64, 65, 66, 67, 70, 75, 76, 77, 78, 79, 81, 83, 84, 85, 86, 87, 88, 90, 91, 92, 93, 95, 97, 99, 100, 101, 107, 109, 111, 115, 117, 119, 120, 125, 126, 133, 134, 136, 138, 139, 143, 144, 146, 148, 149, 151, 156, 158, 159, 162, 165, 166, 168, 170, 171, 174, 175, 176, 177, 178, 179, 180, 182, 183, 185, 186, 187, 188, 191, 193, 194, 199, 201, 204, 331, 366, 389, 411
Rivas, Ramón, 287
Rodríguez Ranz, Jose Antonio, 411
Rodríguez, Fermín, 40
Ruiz de Azua, Antonio, 89, 173
Ruiz de Ercilla, Gregorio, 89
Saez, Mari Carmen, 322, 323
Saint-Affrique, Madame, 76, 92, 97
Salazar, Leonardo, 66, 83, 90, 92
Sánchez, Iván, 286
Sansinenea, Eneko, 301

Santxotena, Javier, 284
Sanz, Jon, 290
Sarasola, Jose Miguel, 55
Schuman, Robert, 58, 78, 79, 81, 122
Sedano, José María, 283, 286
Segurola, Maider, 277
Serrano, Ilaski, 278
Serrano, Natalia, 317, 325
Serrat, Joan Manuel, 196
Sherman, Forrest, 113
Solabarrieta, Miren, 165
Sordo, Julen, 299, 301, 311, 313
Suárez, Adolfo, 239, 241, 242
Surio, Alberto, 308
Tauer, Norbert, 118
Taviani, Paolo, 138
Tejada, Sandalio, 89
Telleria, Nagore, 277, 291
Toral, Gotzon, 314, 317
Torrelledó, Florencio, 304, 315, 321
Torrontegi, Goio, 21, 295, 296, 301
Torróntegui, Javier, 308
Ugalde, Iñaki, 165
Ugalde, Joxe Juan, 277

Ugalde, Juian, 389
Ugalde, Martín, 89, 173, 207
Ugalde, Txetxu, 318, 322
Ugarte, Julio, 173
Unai bikotea, 196
Unzeta, Iñaki, 89
Urbieta, Fernando, 89
Urbieta, Txetxu, 277
Uriarte, Anton, 63
Uriarte, Juan María, 306
Urizar, Iñaki, 142
Urkiaga, Esteban, 209
Urkiaga, Jon, 89
Urkidi, Jose María, 21, 295
Urkizu, Bonifacio, 143, 165
Urkola, Felipe, 85, 89
Urrestarazu, Andoni, 89, 173, 174
Urresti, Garbiñe, 163, 165, 170, 193
Urresti, Joseba, 165
Urresti, Josu, 165, 197
Urresti, Paulín, 165, 197
Urretxindorrak, 196
Urrezti, Jon, 160
Urricarriet, Jean Pierre, 65, 68, 74, 75, 82, 91
Urruzuno, Joseba, 165
Urzelai, Julene, 165

Usabiaga, Juan José, 173
Villaverde, Maria José, 310
Viqueira, Araceli, 283
Vizcaíno, Javier, 320, 325, 326
Yaben, Manuel, 196
Yebra, Begoña, 325
Yusta, Teresa, 324, 325
Zabala, Hermanos, 28
Zabala, Inazio, 427
Zabala, Jesús, 37, 89
Zabala, Jose Antonio, 27
Zabala, M. Luisa, 23
Zabala, M. Luisa e Inazio, 20
Zabala, Pello, 274, 276
Zabaleta, Beatriz, 278
Zapirain, Salvador, 278
Zarrantz, Cecilio, 65
Zarraoa, Iñaki, 306, 319
Zatarain, Ambrosio, 118
Zeberio, Iñigo, 271
Zuazo, Jose Ignacio, 165
Zubiaur, Josu, 251, 252, 270
Zubiri, Iñaki, 89
Zubizarreta, Iñaki, 137, 165
Zubizarreta, Miren, 272
Zugarramurdi, Jose María, 146, 165
Zulueta, Marcos, 63, 168
Zulueta, Pablo, 167

NOTAS

[1] "Sí. Es verdad. A menudo hemos solido oír a mis padres historias de entonces" (traducción de la autora).

[2] Para desarrollar este y el siguiente apartado nos hemos basado en un artículo sin publicar de Iñaki Goiogana Mendiguren titulado "La radiodifusión vasca durante la guerra civil", 2006, y en documentación del Fondo GE (Gobierno de Euzkadi) del Archivo Histórico del Nacionalismo Vasco (AN), ahora sito en el Archivo Nacional Vasco. Las signaturas utilizadas en este libro son las correspondientes al AN.

[3] La concordancia del indicativo EAJ con las siglas en euskera del Partido Nacionalista Vasco (PNV) es pura casualidad. EAJ es el acrónimo que deriva de las siglas correspondientes al Estado (EA=España) y la tipología radiofónica (J=emisora de 4º nivel).

[4] Manuel Irujo nació en Estella el 25 de septiembre de 1891. Se doctoró en Derecho en Salamanca. En 1908 se afilió al PNV, partido por el que fue elegido diputado foral en Navarra en varias ocasiones. Por Gipuzkoa fue elegido diputado a Cortes en 1933 y 1936. Fue ministro de la II República y, durante el exilio, uno de los principales impulsores vascos del movimiento europeísta. Fue elegido senador por Navarra en las elecciones del 15 de junio de 1977. Falleció el 1 de enero de 1981.

José María Lasarte nació en Donostia-San Sebastián el 31 de enero de 1912. Abogado laboralista de ELA/STV, en 1936 fue elegido diputado a Cortes por la candidatura del PNV en Gipuzkoa. Consejero de interior del Gobierno vasco en el exilio, fue responsable del Servicio Vasco de Información y de la Oficina de Prensa de Euskadi (*OPE*). Falleció en diciembre de 1974.

[5] "Aunque a ti te hagan algo, jamás lo devuelvas" (traducción de la autora). Entrevista a María Dolores, María Luisa e Inazio Zabala, en el caserío *Getari* de Itziar, 14/04/2008.

[6] "Nere bordatxotik bildutako sortatxoak", *Basarri*, Diario *Euzkadi*, 15/11/1936; "Pro euskera. La emisión extraordinaria de esta noche", Diario *Euzkadi*, 21/11/1936; "El programa para hoy de Radio Bilbao", diario *Euzkadi*, 19/12/1936; T.S.H. Radio Bilbao, diario *Euzkadi*, 22/12/1936; T.S.H. Radio Bilbao, diario *Euzkadi*, 26/05/1937.

[7] "Informe sobre la estación radioemisora 2FP", de Bruno Mendiguren y Tomás Otamendi, Bilbao, 12/01/1937, AH-GE 29-1.

[8] El nombre ha llevado a error alguna vez pero Felipe es el nombre de pila, Tomás es el primer apellido y López Otamendi el segundo. El personal del Gabinete de Radio lo integraban las siguientes personas: Félix Tomás López Otamendi (jefe del Gabinete), Teodoro Uriarte Ugalde (operador), Hermenegildo Bilbao Bilbao (telegrafista), Adam Bilbao Zorroza (telegrafista), Jesús Inchausti Gallarzagoitia (operador), Constantino San Salvador Ibarra (Telegrafista), José Urrestarazu Falces (ayudante) y José Laca Legorburu (electricista), AH-GE 29-1.

[9] Informe ampliatorio del facilitado con fecha de 7 de diciembre, 30/12/1936, AN-GE 29-1.

[10] VV. AA., *Espetxean. Semilla de Libertad*, Fundación Sabino Arana, Bilbao, 1998, p. 132-135.

[11] "Control de las emisoras de radio", [primeros de enero de 1937], AN-GE 29-1.

[12] "Informe proyecto artístico-musical de las emisoras existentes en Euzkadi", 08/01/1937, AN-GE 29-1.

[13] "Comunicación de la Dirección General de Comunicaciones a la Secretaría General de la Presidencia", 20/02/1937 e "Instrucciones entregadas por Juan Callén a Félix Rodríguez Múgica para la adquisición de material en Nueva York", (s/f), ambos en AN-GE 30-3. La correspondencia cruzada de abril y julio de 1939 entre el consulado de España en Burdeos y la Embajada de España en París, sobre las gestiones realizadas reclamando las 21 cajas que contenían los aparatos emisores, en AH-CR 47-7 y CR-1-1.

[14] "Copia del contrato firmado por E. Arocena y Collins Radio Company SA", 06/02/1937, AN-GE 29-1 y telegramas cruzados entre el Gobierno vasco y Francisco Belausteguigoitia en AN-GE 29-1 y AN-GE 38-2.

[15] "Discurso pronunciado por el Excelentísimo Señor Presidente del Gobierno de Euzkadi Don José Antonio de Aguirre ante el micrófono de Radio Euzkadi, el día 22 de diciembre de 1936". Sección de Propaganda del Gobierno de Euzkadi. AN-EBB, 8-4456. Telegramas de José Antonio Agirre a Manuel Irujo,17, 19 y 22/12/1936. AN-Irujo 51-3.

[16] AGUIRRE, José Antonio, *Obras Completas*, Sendoa, Donostia-San Sebastián, 1981.

[17] Jesús María Leizaola nació en Donostia-San Sebastián el 7 de septiembre de 1896. Con 18 años se licenció en Derecho en Valladolid. Afiliado al PNV, fue elegido diputado a Cortes por este partido en Gipuzkoa en 1931 y 1933. Fue Consejero de Justicia y Cultura del primer Gobierno Vasco y, tras la muerte de Agirre, su segundo lehendakari. Falleció en Donostia-San Sebastián el 16 de marzo de 1989.

Telesforo Monzón nació en Bergara el 1 de diciembre de 1904. Afiliado al PNV tras su reunificación en 1930, fue elegido diputado a Cortes en 1933 y 1936. Consejero del primer Gobierno de Euskadi, dimitió en 1952. En 1969 fundó la sociedad "Anai Artea", de apoyo a los exiliados de ETA en Iparralde. En 1979 fue elegido diputado por Herri Batasuna (HB). Falleció en Baiona el 9 de marzo de 1981.

[18] Carta de Eliodoro de la Torre a José Antonio Agirre, 18/05/1938, AN-GE 607-4.

[19] GALÍNDEZ, Jesús, "Los vascos en el Madrid sitiado", Editorial vasca Ekin, Buenos Aires, 1945. "Carta de Jesús de Aldamiz a José Antonio Agirre", 03/05/1937; Discurso de José Antonio Agirre desde Cataluña, 21/12/1938, , AN-GE 392-7.

[20] Joseba Rezola nació en Ordizia el 18 de abril de 1900. Con catorce años se afilió al PNV. Pocos años después se licenció en Derecho. Durante la II República fue miembro del GBB. Colaboró en la creación de Euzko Gudarostea. Fue secretario de Defensa del primer Gobierno Vasco. Condenado a muerte en Burgos, tras salir de la cárcel presidió la Junta de Resistencia y fue consejero delegado del Gobierno de Euskadi en el interior. Ya en el exilio, fue vicelehendakari en el mandato del lehendakari Leziola. Falleció en Donibane Lohitzune el 21 de diciembre de 1971.

[21] Francisco Javier Landaburu nació en Gasteiz el 5 de septiembre de 1907. Licenciado en Derecho, en 1933 fue el primer nacionalista vasco elegido diputado por Araba. En la guerra civil fue delegado

del Gobierno Vasco en París. Participó en la Liga Internacional de Amigos de los Vascos y en varios organismos pro-europeístas de carácter internacional. Falleció el 6 de mayo de 1963.

José Antonio Durañona nació en Bilbao el 27 de junio de 1916. Tras la guerra se exilió en Francia, donde colaboró en la asistencia a los refugiados vascos y en la Resistencia vasca junto a los aliados durante la Segunda Guerra Mundial. De 1945 a 1949 fue secretario del lehendakari Agirre en París. Después regresó a Iparralde, residiendo desde entonces y hasta su muerte el 7 de noviembre de 1999 en Donibane Lohitzune.

[22] Carta de Joseba Rezola a Jesús Solaun, 01/06/1946.

[23] Entrevista telefónica a Iñaki Durañona, 29/08/2008.

[24] Carta de José Antonio Agirre a Joseba Rezola. 17/05/1946.

[25] Anton Irala nació en Bilbao el 8 de mayo de 1909. Fue miembro del Secretariado del PNV entre 1931 y 1936. Fue secretario de Presidencia del primer Gobierno Vasco, delegado del Gobierno en Nueva York, donde organizó los Servicios Vascos de Información. Obtuvo la ciudadanía de los EEUU, con cuyos servicios de inteligencia colaboró durante la Segunda Guerra Mundial y también posteriormente. Falleció el 11 de febrero de 1996.

[26] Primitivo Abad nació en Muskiz el 3 de junio de 1912. Fue oficial del Batallón Arana-Goiri de Euzko Gudarostea. Tras salir en 1939 de la cárcel franquista se integró en la Resistencia Vasca, de la que fue jefe del territorio vizcaíno hasta 1944, año que tuvo que huir a Iparralde. En 1970 fue nombrado secretario del Consejo Consultivo Vasco, cargo que desempeñó hasta su disolución en 1978. Abad falleció en Muskiz el 28 de marzo de 2005.

[27] Pedro Ordoki nació en Irún el 3 de agosto de 1912. En 1931 ingresó en ANV. Durante la Segunda Guerra Mundial comandó la unidad militar del Gobierno de Euskadi integrada en el Ejército francés que combatió en el bando aliado. Por su heroísmo en los combates de Pointe-de-Grave fue condecorado. Falleció en Hendaia en 28 de noviembre de 1993.

[28] Ander Arzeluz *Luzear* nació en Donostia-San Sebastián el 15 de agosto de 1989. Activísimo euskaltzale, fue una de las principales personalidades del PNV en Gipuzkoa durante la II República. Prisionero en Santoña, Larrinaga y Burgos, una vez en libertad tomó el camino del exilio, convirtiéndose en una de las principales figuras de la Resistencia vasca. Falleció en Baiona en agosto de 1949.

Leonardo Salazar fue oficial de intendencia durante la guerra civil. Posteriormente entró al servicio del Gobierno de Euskadi en la Delegación de Barcelona y desempeñó el cargo de secretario general interino de los Departamentos de Presidencia y Defensa. Iñaki Durañona fue un activo militante antifranquista. Colaboró en Radio Euzkadi desde 1946 a 1950. Posteriormente, fue miembro de Sabindiar Batza. Actualmente reside en Hendaia.

[29] Carta de José María Lasarte a Joseba Rezola. 28/06/1947.
[30] Carta de Benito Añabeitia a Joseba Rezola, 18/02/1947.
[31] Carta de Joseba Rezola a José Joaquín Azurza, 17/09/1949.
[32] Nicolás Ormaetxea *Orixe* nació en Orexa el 6 de diciembre de 1888. Ingresó en la Compañía de Jesús, que abandonó en 1923. Destacó por su creación poética en euskera, llegando a ser uno de los principales poetas vascos de su tiempo. En la guerra civil fue apresado debiendo exiliarse después. Regresó a Euskadi en 1954, Falleció en Añorga el 9 de agosto de 1961.
[33] Entrevista telefónica a Iñaki Durañona, 29/08/2008.
[34] Carta de Joseba Rezola a *Fernando*, 08/12/1946.
[35] Carta de Joseba Rezola a Manuel Irujo, 06/03/1954.
[36] Carta de Manuel Irujo a Joseba Rezola, 23/02/1951.
[37] Carta de Manuel Irujo a Joseba Rezola, 16/01/1950.
[38] Carta de Joseba Rezola a José Antonio Agirre, 21/03/1949.
[39] Carta de Joseba Rezola a José María Lasarte, 02/12/1949.
[40] Entrevista telefónica a Iñaki Durañona, 29/08/2009.
[41] Carta de Joseba Rezola a Keperin Xemein, 14/06/1947.
[42] Horario de programación de Radio Euzkadi para el mes de octubre de 1947.
[43] Notas de Joseba Rezola, 1946.
[44] Carta del corresponsal de Gasteiz a Joseba Rezola, 10/10/1947.
[45] Carta de Joseba Rezola a *Fernando*, 08/10/1946.
[46] Carta de Joseba Rezola a *Fernando*, 08/12/1946.
[47] Carta de Joseba Rezola a Manuel Irujo, 06/03/1954.
[48] Carta de Joseba Rezola a Manuel Irujo, 10/03/1954.
[49] Carta de Manuel Irujo a Joseba Rezola, 21/07/1951. El 16 de julio el almirante Sherman, principal defensor del acercamiento de los EEUU a España, se había entrevistado con Franco.
[50] Jon Mirande nació en París el 10 de octubre de 1925. Destacó por su creación literaria en euskera y por la originalidad de sus planteamientos, que le distanciaron tanto de los euskerólogos de ideología católica como de los de ideología marxista. Por ello su

obra fue poco reconocida e incluso se vetó su acceso a Euskaltzaindia. Murió el 29 de diciembre de 1972.

Gonzalo Nardiz nació en Bermeo el 25 de noviembre de 1905. Militó en ANV desde su fundación en 1930, partido por el que fue concejal en su localidad natal. Fue consejero del primer Gobierno de Euskadi. Tras la guerra civil estuvo exiliado en París y México, regresando a Donibane Lohitzune en 1946. Trabajó como consejero ininterrumpidamente hasta el regreso de Leizaola a Hegoalde. Falleció en Bilbao el 25 de octubre de 2003.

Norbert Tauer era un euskalzale y filólogo checoslovaco.

José Miguel Barandiaran nació en Ataun el 31 de diciembre de 1889. Cursó la carrera sacerdotal en Gasteiz y Burgos. Con Telesforo Aranzadi y Enrique Eguren realizó la mayoría de las investigaciones arqueológicas y etnográficas llevadas a cabo en el País Vasco. Exiliado en Sara entre 1936 y 1953, nunca interrumpió sus estudios sobre la cultura vasca. Falleció en su pueblo natal el 21 de diciembre de 1991.

[51] "Una patria sin idioma ¿qué tipo de patria es esa?" (traducción de la autora), *Euzko Deya*, nº 352, octubre de 1952.

[52] "En casa mandan los padres. Junto al fuego, Franco no tiene nada que hacer" (traducción de la autora).

[53] "La radio; ¡Si tuviéramos una radio vasca! ¿Dónde no hay a estas alturas una radio? La radio ha llegado para ahora a todos los sitios, hace tiempo que llegó a los pueblos, ahora está llegando a los caseríos. ¿Cuántas canciones vascas se cantan por la radio? Pocas. Las canciones que nos legaron nuestros abuelos no se conocen en los caseríos. Quizá se hayan aprendido algunas canciones divulgadas por los montañeros nacionalistas, pero no muchas. Ahora las jóvenes están aprendiendo nuevas canciones, muy nuevas, andaluzas, fox, mambo y otras tonterías. En vez de nuestras dulces canciones en muchos caseríos se escuchan ese tipo de cosas de boca de nuestros jóvenes. Así es. Un radio vasca es absolutamente necesaria", 28/09/1952 (traducción de la autora).

[54] Entrevista a Iñaki Anasagasti, Bilbao, 02/10/1997.

[55] INZA, Jokin, *Hombre libre sin patria libre. Memorias desde la Resistencia vasca (1936-1980)*, Fundación Sabino Arana Kultur Elkargoa, Bilbo, 2006, p. 209.

[56] Sabin Barrena era un abogado bilbaíno que había sido gudari del batallón Ariztimuño. Encarcelado en Santoña y sometido a Consejo de Guerra sumarísimo de urgencia, fue condenado por

"auxilio a una rebelión". Permaneció años en cárceles franquistas y acabó en el penal del Puerto de Santamaría. Ya en libertad, se unió en Madrid a la célula de los Servicios de Información. En 1948 pudo pasar la frontera y posteriormente se trasladó a Venezuela.

[57] INZA, Jokin, *Hombre libre sin patria libre...*, op. cit.
[58] Según testimonio de Mikel Isasi, 25/03/1991.
[59] Carta de Joseba Rezola a Pedro Beitia, 19/07/1966.
[60] Carta de Alberto Elosegi a Mikel Isasi, 18/01/1965.
[61] Mikel Isasi nació en Bilbao el 29 de septiembre de 1931. Estudió Peritaje. Militó en el PNV desde los 18 años, por lo que fue encarcelado en varias ocasiones durante el franquismo. En 1959 marchó al exilio. Desde 1960 fue miembro del EBB. En 1974 fue nombrado consejero del Gobierno Vasco en el exilio, responsabilidad que volvería a asumir en 1979 en el Consejo General Vasco. Falleció en Donibane Lohitzune el 4 de diciembre de 1996.
[62] "Informe técnico para estación de Radiodifusión", José Joaquín Azurza, 11/10/1960; Informe técnico de Iñaki Elguezabal, 1960.
[63] En 1965 el bolívar se cotizaba al cambio a 12'88 pesetas. Por tanto, pagaron 72.772 pesetas de las de entonces por este viejo aparato transmisor.
[64] "Si empezamos mal o a medias, perderemos el nombre y luego será difícil recuperarlo" (traducción de la autora). Carta de Joseba Rezola a José Joaquín Azurza, 29/03/1965.
[65] Carta de Alberto Elosegi a Mikel Isasi, 05/05/1965.
[66] Carta de Joseba Rezola a Alberto Elosegi, 12/06/1965.
[67] Telegrama de José Joaquín Azurza a Joseba Rezola, 10/07/1965; telegrama de Joseba Rezola a Alberto Elosegi, 21/07/1965; carta de Joseba Rezola a Alberto Elosegi, 21/07/1965.
[68] Carta de Joseba Rezola a Alberto Elosegi, 16/09/1965.
[69] Entrevista a Jon Gómez, Lekeitio, 10/09/2008.
[70] Carta de José Joaquín Azruza a Joseba Rezola, 24/01/1966.
[71] Primera cita en carta de Alberto Elosegi a Joseba Rezola, 14/08/1965; segunda cita en entrevista a Iñaki Anasagasti, Bilbao, 02/10/1997.
[72] Carta de Alberto Elosegi a Joseba Rezola, 03/10/1965.
[73] Carta de Alberto Elosegi a Joseba Rezola, 11/10/1965. El "Gran Bertha" era una pieza de artillería del ejército alemán, cuyo uso se extendió durante la Primera Guerra Mundial. Estos cañones, de

un calibre de 220 mm., poseían un tubo de 34 ms. de largo y enviaban proyectiles a 29 kms. de altura y a 120 kms. de distancia. Los "Bertha" fueron utilizados constantemente por el ejército alemán para bombardear París.

[74] Carta de Joseba Rezola a Jokin Inza, 13/03/1971; carta de Jokin Inza a Joseba Rezola, 08/03/1971; entrevista a Jon Gómez, Lekeitio, 10/09/2008.

[75] Carta de Joseba Rezola a Alberto Elosegi, 27/05/1966; entrevista a Jon Gómez, Lekeitio, 10/09/2008.

[76] Carta de Joseba Rezola a Alberto Elosegi, 15/02/1968.

[77] ANASAGASTI, Iñaki, "Ajuriaguerra y Garaikoetxea en Macuto", en http://ianasagasti.blogs.com/mi_blog/2008/03/ajuriaguerra-y.html. Consulta realizada el 10/04/2008.

[78] Entrevista a Iñaki Anasagasti, 02/10/1997.

[79] *Euzkadi*, n° 90, 24/08/1978.

[80] INZA, Jokin, *Hombre libre sin patria libre*, op. cit, pp. 246, 248, 250.

[81] Carta de Joseba Rezola a José Joaquín Azurza, 16/05/1968.

[82] Entrevista a Iñaki Anasagasti, Bilbao, 17/07/2008.

[83] Entrevista a Jon Gómez, Lekeitio, 10/09/2008; Palabras de Iñaki Anasagasti, Radio Euskadi, 10/08/2007.

[84] Carta de Joseba Rezola a Alberto Elosegi, 07/10/1965.

[85] Palabras de Iñaki Anasagasti en BUJANDA, *Jon de Igeldo,* op. cit., p. 26. Muchas de las cartas enviadas por *Juan de Igeldo* a Radio Euzkadi se recogen en este libro.

[86] *Gudari*, n° 61, enero de 1972. Especial dedicado a Joseba Rezola.

[87] Entrevista a Iñaki Anasagasti, Bilbao, 02/10/1997.

[88] Cartade Jokin Inza a Mikel Isasi, 09/04/1965.

[89] Carta de Joseba Rezola a Jokin Inza, 08/05/1965.

[90] Primera cita en carta de Jokin Inza a Mikel Isasi, 25/05/1966 y segunda cita en carta de Jokin Inza a Joseba Rezola, 07/06/1966.

[91] Carta de Alberto Elosegi a Mikel Isasi, 06/08/1965.

[92] Carta de Alberto Elosegi a Mikel Isasi, 09/09/1965.

[93] Entrevista a Jon Gómez, Lekeitio, 10/09/2008

[94] Carta de Alberto Elosegi a Mikel Isasi, 09/07/1965.

[95] Carta de Alberto Elosei a Mikel Isasi, 17/05/1965.

[96] Cartas de Joseba Rezola a Alberto Elosegi, 14/08/1965 y 16/09/1965.

[97] Carta de José Joaquín Azurza a Joseba Rezola, 20/11/1969.

[98] Carta de José Joaquín Azurza a Joseba Rezola, 28/05/1966.

Notas

[99] "Si resucitamos el euskera, el euskera resucitará Euzkadi. Si fortalecemos la unidad, la unidad fortalecerá Euzkadi. Reforzar el euskera, es reforzar el alma de la Patria. Reforzar la unidad de los vascos, es multiplicar las fuerzas de la Patria" (traducción de la autora).
[100] Carta de Alberto Elosegi a Mikel Isasi, 24/02/1966.
[101] Para desarrollar este apartado nos hemos basado en el libro de PEÑAFIEL SÁIZ, Carmen, *Las radios autonómicas y transformaciones de la radio entre 1980-1990*, tesis doctoral, Euskal Herriko Unibertsitatea, 1994, pp. 21-42.
[102] Artículo 19 del Estatuto de Autonomía, aprobado el 25 de octubre de 1979.
[103] Ramón Labaien nació en Tolosa en 1928. Se licenció en Química, para más tarde especializarse en Historia del País Vasco. Miembro del PNV, fue teniente alcalde de Donostia-San Sebastián y diputado del Parlamento Vasco. Asimismo, fue consejero de Cultura del Gobierno Vasco desde 1980 a 1983. Fue firme impulsor, entre otros, de ETB, Euskadi Irratia, HABE y la Orquesta Sinfónica de Euskadi. Fue alcalde de Donostia-San Sebastián desde 1983 a 1987 y diputado del Parlamento Vasco de 1986 a 1990. Falleció en 2013.
[104] OTERMIN, José Mari; DÍEZ UNZUETA, José Ramón, *Crónica de vuelo. EITB 1982-2007*, EITB, Bilbao, 2007, p. 6. Para desarrollar este apartado nos hemos basado en este libro.
[105] Entrevista a Ignacio Arregui, Bilbao, 03/09/2008.
[106] OTERMIN, José Mari; DÍEZ UNZUETA, José Ramón, *Crónica de vuelo*, op. cit., p. 73; Entrevista a Ignacio Arregui, Bilbao, 03/09/2008.
[107] Ley de Creación del Ente Público "Radiotelevisión Vasca" de 20 de mayo de 1982.
[108] OTERMIN, José Mari; DÍEZ UNZUETA, José Ramón, *Crónica de vuelo*, op. cit., p. 73-74.
[109] OTERMIN, José Mari; DÍEZ UNZUETA, José Ramón, *Crónica de vuelo*, op. cit., p. 75.
[110] GUTIERREZ, Arantza, *Euskal Irratigintzaren historia*, Udako Euskal Unibertsitatea, Bilbo, 2002.
[111] Entrevista a Ignacio Arregui, Bilbao, 03/08/2008.
[112] PEÑAFIEL SÁIZ, Carmen, *Las radios autonómicas*, op. cit., p. 227.

[113] Todos los datos de audiencia que se ofrecen a partir de este momento son datos de lunes a domingo y que tienen en cuenta los oyentes de la CAV y Navarra.
[114] Entrevista a Jose Mari Otermin, *Argia*, 926 zbk., 1982, 21. orr. (traducción de la autora).
[115] OTERMIN, José Mari; DÍEZ UNZUETA, José Ramón, *Crónica de vuelo*, op. cit., p. 174.
[116] OTERMIN, José Mari; DÍEZ UNZUETA, José Ramón, *Crónica de vuelo*, op. cit., p. 178.
[117] Entrevista a Odile Kruzeta en Euskonews&Media, 01-08/02/2008, http://www.euskonews.com/0426zbk/elkar_es.html (última consulta: 24/09/2015)
[118] OTERMIN, José Mari; DÍEZ UNZUETA, José Ramón, *Crónica de vuelo*, op. cit., p. 091.
[119] *Telebista aldizkaria*, 8. zbk, 1999ko martxoa, 30 orr.
[120] Las emisiones en onda media se suspendieron en 2014 dentro de las medidas de austeridad adoptadas para ajustar el presupuesto en el contexto de crisis económica.
[121] Entrevista a Goio Torrontegi, Bilbao, 26/06/2008.
[122] Entrevista a José Mª Urkidi, Bilbao, 26/06/2008.
[123] Entrevista a Goio Torrontegi, Bilbao, 26/06/2008.
[124] Entrevista a Cristina Goikoetxea, Bilbao, 26/06/2008.
[125] Entrevista a Blanca Díez Azkarate, Bilbao, 26/06/2008.
[126] Entrevista a Marisa Palmero, Bilbao, 17/07/2008.
[127] OTERMIN, José Mari; DÍEZ UNZUETA, José Ramón, *Crónica de vuelo*, op. cit., p. 097.
[128] Archivo sonoro de Radio Euskadi.
[129] OTERMIN, José Mari; DÍEZ UNZUETA, José Ramón, *Crónica de vuelo*, op. cit., p. 073.
[130] Entrevista a Cristina Goikoetxea, Bilbao, 26/07/2008; entrevista a Marian Letona, 26/07/2008; entrevista a Marisa Palmero, Bilbao, 17/07/2008; entrevista a Enrique Martín, Bilbao, 16/07/2008.
[131] Entrevista a Ignacio Arregui, Bilbao, 03/09/2008.
[132] OTERMIN, José Mari; DÍEZ UNZUETA, José Ramón, *Crónica de vuelo*, op. cit., p. 102.
[133] Ídem.
[134] Entrevista a Enrique Martín, Bilbao, 16/07/2008.

[135] Entrevista a Maria Palmero, Bilbao, 17/07/2008; informe titulado "Las Emisoras del EITB y su actuación con motivo de las inundaciones de agosto de 1983, Bilbao, 20/09/1983.
[136] Entrevista a Enrique Martín, Bilbao, 16/07/2008.
[137] Entrevista a Enrique Martín, Bilbao, 16/07/2008.
[138] Entrevistas a Itziar Mendia, 3 y 17/07/2008.
[139] Entrevista a Odile Kruzeta en Euskonews&Media, 01-08/02/2008, http://www.euskonews.com/0426zbk/elkar_es.html (última consulta: 24/09/2015)

Editorial Vasca Ekin Argitaletxea

Títulos publicados – Argitaratutako lanak

Euskal idaztiak

1	Joañixio	1946	Juan A. Irazusta
2	Ekaitzpean	1948	Jose Eizagirre
3	Bizia garratza da	1950	Juan A. Irazusta
4	Hamlet	1952	William Shakespeare (Bingen Ametzagak euskaratuta)
5	Kolonbiar olerti-txorta euzkeraz - Parnaso colombiano en euzkera	1968	
6	Gure Urretxindorra, Enbeita'tar Kepa	1971	Santiago Onaindia
7	Euskaldunak Argentina'n	1972	Erramun Joxe Zubillaga

Biblioteca de Cultura Vasca – Euskal Kultura Bilduma

1	El genio de Nabarra	1942	Arturo Campión y Jaime-Bon
2	Primitivos navegantes vascos	1942	Enrique de Gandía
3	Viajeros extranjeros en Vasconia	1942	Eneko Mitxelena
4	Pinceladas vascas	1942	Pierre Loti, Arturo Campión, Juan Iturralde y Suit
5	La aportación vasca al derecho internacional	1942	Jesús Galíndez
6	El Conde Peñaflorida y los Caballeritos de Azkoitia	1942	Jose Aralar

7	La democracia en Euzkadi I	1942	Jose Ariztimuño
8	La democracia en Euzkadi II	1942	Jose Ariztimuño
9	De música vasca	1943	Aita Donostia, Francisco Madina
10	Orígenes prearios del Pueblo Vasco	1943	Enrique Gandía
11	La lengua vasca: Gramática, conversación y diccionario I	1943	Ixaka Lopez Mendizabal
12	La lengua vasca: Gramática, conversación y diccionario II	1943	Ixaka Lopez Mendizabal
13	Los vascos en el Uruguay	1943	Tomás Otaegui
14	En el Pirineo Vasco	1943	Martín Anguiozar
15	Los adversarios de la libertad vasca, 1794-1829 I	1944	Jose Aralar
16	Los adversarios de la libertad vasca, 1794-1829 I	1944	Jose Aralar
17	Estampas Vascas	1944	Constantino Esla
18	Riqueza y economía del País Vasco	1945	Andoni Soraluze
19	Corsarios y colonizadores vascos	1945	Michel Iriart
20	Instituciones jurídicas vascas	1945	Manuel Irujo
21	Breve historia del País Vasco	1945	Ixaka Lopez Mendizabal
22	Ignacio de Loyola y Francisco de Xabier I	1945	Pedro Basaldua
23	Ignacio de Loyola y Francisco de Xabier II	1945	Pedro Basaldua
24	El País Vasco: Descripción general I	1946	Ixaka Lopez Mendizabal
25	El País Vasco: Descripción general II	1946	Ixaka Lopez Mendizabal

26	Los vascos y las cruzadas	1946	A. de Lizarra (Andrés Irujo)
27	El derecho vasco I	1947	Jesús Galíndez
28	El derecho vasco I	1947	Jesús Galíndez
29	Arquitectura popular y grafía y ornamentación de la rotulación vasca I	1947	Pablo Zabalo, John Zabalo
30	Arquitectura popular y grafía y ornamentación de la rotulación vasca II	1947	Pablo Zabalo, John Zabalo
31	Pintores vascos y no vascos	1947	Mauricio Flores Kaperotxipi
32	La Compañía Guipuzcoana de Caracas	1948	Jose Estornes Lasa
33	Flor de canciones populares vascas I	1948	Jorge Riezu
34	Flor de canciones populares vascas II	1948	Jorge Riezu
35	La victoria de Munguía y la reconciliación de Oñazinos y Gamboínos	1949	Jose Aralar
36	Corografía de Guipúzcoa	1950	Manuel Larramendi
37	Domingo Garat, el defensor del Biltzar	1951	Isidoro Fagoaga
38	Estudios sobre la poesía vasca	1951	Jesús M. Leizaola
39	Estética vasca	1952	Bernardo Estornes Lasa
40	Francisco de Vitoria y el Nuevo Mundo	1952	Enrique Gandia
41	Blancos y Negros (Guerra en la paz)	1952	Arturo Campión y Jaime-Bon
42	El hombre prehistórico en el País Vasco	1953	Joxe Migel Barandiaran
43	Teatro vasco: El Bardo de Itzaltzu. El árbol dio una canción. Mujeres en Berrigorria	1954	Víctor Ruiz de Añibarro

44	Arte vasco: Pintura, escultura, dibujo y grabado	1954	Mauricio Flores Kaperotxipi
45	La conquista de Nabarra en el panorama europeo	1956	Prosper Boissonnade
46	La conquista de Nabarra II	1957	Prosper Boissonnade
47	La conquista de Nabarra III	1957	Prosper Boissonnade
48	La conquista de Nabarra IV	1961	Prosper Boissonnade
49	Amaya o los vascos en el siglo VIII	1957	Francisco Navarro Villoslada (versión reducida por Lore de Gamboa)
50	La tierra de Ayala y su fuero	1957	Jesús Galíndez
51	Vascos en Cuba	1958	Jon Bilbao
52	Sor Juana Inés de la Cruz (claro en la selva)	1958	Cecilia G. de Guilarte
53	Eneko Aritza, fundador del Reino de Pamplona	1959	Bernardo Estornes Lasa
54	Gure aditza (El verbo vasco)	1960	Bonifacio de Ataun
55	La crónica de la poesía popular vasca	1961	Jesús M. Leizaola
56	Sancho el Mayor rey de los vascos I	1962	Analecto de Ortueta
57	Sancho el Mayor rey de los vascos II	1963	Analecto de Ortueta
58	Gernikako arbola	1963	Enrique García Velloso (traducción de Txomin Iakakortexarena)
59	Iztegi. Erdera-euskera (castellano y vasco)	1964	
60	Iztegi. Euskera-erdera (vasco y castellano)	1964	
61	1808-1810 en la poesía popular vasca	1965	Jesús M. Leizaola

62	Colonizadores de la epopeya americana	1966	Xamurre
63	Unamuno y el vascuence	1966	Martin Ugalde
64	El hombre vasco	1967	Bingen Ametzaga
65	Lo vasco en Pío Baroja	1968	Eloy Placer
66	Romances vascos y literatura prehistórica	1969	Jesús M. Leizaola
67	Nabarra en su vida histórica	1971	Arturo Campión y Jaime-Bon
68	Y sucedió en la tierra de mi padre...	1972	Felisa Carmen Echevarría
69	Martín Fierro - Matxin Burdin	1972	José Hernández (traducción de Txomin Iakakortexarena
70	Acontecimientos del siglo XX y su influencia en la poesía vasca	1974	Jesús M. Leizaola
71	Los vascos gauchos	1975	Juan Goyechea
72	Cartas de tierra adentro	1977	José M. Garciarena
73	El refranero vasco antiguo en la poesía euskérica	1978	Jesús M. Leizaola
74	"Cristiano bueno". Contribución al conocimiento de la historia de nuestra Pampa	1991	Horacio Aranburu
75	Contraviaje. De Nueva York a Gernika pasando por Berlín	2015	Arantzazu Ametzaga
76	Martin Ugalde. Cartografías de un discurso	2015	Larraitz Ariznabarreta
77	La historia de Radio Euskadi	2015	Leyre Arrieta

Otras publicaciones - Beste argitalpenak

1	De Guernica a Nueva York pasando por Berlín	1942 1944	José Antonio Agirre
2	Cultura biológica y arte de traducir	1943	Justo Garate
3	Cinco conferencias pronunciadas en un viaje por América	1944	Jose Antonio Agirre
4	Los vascos y la República Española. Contribución a la historia de la Guerra civil	1944	A. de Lizarra (Andrés Irujo)
5	Argentina: Una nueva y gloriosa nación	1944	José C. Vidaurreta
6	Recital	1944	José C. Vidaurreta
7	Con los alemanes en París	1945	Pedro Basaldua
8	La Comunidad Ibérica de Naciones	1945	Armando Cortesao, Luis Araquistain, Manuel Irujo, Carles Pi i Sunyer
9	Inglaterra y los vascos	1945	Manuel Irujo
10	Principales conflictos de leyes en la América actual	1945	Jesús Galíndez
11	Rosas de Nínive. Comentarios sobre el libro de Jonás	1945	Gabriel Biurrun Garmendia
12	Los vascos en el Madrid sitiado	1945	Jesús Galíndez
13	De Vasconia a Buenos Aires. Historia de una inmigración en el siglo XIX	1945	A. Garaicoechea
14	Pedro Garat, el Orfeo de Francia	1948	Fagoaga, Isidoro
15	¿Para qué...? De Alfonso XIII a Juan III	1951	Juan Antonio Ansaldo
16	País Vasco y Estado Español: La solución Argelina	1951	Juan José Guaresti

17	Estampas de la Guerra	1951	Jesús Galíndez
18	A la sombra del Aitzgorri	1951	Olarso
19	El libertador vasco Sabino Arana Goiri	1953	Pedro Basaldua
20	En defensa de la verdad (Refutación a Mons. Francheschi)	1956	Pedro Basaldua
21	Gudaris. Recuerdos de guerra	1956	Sancho de Beurko (Luis Ruiz de Aguirre)
22	Bere idazkiak	1962	Norbert Tauer
23	Fin de la dinastía Pirenaica. El reinado de Sancho el Fuerte	1966	Jose Antonio Agirre
24	Hombre de paz en la guerra	1973	Alberto Onaindia
25	Experiencias del exilio II	1973	Alberto Onaindia
26	La iglesia como problema en el País Vasco	1973	Manu Elu Lipuzkoa
27	Economía política	1977	Juan José Guaresti
28	Un vasco en el ministerio de justicia. Memorias 1	1978	Manuel Irujo
29	Un vasco en el ministerio de justicia. Memorias 2. La cuestión religiosa. Primera parte	1978	Manuel Irujo
30	Un vasco en el ministerio de justicia. Memorias 2. La cuestión religiosa. Segunda parte	1979	Manuel Irujo

Colección Aberri ta Askatasuna bilduma

1	Gramática vasca abreviada	1957	Ixaka Lopez Mendizabal
2	Ami vasco	1957	Fray Evangelista de Ibero
3	El asesino de los fueros	1957	Un navarro de la Ribera

4	Euzko Ami	1957	Fray Evangelista de Ibero
5	El caso del clero vasco	1957	Iñaki Aspiazu
6	Zure anaia ixilkari	1961	
7	Tu hermano de la clandestinidad	1961	
8	Jóvenes de mañana	1969	Alberto Onaindia
9	Aurreruntz - Porvenir	1975	

Este libro se terminó de imprimir
el día 20 de noviembre de 2015

www.ingramcontent.com/pod-product-compliance
Lightning Source LLC
Chambersburg PA
CBHW031129160426
43193CB00008B/83